# BENJAMIN DU PLAN

GENTILHOMME D'ALAIS

Député général des Synodes des Églises Réformées de France

1688-1763

PAR

## D. BONNEFON

PASTEUR DE L'ÉGLISE RÉFORMÉE D'ALAIS

—∞∘⦻∘∞—

PARIS

SANDOZ & FISCHBACHER, libraires
33, rue des Saints-Pères.

GRASSART, libraire
2, rue de la Paix.

# BENJAMIN DU PLAN

# BENJAMIN DU PLAN

## GENTILHOMME D'ALAIS

Député général des Synodes des Églises Réformées de France

1688-1763

PAR

## D. BONNEFON

PASTEUR DE L'ÉGLISE RÉFORMÉE D'ALAIS

PARIS

SANDOZ & FISCHBACHER, libraires
33, rue des Saints-Pères.

GRASSART, libraire
2, rue de la Paix.

Alais, imp. A. Brugueirolle et C*

## A MONSIEUR EDWARD LLOYD



Cher Monsieur,

Ce livre vous revient à plus d'un titre. C'est à vous
que j'en dois et l'idée et l'exécution. Il s'associe à l'un
des souvenirs les plus agréables de ma vie; il me rappelle notre première rencontre; cette course intéressante que nous fîmes ensemble dans nos montagnes à
la recherche du château de vos pères. Quelle émotion
n'éprouvâtes-vous pas en contemplant ces vieux murs
qui avaient vu naître votre vénérable aïeul, le héros
de cette histoire! Il était alors pour moi un inconnu.
Les précieux documents que vous aviez entre les mains
éveillèrent mon attention et me firent désirer de le
connaître davantage; ce fut comme une révélation!
J'interrogeai notre histoire religieuse : un seul ouvrage
éclaira cette noble figure d'un vrai rayon (1). Il m'en
disait assez pour m'encourager à poursuivre mes
recherches.

J'allai à Genève; je consultai la volumineuse corres-

(1) *Histoire de la Restauration du protestantisme en France*,
par **Ed.** Hugues.

pondance d'Antoine Court, l'ami intime, le compagnon d'œuvre de Benjamin du Plan; et là, j'eus le bonheur de trouver les lettres originales de votre illustre ancêtre adressées au Restaurateur du protestantisme français. Avec quelle émotion je parcourus, je dévorai ces pages! J'étais venu pour chercher des détails de sa vie, et sa vie, je l'avais toute palpitante sous ma main.

Le plan de mon ouvrage était tracé, l'ouvrage même était fait d'avance. Je n'avais qu'à choisir parmi ces lettres, vrai trésor qui, en me révélant une époque trop ignorée, me dévoilait un des héros de cette époque, la plus émouvante de notre histoire religieuse. Vous eûtes l'obligeance de me confier d'intéressants papiers de famille et en particulier la correspondance de du Plan avec ses parents et ses amis. Ces documents nouveaux vinrent combler une grande lacune. La correspondance de du Plan avec Antoine Court que j'avais consultée dans la bibliothèque de Genève, ne m'avait conduit que jusqu'au moment de la rupture entre ces deux amis; vos papiers de famille me permirent de suivre votre ancêtre jusqu'à la fin de sa vie. J'y retrouvai l'homme de Dieu, le député généreux et infatigable dont la conduite et le langage s'étaient déjà imposés à mon admiration. Je me bornai à relier tous ces matériaux par une trame légère qui en expliquât les circonstances et la nature. C'est tout le plan de ce livre. J'ai fourni le cadre, mais ce qu'on admirera, c'est le portrait digne à tous égards, et par la noblesse de son origine et par la grandeur de son caractère, de figurer dans la galerie de nos illustrations protestantes.

Puisse l'exemple de la piété de Benjamin du Plan émouvoir à jalousie plus d'un lecteur de sa vie! Puissions-nous compter dans nos rangs beaucoup de laïques qui lui ressemblent! Alors nous aurons raison de ne point désespérer de l'avenir de nos Églises. Je comprends que vous soyez fier d'être le petit-fils d'un tel homme et que vous ne reculiez devant aucun sacrifice pour faire connaître et honorer sa mémoire. Si j'ai pu contribuer en quelque chose à ce noble dessein, ce sera la plus douce récompense de mes faibles efforts.

D. Bonnefon, pasteur.

Alais, septembre 1876.

Les renvois en note de cet ouvrage désignent les
volumes des *Papiers Court* que l'auteur a compulsés à
la Bibliothèque publique de Genève.

# BENJAMIN DU PLAN

## GENTILHOMME D'ALAIS

---

### CHAPITRE Iᵉʳ

#### Jeunesse et conversion de Benjamin du Plan

#### 1688-1710

Benjamin de Ribot, seigneur du Caila et du Plan, appartenait à une vieille famille noble dont l'origine remonte au-delà du xvⁱᵐᵉ siècle. Son père, Jacques de Ribot, riche seigneur féodal ayant un château et des vassaux, étendait sa domination sur les terres du Caila, du Plan, de la Favède et du Rouveret.

Benjamin naquit le 13 mars 1688 (1), dans le château de la Favède, village situé non loin d'Alais, au pied des Cévennes toutes retentissantes encore des faits héroïques des Camisards. Les détails nous manquent sur sa famille et sur son enfance. Le peu que nous savons, nous l'avons appris en dépouillant des papiers de famille et la correspondance de Benjamin du Plan avec Antoine Court. Au moment où commence cette histoire, en 1710, Benjamin avait son père, sa mère et une jeune sœur qui se réfugia plus tard avec sa tante à Genève où elle mourut.

Quelle fut l'attitude de la famille de du Plan dans

---

(1) L'an mil six cens huitante huict et le vingtunieme mars Jaques Ribot fils de sieur Jaques Ribot, sieur du Plan, et de damoiselle Marie Fabre de la ville d'Alais a esté baptisé. Le jour de sa naissance fut le tresième du dit mois, son parrein a esté sieur Denis Fabre et sa marreine damoiselle Marguerite Castaignière sa femme. De ce lieu par moi Esperit Julien, vicaire.

les terribles conjonctures de cette époque? Appartenait-elle à la classe des *nouveaux convertis*, c'est-à-dire de ceux qui fréquentaient les catholiques et suivaient extérieurement du moins les exercices de l'Église romaine, comme c'était le cas du plus grand nombre, surtout des plus riches et des plus puissants? C'est probable. Ce que nous savons, c'est que Benjamin fut de bonne heure du nombre de ces hommes pieux qui, malgré les menaces, demeuraient intraitables et gardaient au fond du cœur, pure et intacte, l'antique foi des pères. Après avoir servi dans les armées du roi, comme c'était la coutume obligatoire pour tous les jeunes gentilshommes, nous le voyons à vingt ans déposer son épée pour se mettre tout entier au service de l'Église et encourager, par son exemple, ses frères persécutés.

C'était en 1710. Ce jeune homme au cœur tendre, à l'imagination ardente, avait déjà frémi plus d'une fois aux récits de son père et de sa mère; sa jeunesse avait été bercée par les histoires émouvantes des Cavalier et des Roland et le pays qu'il habitait en rappelait à chaque pas le palpitant souvenir. Il avait assisté lui-même à des scènes de violences exercées contre ses coréligionnaires. Que de fois n'avait-il pas aperçu de la tourelle de son château les dragons se dirigeant sur Brenoux, village situé à une petite distance et ardent foyer du fanatisme! Que de fois n'avait-il pas entendu le bruit des arquebuses et vu passer sous ses fenêtres ses frères enchaînés comme des criminels et conduits dans les cachots du fort d'Alais, pour être dirigés ensuite, soit sur les galères de Marseille, soit vers la tour de Constance! Il avait dix-sept ans, en 1705, lorsqu'il entendit raconter autour de lui que les villages de Brenoux, Saint-Paul-Lacoste, Soustelle, soupçonnés d'avoir donné retraite à quelque bande camisarde, avaient été livrés au pillage et aux flammes et tous les habitants passés au fil de l'épée. Ces scènes étaient communes. Quel fut le résultat des émotions qu'il en éprouva? la suite de son histoire va nous l'apprendre.

« C'est en 1710, nous dit-il, qu'ayant fait connaissance avec les prédicateurs sous la croix, j'abandonnai mon emploi dans les troupes pour me vouer uniquement au soutien et à la propagation de la religion protestante. »

Quels furent ces prédicateurs qui touchèrent le cœur du jeune soldat et le firent passer de l'armée de Louis XIV dans la sainte milice de Jésus-Christ? C'étaient peut-être quelques vieux prophètes camisards, épaves de la dernière guerre, qui essayaient par des discours enflammés, de réveiller le zèle éteint, de secouer les énergies endormies, de rallumer, si possible, une nouvelle croisade. Mais ces temps étaient passés : la défaite des Ravanel et des Catinat avait découragé tous les cœurs. D'ailleurs, la révolte était impossible : le pays était cerné et occupé de toutes parts. Se battre dans ces conditions eût été insensé, chacun se le disait tout bas. Les discours des vieux camisards, qui eussent été quelques années auparavant si éloquents, avaient donc perdu de leur opportunité et ne réveillaient plus d'écho. Tristes et découragés, ces vieux prédicants reprenaient le chemin de leurs montagnes en regrettant le passé.

Mais dès 1701, aux vieux prophètes cévenols avaient succédé d'autres prédicateurs d'un nouveau genre.

C'étaient des hommes, le plus souvent des femmes, quelquefois même des enfants, qui se levaient dans les assemblées secrètes. Les chefs camisards étaient morts, les pasteurs exilés, le troupeau errant et abandonné : alors ces femmes héroïques, ne consultant que leur foi, leur dévouement, leur abnégation, comblèrent les vides, suppléèrent aux absents; au milieu de l'orage déchaîné, elles prirent courageusement en main le timon de l'Église et, bravant les édits, narguant la mort, sauvèrent au péril de leur vie le protestantisme expirant. On les voyait courir de pays en pays, du Vivarais dans les Cévennes, des Cévennes dans le bas Languedoc, s'arrêtant dans les villes, dans les bourgs, dans les villages, prêchant, priant partout où on les réclamait ou selon que l'Esprit les y poussait.

Car elles aussi se croyaient inspirées, elles prophétisaient; mais au lieu des cris, des fureurs, des crises nerveuses qui caractérisaient les anciens prophètes cévenols, c'étaient des paroles tendres, des discours affectueux, des larmes. Dans un langage bizarre, mêlé de citations bibliques et du récit naïf de leurs visions, elles prêchaient la repentance et faisaient concevoir au milieu des malheurs présents, l'espérance d'un état meilleur. Rarement elles pousssaient à la révolte; elles attendaient patiemment la délivrance de Dieu et elles l'attendaient avec joie et avec une ferme espérance. On les rencontrait surtout dans les lieux qui avaient été le théâtre de la guerre des camisards : Brenoux, Alais, Congénies, Nimes, Ganges, Loriol, Lunel. Elles y jouissaient d'une aveugle confiance, on n'entreprenait plus rien sans les consulter. Devait-on faire une course, aller à une assemblée, aussitôt l'Inspirée de l'endroit était interrogée. Elles se vantaient même d'exorciser et de guérir les malades. Souvent il arrivait que leurs prophéties ne se réalisaient point, que les malades ne guérissaient point; malgré cela, rien ne pouvait ébranler la confiance ni dissiper les illusions des religionnaires. Cette crédulité faisait la puissance des Inspirés et donna lieu de la part de quelques-uns à de graves abus.

Vieux camisards et prophétesses, tels furent donc les premiers prédicateurs qui firent l'éducation religieuse de Benjamin du Plan. Son âme naïve et sa jeune imagination furent profondément impressionnées par leurs discours; sa conscience en fut salutairement troublée; il apprit à gémir et à pleurer sur ses péchés, et après les douloureux déchirements de la repentance, il trouva enfin la joie et la paix. Aussi le voyait-on souvent franchir nuitamment les murs de son château malgré les remontrances de son père et les tendres reproches de sa mère, et s'acheminer par des sentiers ignorés et des chemins de chèvre à travers la colline peu élevée et la petite distance qui le séparaient du village de Brenoux. Là, il écoutait avec bonheur la parole brûlante, affectueuse, édifiante d'une Inspirée. Bientôt il devint un des auditeurs les plus assidus de ces réunions clandestines. Une fois, il se hasarda à vaincre sa timidité naturelle; il crut se sentir pressé intérieurement de parler; il parla et le fit avec une telle onction, une telle facilité qu'à partir de ce jour, les paysans le considérèrent comme leur pasteur et se groupèrent autour de lui : Benjamin ne voulut pas tromper leur confiance; il accepta ce périlleux honneur.

A quels dangers, en effet, n'allait-il pas s'exposer? Son nom, son rang, ses titres, sa position sociale, tout le signalait le premier à la colère du pouvoir. Ces lois impitoyables qui peuplaient de protestants les galères, les prisons, les couvents, seraient-elles moins impitoyables envers un jeune gentilhomme qui abusait de son influence pour pervertir les nouveaux convertis? N'importe, il bravera tous les périls. Un jour, dans une assemblée, une Inspirée se lève et sous l'influence de l'Esprit, lui dit : « Je te dis, mon enfant, ne crains point, l'ennemi ne mettra pas la main sur toi et tu pourras passer par le feu et par l'eau sans rien craindre (1). »

S'il avait pu hésiter, ce fait aurait achevé de le décider. Désormais il ne s'appartenait plus, il appartenait à Dieu et à l'Église. Aussi, malgré l'opposition de ses parents, de ses amis, de tous les sages et les prudents du siècle, il embrassa avec enthousiasme sa vocation d'évangéliste, dût cette vocation l'entraîner au martyre.

---

## CHAPITRE II

### Situation du protestantisme français

#### 1710-1715

Pour bien comprendre les services que Benjamin du Plan fut appelé à rendre à ses coréligionnaires et apprécier son courage jusqu'au moment où il se lia avec

(1). N° 12, page 19.

Antoine Court, il est nécessaire de connaitre la situation du protestantisme français de 1710 à 1715.

La guerre des Camisards était terminée. Coste et Abraham Mazel, les derniers prophètes, avaient été pendus en 1710; Claris était mort sur la roue; les derniers prédicants se cachaient dans les montagnes et les fidèles, épouvantés par la cruauté des édits et par l'horreur des supplices, ne se hasardaient plus à sortir des villes pour aller secrètement prier Dieu au Désert. Les dernières assemblées furent complètement dispersées en 1711 par la force des armes, et on eût dit que toute trace de protestants avait disparu. Un nouvel édit, du 8 mars 1712, partait de ce principe qu'il n'y avait plus de huguenots en France et déclarait que tous ceux qui, à partir de ce jour, mourraient sans sacrements, seraient considérés comme *relaps,* c'est-à-dire que procès serait intenté à leur mémoire, que leurs biens seraient confisqués, leur corps trainé sur la claie et privé de sépulture. En vertu de ce cruel édit, dès qu'un protestant tombait malade, les prêtres envahissaient sa maison, apportaient le viatique suivis d'huissiers et de recors, et, au milieu des parents désolés, fatiguaient de leurs obcessions et de leurs menaces, des vieillards, des femmes, des jeunes filles (1). Si le malade repoussait le prêtre, sa famille était ruinée et sa mémoire publiquement flétrie. Dans le Midi, on vit des scènes révoltantes. Le peuple s'attroupait devant la maison de l'hérétique et demandait à grands cris son corps. On amenait la claie aux applaudis-

____

(1) Rulhière, *Éclaircissements historiques sur la révocation de l'Édit de Nantes,* t. V, p. 245.

sements de la foule. On y plaçait le mort nu, à peine refroidi, devant les obscènes railleries des assistants, puis après l'avoir traîné dans le ruisseau, à travers les rues et les carrefours, pendu par les pieds à un gibet pendant vingt-quatre heures, on le jetait à la voierie.

Une autre conséquence de cet édit, fut de proclamer illégitimes les mariages contractés ailleurs qu'à l'église. Puisqu'il n'y avait plus de protestants en France, tous ceux non mariés à l'église ne l'étaient plus. Comme le mariage civil n'existait pas à cette époque, il fallut dès lors s'unir devant un prêtre, sinon la loi méconnaissait le mariage et les époux pouvaient en demander la nullité et contracter de nouvelles unions. Pour éviter les graves conséquences de cet état de choses, quelques-uns firent un compromis avec leur conscience. Ils se mariaient à l'église, puis devant le pasteur; hâtons-nous d'ajouter cependant que la plupart, au mépris de la loi, s'unirent seulement d'après leur culte; mais ils étaient censés vivre dans le désordre et leurs enfants étaient regardés comme illégitimes.

Les anciennes et épouvantables ordonnances publiées après la révocation de l'édit de Nantes continuèrent plus que jamais à être remises en vigueur. On traqua le malheureux huguenot depuis le berceau jusqu'à la tombe. Les enfants furent arrachés à leurs familles, baptisés de force et conduits de force aux écoles catholiques. Les hommes ne purent occuper aucune fonction publique, même la plus humble; on leur abandonna les carrières commerciales et industrielles, mais le seul titre de protestant les exposait aux injustices les plus criantes de la part d'une législation

partiale et ennemie. Ils furent soumis à une surveil-
lance permanente non-seulement du clergé, des officiers
royaux, mais même de leurs propres voisins; une
dénonciation suffisait pour les perdre. Ils devaient
observer les abstinences et les pratiques extérieures
de l'Église, assister le dimanche aux offices, se confesser
et communier une fois l'an. S'ils l'oubliaient, on les
menaçait, on les accusait de désobéir au roi. Dans
l'impuissance de résister, les protestants se soumettaient
en général à toutes ces exigences, tout en restant
huguenots au fond du cœur.

Quant à ceux qui demeuraient intraitables, leur sort
était à plaindre. Ils étaient d'abord frappés d'amendes
considérables, et s'ils persévéraient dans leur refus,
ils étaient punis suivant la rigueur des lois. Les
hommes étaient condamnés à la confiscation des biens,
puis envoyés aux galères perpétuelles; les femmes
enfermées dans des couvents ou des prisons. On
internait les filles dans le vieux château de Carcassonne,
les femmes dans la tour de Constance. Celle-ci est
située au milieu des marais salés qui entourent Aigues-
Mortes. C'est une tour ronde et massive, haute de
quatre-vingt-dix pieds, large de soixante et divisée en
deux étages formant deux vastes chambres voûtées,
d'une hauteur considérable. On enfermait les protestantes dans la plus haute. Elles vivaient entassées
dans ce donjon, éclairées par un large trou de six
pieds percé dans la plate-forme et exposées au soleil,
à la pluie et aux exhalaisons malsaines des marais
environnants. Toute pensée d'évasion était impossible.
Des sentinelles veillaient sur la plate-forme. Un escalier
étroit et tortueux, fermé par une porte doublée de

fer et gardée, formait l'unique issue. Les murs avaient dix-huit pieds d'épaisseur.

Les protestants condamnés aux galères étaient envoyés à Dunkerque ou à Rochefort, à Toulon ou à Marseille. On les conduisait au bagne accouplés à des voleurs et à des assassins, attachés au cou, aux mains, aux pieds. On réservait pour eux les plus lourdes chaînes. S'ils tombaient de fatigue, on les relevait à coups de bâton. A leur arrivée au bagne, on leur mettait la casaque et le bonnet rouge, puis on les conduisait sur les galères. Là, les forçats étaient attachés deux à deux sur le banc du navire, sans pouvoir aller plus loin que la longueur de leur chaîne, mangeant et dormant à leurs places. On les occupait à remuer de longues et lourdes rames qui faisaient mouvoir la galère. Le long des bancs s'élevait une galerie où se promenaient les surveillants, le nerf de bœuf à la main. A l'heure des offices, au moment de l'élévation de l'hostie, ils forçaient le galérien huguenot à ôter son bonnet ; s'il refusait on l'étendait nu sur le dos ; quatre hommes lui tenaient les mains et les pieds, tandis que le bourreau armé d'une corde goudronnée, roidie par l'eau de mer, frappait de toutes ses forces. Le patient rebondissait sous la corde, les chairs se déchiraient, son dos ne formait qu'une plaie vive et saignante qu'on lavait avec du sel et du vinaigre. Quelques-uns recevaient jusqu'à cent cinquante coups de bâton ; s'ils s'évanouissaient, on les portait à l'hôpital, et à peine guéris, on achevait leur supplice (1). De nombreuses condamnations aux galères furent prononcées en 1712 et 1713.

(1) *Bulletin,* t. VII, p. 506.

Ces galériens n'étaient pas les premiers venus, ils appartenaient en général aux meilleures et aux plus honorables familles de France : négociants, fils de pasteurs, magistrats, gentilshommes. Peut-on imaginer l'intensité de leurs souffrances! Leur seule consolation était la prière; parfois ils avaient la visite toujours mystérieuse d'un courageux ami qui leur glissait une lettre baignée des larmes de leurs femmes, de leurs parents, de leurs frères persécutés ou proscrits. On quêtait pour eux en France, dans les assemblées du Désert et à l'étranger; ces dons leur allaient au cœur, et l'on conserve encore dans les registres de l'Église française de Londres, les lettres touchantes que ces infortunés écrivaient, au mépris des plus durs châtiments, pour remercier ceux qui se souvenaient des pauvres captifs.

Devant de semblables persécutions, quelques protestants et des plus riches, s'enfuirent à l'étranger avec leurs familles et leurs fortunes. Un édit, en 1713, défendit à tous les nouveaux convertis de quitter le royaume, sous peine des galères perpétuelles pour les fugitifs, et de la mort pour les complices de l'évasion.

En dépit de ces ordonnances, les protestants restèrent calmes; ils attendirent avec résignation des temps meilleurs. Un très-petit nombre s'enfuit, un plus petit nombre abjura, les autres se soumirent en apparence aux pratiques de l'Église romaine. Ils suppléaient à la privation du culte public en célébrant chaque jour dans leurs maisons le culte de famille; là, ils lisaient la Bible, se fortifiaient par la prière. Nous possédons une de ces touchantes prières qui se lisaient le dimanche, autour du foyer, à l'heure où dans les jours de paix on se rendait à la maison de Dieu :

« Grand Dieu que les cieux des cieux ne peuvent comprendre, mais qui as promis de te trouver où deux ou trois sont assemblés en ton nom, tu nous vois rassemblés dans cette maison pour t'y rendre nos hommages religieux, pour y adorer **ta** grandeur et pour y implorer tes compassions. Nous gémissons en secret et d'être privés de nos exercices publics et de n'entendre point dans nos temples la voix de tes serviteurs. Mais bien loin de murmurer contre ta Providence nous reconnaissons que tu pouvais avec justice nous accabler par tes jugements les plus sévères; ainsi nous admirons ta bonté au milieu de tes châtiments. Mais nous te supplions d'avoir pitié de nous. Nous sommes sans temples, mais remplis cette maison de ta glorieuse présence ! Nous sommes sans pasteurs; mais sois toi-même notre pasteur. Instruis-nous des vérités de ton Évangile. Nous allons lire et méditer ta parole. Imprime-la dans nos cœur ! Fais que nous y apprenions à te bien connaître, et ce que tu es et ce que nous sommes ; ce que tu as fait pour notre salut et ce que nous devons faire pour ton service ; les vertus qui te sont agréables et les vices que tu défends; les peines dont tu menaces les impénitents, les tièdes, les timides, les lâches et les profanes, et la récompense glorieuse que tu permets à ceux qui te seront fidèles. Fais que nous sortions de ce petit exercice, plus saints, plus zélés pour ta gloire et pour **ta** vérité, plus détachés du monde, et plus religieux observateurs de tes commandements. Exauce-nous, par ton Fils (1). »

Quelquefois, mais trop rarement, ils avaient la visite d'un pasteur : couverts d'habits empruntés ou bien de chapelets et de reliques pour mieux détourner les

_______

(1) Ch. Coquerel, t. I, p. 97, 98.

soupçons, les pasteurs se glissaient, au péril de leur vie, de demeure en demeure, baptisant les nouveau-nés, mariant les fiancés, exhortant les malades, bénissant les mourants. Quand un de ces courageux missionnaires arrivait dans un village où les fidèles se disputaient le dangereux honneur de le recevoir, on convoquait aussitôt secrètement une assemblée; on se disait à l'oreille l'heure et le lieu du rendez-vous; c'était un bois solitaire, une grotte profonde, un vallon sauvage; et au moment fixé, le plus souvent de nuit, chacun s'acheminait isolément vers le lieu désigné : là, le pasteur lisait l'Évangile, adressait une exhortation, puis donnait aux assistants la communion. Le chant des psaumes ouvrait et terminait la cérémonie. Tandis que la foule était ainsi recueillie, des sentinelles échelonnées dans la campagne ou montées sur des arbres et des rochers, faisaient le guet et signalaient l'approche des soldats. En 1712 et 1713, les intendants et les gouverneurs militaires poursuivirent avec la dernière rigueur ces assemblées. Les femmes qui y étaient surprises étaient condamnées à la prison, les hommes aux galères, le pasteur au gibet.

Voici, racontée par un témoin oculaire, une de ces scènes du désert; elle date des dernières années du xviiᵉ siècle, mais ces assemblées conservèrent toujours le même caractère.

« Une année, avant que nos frères des Cévennes eussent levé l'étendard de la guerre sainte, nous fûmes prévenus que, trois jours après, le respectable Brousson tiendrait une assemblée à *la Baume des Hors,* près de Mus; or, le lieu qui portait ce nom n'était rien moins qu'une ancienne carrière dont l'exploitation était abandonnée depuis longtemps. Le lieu était bien choisi. Figurez-vous une colline tourmentée, déchirée dans tous les sens, ouverte dans ses flancs, taillée à pic dans ses pieds, et dont le sommet n'avait pas même été respecté. Cette colline est pénible à voir, on dirait une baleine immense jetée sur la côte et aux flancs de laquelle mille poissons voraces ont fait d'innombrables ouvertures. Les étrangers visitent avec précaution ces lieux, où partout s'ouvrent de noirs abîmes, que l'on ne peut regarder sans éprouver des vertiges et au milieu desquels on ne peut s'aventurer sans s'égarer. Mais ces bouleversements, ces hautes murailles, ce dédale de ruelles, ces sentiers nombreux entre les précipices nous favorisaient merveilleusement en nous mettant à l'abri des poursuites de la cavalerie. La *Baume des Hors* était cachée derrière des broussailles et masquée par un énorme rocher; son ouverture était si étroite qu'on n'y descendait qu'en rampant. Dès le matin du jour fixé, on prévint les soupçons des catholiques, les uns en se plaignant d'une maladie, les autres en se rendant à la messe. Les psaumes, les livres de piété furent déterrés, ainsi que les armes qui avaient échappé aux recherches (1). Les femmes tremblaient, mais cependant elles ne nous conseillaient pas de ne pas nous rendre à l'assemblée, car si elles craignaient le péril, d'un autre côté elles désiraient vivement d'être réunies avec les frères. Qu'il nous parut long ce jour passé dans l'attente d'une grande joie, et dans l'appréhension d'un grand danger, flottants ainsi entre l'espérance de voir la famille suivant l'esprit, et la peur de ne pas revoir nos familles suivant la chair! Enfin la nuit parut, et avec elle une pluie froide et pénétrante. Le temps était affreux. Dieu évidemment nous favorisait; nous nous esquivâmes furtivement, laissant nos vieillards au désespoir et nos mères qui priaient pour nous. Je n'avais pas atteint

(1) Plus tard Antoine Court défendit d'apporter des armes aux assemblées.

ma dix-huitième année; ma sœur, mon frère et mon père m'accompagnaient. Sur la route nous rencontrâmes les sentinelles déjà placées et qui nous promirent de faire bonne garde. L'assemblée était déjà nombreuse quand nous y arrivâmes; de toute la Vaunage on était accouru. Quel spectacle déchirant! des femmes, des filles, des enfants, dont les habits trempés laissaient découler l'eau de toute part; le vent qui s'engouffrait dans ces hautes tranchées et qui faisait entendre un plaintif sifflement; et pour éclairer ces sombres lieux, quelques petites lanternes dont la faible clarté ne rendait que plus horribles les ténèbres de la grotte.

« Au milieu de l'assemblée était assis le respectable Brousson, portant le costume grossier de paysan, rendu plus ignoble encore par la boue qui le souillait. Les femmes entourèrent de leurs tabliers noirs la chaise qui devait servir de chaire. Sur une pierre étaient déposés les calices et le pain de la communion. Le service commença par la lecture de la Bible et par le chant des psaumes. Oh! qu'ils étaient bien appropriés à la circonstance! En écoutant le malheureux Fulcran Rey, de Nimes, chargé de cette partie du culte, et qui faisait ainsi son apprentissage de martyr, nous n'avions plus froid, nous n'entendions plus l'orage, nous ne pensions plus aux dragons. Le prédicateur choisit pour texte les mémorables paroles de J.-C. que l'on trouve en St-Mathieu, chap. X, V, 22 : *Celui-là seul sera sauvé qui persévèrera jusqu'à la fin*. Voulant nous convaincre que le salut n'était assuré que pour ceux qui combattraient sans cesse le grand combat de la foi, il nous cita l'exemple de tous les confesseurs des temps anciens et de ceux des temps apostoliques; ensuite il nous peignit le courage des martyrs de nos jours confondant leurs juges devant les tribunaux, émouvant leurs bourreaux sur la roue, et recevant dans le ciel la couronne de vie; et puis il nous retraça les tourments des lâches apostats réservés au feu éternel, et dévorés dès cette vie par les angoisses du remords. Oh! que de larmes de repentance coulaient en ce moment, que de serments d'être fidèles furent prononcés ! Ce fut au milieu de nos sanglots que le pasteur bénit le pain et le vin ; alors nous nous prosternons devant Dieu, nous lui demandons de nous pardonner et de nous fortifier, lorsque tout-à-coup une voix s'écrie : Les dragons !!! Fuyez !!! et en même temps une décharge de mousqueterie nous apprend que notre dernière heure vient de sonner ! Vous dire ce qui se passa dans la grotte, je ne le puis ; les ténèbres les plus épaisses nous environnaient, les jurements des soldats, les cris des mourants se confondaient dans cet affreux tumulte, je ne sais comment je me sauvai ; j'arrivai auprès de ma mère égaré, désespéré, mes parents n'y étaient pas encore rendus ; en vain nous les attendîmes, ils n'y reparurent plus... mon père fut trouvé gisant dans un précipice, où il s'était fracassé le crâne en tombant.... Mon frère avait reçu une balle dans la poitrine... Et ma sœur avait été conduite à la tour de Constance avec les femmes qui avaient été faites prisonnières... Quinze jours après, j'accompagnai ma mère dans une autre assemblée du désert (1). »

Tels étaient les dangers que le gentilhomme d'Alais embrassa volontairement dès 1710. Que l'on juge de la fermeté de sa foi et de la ferveur de son zèle ! Dès lors on le vit le jour, la nuit, remplacer les pasteurs absents ; il allait prodiguant les consolations au chevet des malades et des mourants et faisant part de ses biens aux pauvres et aux indigents. Son cœur compatissant le poussa jusqu'à Marseille ; il voulut aller adresser une parole de sympathie chrétienne aux confesseurs. Loin de diminuer son zèle, la vue de tous ces infortunés ranima sa piété et son dévouement. Il revint à Alais heureux d'avoir fait du bien à ses frères et désireux de leur en faire encore davantage.

(1) *L'Évangéliste,* année 1837, page 176.

Dévoré d'un saint zèle, il allait dans les villes environnantes, à Anduze, à Nimes, à Lunel, à Montpellier, partout où il pouvait réunir des frères; là, il faisait les fonctions de prédicant, consolait les affligés, relevait les faibles, prêchait la patience, la résignation et faisait briller à tous l'espérance d'un meilleur avenir.

## CHAPITRE III

### Premiers travaux d'Antoine Court

#### 1696-1715

Il est impossible de raconter la vie de du Plan sans parler d'Antoine Court. Ces deux hommes distingués, quoique de conditions différentes, furent appelés de bonne heure à la même destinée. Le gentilhomme et le paysan se connurent dès leur jeunesse et vécurent côte à côte et d'une manière inséparable pendant les quatorze années les plus laborieuses et les plus périlleuses de leur vie.

Antoine Court naquit en 1696 à Villeneuve-de-Berg, petite ville du Vivarais. Élevé par une mère pieuse, il reçut de bonne heure ces impressions religieuses qui s'effacent rarement. Comme il appartenait à une famille pauvre, il n'avait point reçu d'éducation classique; mais il y suppléa par ses qualités naturelles, ses réflexions et une connaissance approfondie des Écritures. Il acquit même dans ses dernières années une érudition peu commune sur les questions religieuses et l'histoire du protestantisme. Sa piété se fortifia dans les assemblées du Désert où il aimait à accompagner sa mère malgré les périls de cette entreprise. Il en devint un auditeur assidu et à dix-sept ans, il y remplissait les fonctions de *lecteur*. Le plus souvent ces assemblées étaient présidées par des prédicantes —des femmes et des jeunes filles — qui se disaient prophétesses et inspirées. Antoine Court passa même pour un de ces enfants qui, d'après la croyance populaire, étaient animés « de l'esprit de Dieu. » Il se sentit une vocation précoce pour le saint ministère, et une prophétesse le rencontrant acheva de le fixer dans cette idée en lui prédisant de bonne heure une carrière bénie. Tombant en extase, elle s'écria : « L'épée que tu vois sur le côté de mon serviteur est ma parole qui sera en sa bouche comme une épée à deux tranchants ; cette rosée abondante que tu as vue tomber sur sa tête est la même parole qui habitera plantureusement sur lui (1). » Un jour qu'il était dans une de ces assemblées mystérieuses, dans un moment d'exaltation subite, il prit la parole et prêcha. L'auditoire peu nombreux et exclusivement composé de femmes en fut vivement impressionné. De ce jour date vraiment son ministère (2). Antoine Court se mit immédiatement à l'œuvre et convoqua des assemblées. La grandeur du péril ne l'arrêta pas, car il sentait instinctivement que si son peuple continuait à être privé de culte, il ne tarderait pas à abandonner sa foi. Ce ne fut pas sans verser des larmes que sa mère, devenue veuve, vit s'éloigner d'elle celui qui était sa joie

(1). N° 46, cah. 1.

(2). Ed. Hugues, *Histoire de la restauration du protestantisme en France*, t. I, p. 11.

et son seul appui : elle trouva dans sa piété la force
de faire à Dieu ce sacrifice.

Écoutons-le nous raconter lui-même cette douloureuse séparation :

« Ma mère m'aimait tendrement. J'étais le seul fils qui lui
restait, et depuis la mort de mon père, elle avait fondé ses
espérances sur moi. Mais elle aimait la religion, elle la connaissait et la pratiquait encore mieux ; elle avait un véritable
attachement pour elle. Aussi ne put-elle apprendre ma résolution sans en être émue. Elle prévoyait tous les dangers auxquels je m'allais exposer, elle se voyait pour toujours privée
d'un fils qu'elle aimait plus qu'elle-même; mais elle réfléchis-
sait sur le bonheur qu'il y avait pour moi d'être un instrument dans la main du Seigneur pour l'instruction et la consolation de son Église affligée, et sur les avantages que cette
Église, pour laquelle elle s'intéressait chèrement, pourrait
recueillir un jour de mon ministère. Ainsi son amour pour
moi et son attachement pour la religion lui firent éprouver
tour à tour ce qu'ils peuvent sur le cœur d'une mère tendre et
d'une chrétienne véritablement zélée. Que de choses touchantes
ne me dit-elle pas! Que de larmes ne versa-t-elle pas! Mais
pour la résoudre d'autant plus à approuver le parti que je
venais de prendre, et pour m'y affermir moi-même davantage,
je voulus prêcher devant elle et prendre pour texte ces paroles
de l'Évangile : *Quiconque aime père et mère plus que moi, n'est
pas digne de moi.* Tout ce que je dis sur ce beau texte, si
propre à nous apprendre combien l'amour de Dieu doit l'emporter sur celui des créatures, toucha sensiblement ma chère
mère. Elle ne me vit plus que comme une victime qu'elle
consacra, comme un autre Abraham, aux volontés divines (1). »

Le jeune missionnaire se dirigea d'abord dans le
Vivarais, devenu un véritable désert. Ses premiers

(1). N° 46, cah. I.

appels réveillèrent peu d'écho ; à peine s'il put réunir dix, vingt, trente personnes dans quelque caverne ou dans quelque trou de rocher, tant la terreur était grande parmi ses frères. Il fut cependant moins affligé de l'indifférence de ses coréligionnaires que des excentricités ridicules dans lesquelles étaient tombés les Inspirés. « Mes premières courses, nous dit-il lui-même, eurent pour théâtre le Vivarais. Là, les échafauds et les gibets étaient encore ensanglantés de l'exécution de plusieurs protestants que l'esprit de fanatisme avait conduits dans celui de la rébellion. Ici se trouvaient quelques hommes et une quinzaine de femmes ou filles, qui, au titre de prédicantes, réunissaient celui de prophétesses. Je craindrais de n'être pas cru, si je rapportais tout ce que ces esprits fourbes ou séduits disaient de puéril, d'indigne ou de déshonorant pour la religion. Je m'attachai à convaincre les premiers d'imposture et à ramener les autres. Il n'était pas rare de voir, dans les assemblées, si peu nombreuses qu'elles fussent, deux, trois femmes et quelquefois des hommes, tomber en extase et parler tous à la fois, comme ces Corinthiens à qui saint Paul adresse ses censures. Bientôt je passai, comme un autre Élie, pour être le fléau des prophètes. Mes discours étaient accompagnés des plus heureux succès, et mes progrès étaient des plus rapides. Dans peu le fanatisme n'osa plus paraître ; ceux qui en conservaient quelque teinture ne s'en entretenaient plus qu'en secret (1). »

En 1715, Antoine Court alla à Nimes où il avait été

(1). Mémoire d'Antoine Court, écrit en 1752, conservé dans les manuscrits de Paul Rabaut.

appelé par l'Église. Après avoir parcouru, en missionnaire, la Provence et le bas Languedoc, il fut navré du
découragement profond dans lequel la plupart de ses
frères étaient tombés. Depuis longtemps il songeait aux
moyens de relever le protestantisme de son abaisse-
ment. C'est en 1715, à l'âge de 19 ans, qu'il entreprit
cette grande œuvre.

Quatre moyens s'offraient à lui : « Le premier, nous
dit-il dans ses mémoires, fut de convoquer les peuples
et de les instruire dans les assemblées religieuses ; —
le second, de combattre le fanatisme qui, comme un
embrasement, s'était répandu de tous côtés, et de
ramener à des idées plus saines ceux qui avaient eu la
faiblesse ou le malheur de s'en laisser infecter ; — le
troisième, de rétablir la discipline, l'usage des consistoires, des anciens, des colloques et des synodes ; — le
quatrième, de former, autant qu'il serait en mon pouvoir, de jeunes prédicateurs, d'appeler des ministres
de pays étrangers, et s'ils manquaient de vocation
pour le martyre et qu'ils ne fussent pas disposés de
répondre à mes pressantes incitations, de solliciter
auprès des puissances protestantes des secours en
argent, pour aider aux études et à l'entretien des jeunes
gens en qui je trouverais assez de courage et de bonne
volonté pour se dévouer au service et au salut de leurs
frères. »

Antoine Court avait déjà exécuté le premier de ces
moyens de relèvement en convoquant de toutes parts
des assemblées. En 1715, il essaya de rétablir la
religion proscrite. Il convoqua à Nimes un Synode
dans lequel quelques laïques et quelques prédicants qui
avaient répondu à son invitation, élaborèrent un règle-

ment. Dans ce Synode, il fut décidé que chaque église établirait des anciens qui seraient chargés de convoquer les assemblées en des lieux favorables et avec toute la prudence possible. On délibéra ensuite que, selon l'ordre de saint Paul, il serait désormais interdit aux femmes de prêcher ; que l'Écriture sainte deviendrait la seule règle de foi et qu'en conséquence, l'on rejetterait toutes les prétendues révélations qui avaient eu cours jusques là, à cause des grands abus qu'elles avaient produits.

L'histoire nous a conservé les noms des prédicants qui aidèrent Court dans son œuvre de restauration. Ce furent Jean Huc et Jean Vesson, qui plus tard furent déposés de leur charge ; Pierre Durand et Étienne Arnaud, deux futurs martyrs, et Jean Rouvière dit Crotte ; mais de tous ces aides, le plus remarquable fut Pierre Carrière dit Corteiz. Ce pasteur du désert n'avait pas l'instruction de Court, mais il le surpassait en activité et en intrépidité. Au moment où se réunit le Synode, Corteiz était à Genève. Fatigué de ses longs et pénibles travaux d'évangélisation, échappé aux poursuites incessantes des dragons, il était allé chercher du repos dans cette ville et s'y était établi depuis 1712. Là, il s'était marié avec une tailleuse d'habits du nom d'Isabeau. Bientôt, ne pouvant plus se résigner à vivre loin de ses frères persécutés, il quitta sa femme revint en France, dans les Cévennes, et ne tarda pas à entrer en communication avec Antoine Court. Aucun de ces prédicants n'avait reçu la consécration pastorale. En 1717, Court pressa Corteiz d'aller à Zurich recevoir l'imposition des mains. A son retour, celui-ci consacra Court dans un Synode « et ce fut ainsi qu'il sauva la filiation de l'ordination, suivant la règle apostolique, pour la France réformée (1). »

Parmi les laïques, celui qui devint le collaborateur le plus éminent et l'ami le plus dévoué d'Antoine Court fut sans contredit Benjamin du Plan.

## CHAPITRE IV

### Première entrevue de Benjamin du Plan et d'Antoine Court

#### 1715

C'est au retour du Synode de 1715, pendant une tournée d'évangélisation, qu'Antoine Court, de passage à Alais, vit Benjamin du Plan pour la première fois. Dès cette entrevue, les deux jeunes gens éprouvèrent l'un pour l'autre une vive sympathie. Du Plan était l'aîné de Court de quelques années ; il lui était supérieur en instruction et en expérience ; de plus, sa haute position sociale et surtout sa piété lui donnaient des droits au respect. «Le jeune prédicant, dit l'historien d'Antoine Court, s'inclina sans peine devant l'autorité de cet homme qui avait pour lui le talent, la fortune et la piété. Il écouta ses recommandations, se confia en son expérience, et, comme leurs projets étaient les mêmes, il ne prit aucune détermination qu'il ne l'eût consulté. Du Plan, de son côté, l'encouragea, loua son

(1). Ch. Coquerel, t. I, p. 101.

ardeur et s'employa tout entier à aplanir devant lui les difficultés. Et à vrai dire, dans cette grande œuvre de restauration religieuse entreprise par Antoine Court avec tant de vaillance et conduite avec tant de fermeté, il ne fallait rien moins que les chaleureuses exhortations de tels hommes, leur appui et leurs conseils, pour reconforter sa volonté qui parfois défaillait devant des difficultés pour tout autre insurmontables (1). »

Antoine Court, qui connaissait certainement déjà Benjamin du Plan de réputation, se hâta d'exposer à son nouvel ami ses projets de réforme et les dernières décisions synodales; du Plan en apprécia du coup toute l'importance et l'urgente nécessité. Il avait été lui-même frappé du manque de cohésion des Églises entr'elles, il avait surtout plus d'une fois gémi sur les désordres produits par l'indiscipline de quelques membres. Il approuva fort tout ce qui avait été décidé à Nimes, et admira non-seulement le courage et l'énergie mais surtout le génie organisateur de son jeune ami : aussi lui promit-il son concours le plus dévoué.

Le cœur d'Antoine Court dut tressaillir à cette promesse, car il savait combien grande et légitime était l'influence de du Plan sur les Églises du bas Languedoc; il n'ignorait pas non plus ses attaches avec les Inspirés et il avait lieu de craindre que les dernières décisions synodales relatives au fanatisme, eussent indisposé le jeune gentilhomme. Il n'en était rien. Sans doute, l'esprit conciliant de du Plan eût préféré peut-être plus de modération dans le langage et surtout plus de charité et de support dans la conduite ; mais il comprit,

(1). Ed. Hugues, déjà cité, t. I, p. 55.

d'un autre côté, l'urgente nécessité d'unir en un faisceau, dans une organisation commune, toutes les forces vives de l'Église dont l'éparpillement aurait consommé la ruine à courte échéance. Benjamin du Plan, chaud partisan de l'ordre et de la discipline, fut d'avis de provoquer au plus tôt la formation des corps officiels décidés par le Synode et d'exiger de tout fidèle, le respect à la constitution et à la discipline de l'Église sous peine d'excommunication. Dans ces temps troublés, là était le salut.

Quant au jugement que Court et le Synode portaient sur les Inspirés, en général, il lui parut excessif. Il était le premier à reconnaître les bizarreries et les extravagances de quelques-uns, mais n'allait-on pas trop loin en les comprenant tous dans la même catégorie de fourbes ou de fous? Ne fallait-il pas reconnaître qu'un grand nombre étaient sincères et à ce titre dignes du plus grand respect? Depuis quatre ans qu'il fréquentait ces personnes et suivait habituellement leurs assemblées, il avait vu et entendu des choses qui lui paraissaient extraordinaires, inexplicables; des femmes ignorantes, des enfants même s'y exprimaient dans un langage choisi et qui ne leur était pas accoutumé, pour proclamer les vérités magnifiques de Dieu; plusieurs lui avaient même prédit des choses qui lui étaient arrivées; il ne pouvait oublier enfin que dans ces réunions, son âme s'était ouverte à la lumière de l'Évangile, qu'il y avait trouvé le repos et la paix du cœur.

Outre ces faits étonnants, la croyance à l'inspiration et à la prophétie n'était-elle pas aussi selon l'analogie de la foi? La Bible ne justifiait-elle pas cette croyance?

L'Ancien Testament ne renfermait-il pas à ce sujet des déclarations positives? Et celle-ci du prophète Joël n'était-elle pas suffisante : « Et il arrivera après ces choses que je répandrai mon esprit sur toute chair; et vos fils et vos filles prophétiseront; vos vieillards auront des songes et vos jeunes gens auront des visions. Et même en ces jours-là je répandrai mon esprit sur mes serviteurs et sur mes servantes (Joël II, 28, 29)? »

Enfin de tous temps l'Esprit ne s'était il pas révélé? Aux premiers jours du christianisme n'avait-il pas fait des miracles? Pourquoi le cycle des révélations serait-il à jamais fermé?

C'est par des raisonnements à peu près semblables que le pieux gentilhomme d'Alais justifiait ses idées particulières. Il dut les développer à Antoine Court pendant cette première entrevue et celui-ci n'hésita pas à lui dire franchement son avis. Il fut heureux de voir que du Plan n'était pas un sectaire et que ses idées particulières n'avaient point détruit chez lui la notion ecclésiastique. Ils se séparèrent en se donnant franchement la main d'association pour le rétablissement de l'ordre et de la discipline, et quant à la question de l'inspiration, ils se promirent d'y revenir plus tard. Hélas! cette question était destinée à faire le tourment de la vie de du Plan; elle devait lui susciter des ennuis incessants de la part de quelques pasteurs et de quelques laïques peu tolérants; elle devait même un jour mettre en échec son activité missionnaire. Peut-être ne tint-il pas toujours assez compte des suscepti- bilités et des faiblesses de ses frères et n'apporta-t-il pas toujours assez de sagesse et de prudence dans ses relations avec les Inspirés. Quoiqu'il en soit, c'est au milieu de ces luttes qu'il trouva dans Antoine Court un défenseur habile et un ami dévoué. Celui-ci, qui le connaissait et rendait justice à la droiture de son caractère et à la sincérité de ses sentiments, n'oublia jamais le concours efficace que du Plan lui avait apporté au début d'une carrière semée de périls de toute espèce. C'est ainsi qu'il lui paya sa dette de reconnaissance.

## CHAPITRE V

### La fin d'un règne et le commencement d'un autre

1715-1716

Quelques jours après le Synode, Louis XIV, le grand persécuteur, celui que nos pères redoutèrent comme le « fléau de Dieu » mourut le 1er septembre 1715. Les Églises respirèrent et espérèrent voir s'adoucir, avec un nouveau règne, leurs longues et cruelles souffrances. Elles venaient d'échapper sans s'en douter à une recrudescence de maux; avant de quitter ce monde pour comparaître devant le Souverain Juge, le despote voulut couronner son œuvre de persécution par une Déclaration que lui fit signer son confesseur. Cette Déclaration était ainsi conçue : « Seront réputés relaps (1) tous ceux qui déclareront vouloir persister et mourir dans la religion prétendue réformée *qu'ils aient ou non fait abjuration,* d'autant que le séjour de

(1) Les canons des papes appellent ainsi ceux qui sont derechef tombés dans l'hérésie après l'avoir abjurée et en avoir été purgés par l'évêque.

ceux qui ont été de la religion prétendue réformée, ou qui sont nés de parents religionnaires ont fait dans notre royaume depuis que nous y avons aboli tout exercice de ladite religion, est une preuve plus que suffisante qu'ils ont embrassé la religion catholique, apostolique et romaine, sans quoi ils n'y auraient pas été soufferts ni tolérés (1). »

Le parlement de Paris, si complaisant jusque là pour les lois d'intolérance, retarda pendant un mois l'enregistrement de cette Déclaration. « Les annales du monde, offrent-elles un autre exemple d'un code fondé tout entier sur un tel mensonge (2)? » A la nouvelle de cet dit, un cri de douleur s'échappa de toutes les poitrines protestantes; une supplication ardente s'éleva vers Dieu, le refuge des désolés et la mort du roi fut considérée par les persécutés comme une délivrance providentielle.

Quelle serait la conduite du Régent? Donnerait-il cours à cette odieuse Déclaration? N'abrogerait-il pas, au contraire, tous les édits sanguinaires qui avaient fait répandre un sang innocent et appauvri la France en chassant de son sein les meilleurs de ses enfants? Tout pouvait le faire espérer. Sa mère Henriette était la sœur de Charles I<sup>er</sup>, roi d'Angleterre; il était donc allié par le sang à un roi protestant. Quoique catholique par profession, Henriette ne le fut jamais réellement, elle était même attachée de cœur à la Réforme, et souvent elle versa en secret des larmes sur le sort malheureux de ses anciens coréligionnaires. Dès que son fils tint

(1) **Déclaration du 8 mars 1715.**
(2) Lemontey. *Établissement monarchique de Louis* XIV, p. 413.

entre ses mains les rênes du pouvoir, elle le supplia avec un zèle vraiment chrétien, de briser les chaînes des forçats protestants. Le Régent libéra soixante-huit de ces infortunés, la sortie du royaume devint libre et les intendants du Dauphiné, de la Guyenne et du Languedoc reçurent l'ordre d'être plus modérés. Il paraissait en effet bien disposé. Il déplorait les fatales conséquences de la révocation de l'édit de Nantes, et aurait voulu les réparer en ouvrant les frontières aux réfugiés frança s. Malheureusement, il n'eut ni la volonté, ni le temps d'exécuter ses bons désirs. La nécessité de ménager l'épiscopat, son incrédulité, son indolence naturelle, son goût immodéré des plaisirs le rendirent insensible aux cris de douleur des réformés, et sa mère continua vainement à intercéder pour eux. Aux nombreuses requêtes des religionnaires, le duc d'Orléans répondit vaguement qu'il espérait trouver dans leur bonne conduite l'occasion d'user de ménagements conformes à la prudence.         .

Tout-à-coup en 1716, les espérances furent dissipées, les doutes tombèrent : le Régent, à son tour, devenait persécuteur. Au mois de juin parut et fut affichée dans tous les bourgs et villages du Languedoc une ordonnance royale qui renouvelait toutes les lois restrictives du règne précédent contre les assemblées, les ministres et les prédicants. La stupeur des réformés fut immense. Antoine Court se fit l'interprète de ses frères dans une apologie qu'il écrivit à Roquelaure ; il y protestait de la fidélité des réformés envers le trône ; ils n'étaient point des factieux et ne sollicitaient que la permission d'aller dans les bois invoquer en pleine liberté le Dieu de leurs pères. « Au surplus, continuait-il, quel que fût l'accueil fait à leur demande, ils étaient décidés à ne point renoncer à leurs assemblées et depuis long-temps ils avaient fait le sacrifice de leur vie au triomphe de leur foi ; quelles que fussent les souffrances qu'on leur réservât, ils mourraient sans murmurer, et rien n'arracherait de leurs cœurs, les sentiments d'amour qu'ils nourrissaient pour le roi et pour la monarchie (1). »

Il fut répondu à cette courageuse apologie par un redoublement de persécution. La frontière fut de nouveau interdite aux réfugiés qui, sous le faux espoir de jours meilleurs, s'étaient hâtés de revenir dans leur patrie. Les dragonnades recommencèrent. En 1717, une assemblée fut surprise près d'Anduze et soixante-quatorze personnes furent saisies et conduites à Montpellier. De ce nombre, vingt-deux hommes furent condamnés aux galères, les femmes à la prison et le bourreau reçut ordre d'aller planter au milieu de la place d'Anduze un poteau où seraient inscrits les noms des prisonniers.

Peu s'en fallut que la révolte n'éclatât de l'excès de ces exactions. Antoine Court prévint cet irréparable malheur. Par ses prédications, par des synodes multipliés, par l'influence de ses amis, il parvint à apaiser les esprits. Il voulait conquérir la liberté, non plus par la violence, comme avaient essayé de le faire les camisards, mais par la résignation comme les premiers chrétiens. Il en donna lui-même l'exemple dans une circonstance mémorable que nous rappelons parce que nous y trouvons mêlé le héros de cette histoire.

(1) N° 46, cah. ɪɪ (1716).

En 1718, les troupes arrêtèrent le jeune prédicant Etienne Arnaud au retour d'une assemblée qu'il avait convoquée dans les environs d'Alais. C'était un jeune homme qui donnait les plus belles espérances. Originaire de Saint-Hippolyte de la Planquette, il s'était réfugié en Suisse après la défaite des camisards, puis il était revenu en France en compagnie de Corteiz et s'était consacré à l'évangélisation de ses coréligionnaires. Court se l'était bientôt attaché et nous l'avons vu siéger avec quelques autres rares prédicants au Synode de 1715. Il était aussi devenu l'ami de du Plan qui avait l'habitude de le recevoir chez lui et même de le patronner.

La nouvelle de l'arrestation d'Arnaud produisit une douloureuse impression parmi les réformés qui avaient apprécié son caractère et ses talents précoces. Un détachement, qui ne comptait que quarante soldats, devait le conduire d'Alais à Montpellier. Quelques hommes résolus décidèrent de se mettre en embuscade sur la route et de délivrer le jeune prédicant. Mais avant d'accomplir ce dessein, on consulta Court. Celui-ci aimait Arnaud comme un frère ; il eût donné sa vie pour le sauver. Cependant il ne crut pas devoir encourager les conjurés dans leurs projets ; il leur défendit même d'en tenter l'exécution, « préférant ne pas risquer de mettre tout le pays en feu et voir un frère sceller de son sang les vérités qu'il avait prêchées que de lui rendre la liberté pour édifier encore le peuple (1). »

Du Plan essaya d'un autre moyen pour arracher son

_________

(1) N° 46, cah. III.

jeune ami à la mort. Il écrivit lui-même à la cour et implora sa grâce. La cour répondit favorablement à cette supplique et donna des ordres en conséquence aux juges de Montpellier; mais le cruel intendant Bàville (1), outré de voir cette proie lui échapper, avait fait transporter Arnaud des prisons de Montpellier dans celles de Nimes, comptant sur des juges plus complaisants. Le temps pressait; du Plan écrivit à la sœur d'Arnaud qui était à Paris et lui indiqua les démarches à faire pour obtenir la liberté de son frère. Ces démarches eurent un plein succès; malheureusement elles aboutirent trop tard. Bàville s'était hâté de faire juger et condamner Arnaud par des juges qui lui étaient dévoués et l'avait fait pendre sur la place de la Maréchale, à Alais. Le jeune martyr subit le dernier supplice avec une fermeté héroïque qui arracha des larmes au gouverneur, au jésuite qui l'assistait et au bourreau lui-même.

Voici la lettre touchante que du Plan écrivit à la mère d'Arnaud, réfugiée à Genève, huit jours après l'exécution du jeune prédicant :

« Ma chère sœur en Jésus-Christ (1),

« Après avoir balancé quelques jours à vous écrire, j'ai cru que je devais surmonter tous les obstacles qui s'opposaient à cela ; vous vous intéressez trop à ce qui regarde l'Église et en

(1) Arnaud fut la dernière victime de ce cruel intendant qui fit tant de mal à nos Églises. Voici les noms de ceux qui lui succédèrent dans les soixante premières années du dix-huitième siècle : 1718, Bernage; 1725, Louis Basile de Bernage fils; 1743, Le Nain; 1751, de Saint-Priest.

(1) N° 1, t. II., p. 15.

particulier à tout ce qui peut avoir quelque rapport au bienheureux Cadet ; outre cela, je vous aime assez pour vous
donner avis de tout ce qui se passe de considérable dans ce
pays. Vous saurez donc, ma chère sœur, que ce fidèle confesseur de la vérité, après avoir été détenu prisonnier environ un
mois, pendant lequel tous ceux qui aiment la religion et qui le
connaissaient offraient à Dieu leurs prières pour sa délivrance, a
été condamné à la mort la moins cruelle de toutes celles que
la justice peut infliger. Cet arrêt a été prononcé à Nimes et
exécuté à Alais. Jamais on n'a vu une personne plus tranquille
et plus résignée à la mort que ce pauvre agneau. Ses ennemis
les plus cruels en ont été touchés ; presque tout le monde a
versé des larmes. Le jésuite, quoiqu'il ait été rebuté avec force
à cause de ses exhortations importunes, a été obligé de confesser que s'il avait été dans l'Église romaine on devrait le
regarder comme un martyr ; l'officier qui l'a conduit et même
un archer, après une infinité d'autres, m'ont dit qu'il avait
parlé et qu'il était mort comme un saint ; le bourreau en
larmes a prononcé qu'il avait fait mourir un ange. Je ne saurais
enfin vous rapporter tout le bien qui a été dit de ce cher
enfant : sa douceur, sa patience et sa charité avaient tellement gagné ou attendri le cœur de tout le monde que personne
n'oserait en dire du mal sans s'exposer au mépris et à la haine
du public. Je ne doute pas, ma chère sœur, que vous ne vous
soumettiez avec joie aux ordres du ciel qui avait prédestiné
votre cher fils à être du nombre des martyrs. Les hommes
n'ont fait qu'exécuter les décrets de Dieu ; il faut adorer avec
un religieux respect cette main invisible qui règle avec une
souveraine sagesse tous les événements qui arrivent dans le
monde. Nous pouvions être tristes à la vérité pendant que ce
cher agneau était entre les loups ; nos larmes semblaient justes,
mais à présent qu'il est parmi les saints glorifiés, qu'il contemple la face de son Sauveur et qu'il est rassasié de ses délices,
nous serions bien aveugles, ingrats et injustes de regretter son
bonheur ; à Dieu ne plaise ! il faudrait renoncer à la foi qui

nous apprend que ceux-là sont bienheureux qui ont souffert pour la justice, et qui sont morts au Seigneur ; oui, pour certain, car ils se reposent de leurs travaux et leurs œuvres les suivent. Je sais, j'ai vu, je suis témoin, de même qu'une infinité d'autres, que ce cher enfant a vécu et est mort comme un fidèle serviteur de Dieu. Je crois, je suis assuré que le Seigneur, selon la vérité de ses promesses, l'a reçu dans le royaume de sa gloire pour lui faire part de tous ses biens ; c'est ce qui me console dans l'affliction que j'ai ressentie d'être privé de sa présence. Je me réjouis même avec lui dans l'espérance que j'ai de le rejoindre bientôt là où il est pour louer, pour bénir, pour glorifier éternellement mon Sauveur et mon Dieu. Vous êtes, ma chère sœur, sans doute dans ces sentiments ; vous habitez un lieu où vous avez de si belles occasions pour vous y confirmer ; je vous en prie, ne les négligez jamais ; faites tous les jours, avec le secours de la grâce qui ne manque jamais à ceux qui la demandent comme il faut, des progrès dans la sanctification et soyez assurée que vous verrez bientôt l'accomplissement des promesses que Dieu a faites à son Église et en particulier à celui qui se dit toujours avec beaucoup d'estime, de sincérité et d'affection, ma très-chère sœur en Jésus-Christ,

« Votre très-humble frère et serviteur.

« Benj...... D.....

« Si le martyr avait voulu racheter sa vie aux dépens de sa conscience il l'aurait pu.

« de Nimes, le 1ᵉʳ février 1718 »

# CHAPITRE VI

## Le cardinal Albéroni et Scipion Soulan

### 1719

Un grave événement vint prouver d'une manière frappante au Régent le caractère paisible des réformés de son royaume.

A cette époque, la guerre ayant éclaté entre la France et l'Espagne, l'ambitieux et intrigant cardinal Albéroni, ministre de Philippe V, conçut le projet de faire soulever les protestants du Languedoc pour susciter à la France des troubles intérieurs pendant qu'elle serait attaquée sur ses frontières. Il se servit dans ce but d'un certain Scipion Soulan, né à Saint-Hilaire, près d'Alais. C'était un jeune homme de vingt-cinq ans, joueur, libertin, qui avait couru le monde et fait tous les métiers. Après avoir combattu dans son enfance avec les camisards, il s'était enrôlé dans le même régiment que du Plan : c'est là que celui-ci l'avait connu. S'étant fait chasser pour vol, il partit pour Venise; de là, il alla en Espagne où il offrit ses services à Albéroni. Le duc d'Orléans s'effraya et craignit, en effet, un soulèvement général. Il fit aussitôt agir auprès de Basnage, ancien pasteur de Rouen, retiré en Hollande depuis la révocation de l'édit de Nantes, et auprès du professeur Pictet, de Genève, pour que l'un et l'autre, usant de leur influence auprès de leurs coréligionnaires du Languedoc, empêchassent tout soulèvement. Pictet et Basnage écrivirent aussitôt; ils invitaient leurs frères au respect et à la fidélité pour le souverain et leur conseillaient de suspendre les assemblées. Leurs lettres, répandues à profusion dans le Poitou et le Languedoc, causèrent la plus grande surprise. Antoine Court, qui ignorait l'affaire Soulan et le complot d'Albéroni, se hâta de répondre par une longue et belle lettre au pasteur de La Haye. Il y protestait de la fidélité de ses frères envers le roi, en même temps que de leur ferme résolution de continuer à servir Dieu au Désert.

« Nous voulons, lui disait-il, jusqu'à notre dernier soupir, en rendant à César ce qui est à César, rendre à Dieu ce qui appartient à Dieu. Nos assemblées ne sont pas tumultueuses; on n'y porte point d'armes; on a soin de les défendre non-seulement sous peine de lèse-majesté humaine, mais divine! (1) »

Le Régent ne se borna pas à faire agir Basnage et Pictet, il parla au marquis de Duquesne qui se trouvait alors à Paris. Le marquis choisit un gentilhomme protestant du Dauphiné, M. Genac de Beaulieu, pour aller sonder les protestants et prévenir tout soulèvement. Ce gentilhomme vint à Nimes et s'aboucha avec les notabilités des réformés, nobles et marchands, qui furent tout étonnés des craintes de la cour et l'assurèrent de leur fidélité. M. de Beaulieu leur demanda, selon ses instructions, la cessation pour quelque temps des assemblées religieuses. Ils répondirent que cela ne dépendait pas d'eux et qu'il fallait parler aux ministres qui les convoquaient. M. de Beaulieu s'adressa alors à Antoine Court qui prenait vers cette époque les eaux minérales à Euzet et lui donna rendez-vous à Durfort. Court en écrivit aussitôt à du Plan qu'il consultait

(1) *V. Bulletin* t. V, p. 54 *(1719)*.

toujours pour les affaires graves, et le marquis ayant manqué le rendez-vous sous prétexte qu'il craignait de dépasser ses ordres, du Plan alla le rejoindre à Nimes. Avant de partir, le pieux mandataire éprouva le besoin d'écrire à son ami et aux anciens pour se recommander lui et son message, aux prières de l'Église.

Au corps des anciens, il écrivit la lettre suivante :

« A Messieurs mes bons amis, là où ils sont.

« Messieurs et chers frères,

J'attendais avec impatience de vos nouvelles. J'ai reçu la lettre du frère Court qui m'a fait beaucoup de plaisir, voyant sa fermeté à soutenir les intérêts de la gloire de Dieu au sujet des assemblées. Je crois, Messieurs, que vous êtes tous dans les mêmes sentiments ; le tout s'agit de bien observer les règles de la prudence et les maximes de J.-C. qui était rempli de douceur, d'humilité, de charité, de sainteté et de zèle, seulement pour les intérêts de la gloire de son Père. Persévérez, mes très-chers frères, dans la bonne œuvre que le Seigneur vous a mise en main. Soyez-lui fidèle et vous verrez certainement de nos jours l'Église fleurir dans ce royaume, malgré Satan, le monde et la chair. Les fléaux de Dieu se promènent sur la face de la terre, les bons seront éprouvés, mais les méchants seront consumés pour faire place à une nation de justes qui glorifieront Dieu en esprit et en vérité.

« Je reçus, mes chers frères, hier au soir, une lettre de M. Plantier, par un exprès qui me marque que M.... souhaite d'avoir une conférence avec moi avant que de partir pour rendre compte de sa commission. L'affaire presse, car je n'ai qu'un jour à différer. Le sieur Plantier jugeait à propos que le sieur Court et d'autres fussent au rendez-vous, mais comme il laisse la chose à ma conduite, je n'ai pas trouvé à propos de vous exposer; je sais assez vos sentiments sur toutes nos affaires. Je porterai la parole en votre nom et après cela je vous rendrai un compte exact de notre conférence. Je vous prie, mes très-chers frères, comme la chose est délicate et d'une grande importance, de n'oublier point dans toutes vos prières celui qui se fait votre interprète, qu'il me donne son esprit pour parler avec sagesse et avec force, pour les intérêts de l'Église qu'il a rachetée par son sang.

« Souvenez-vous du jeûne du 7 septembre. Je prie Dieu qu'il vous soutienne et qu'il vous anime de son esprit, et qu'il nous fasse à tous la grâce de nous pouvoir bientôt unir sans crainte de nos ennemis pour faire éclater des alléluias à l'Éternel notre Dieu.

« Je suis toujours très-parfaitement votre très-humble et très-obéissant serviteur. (1)

« BENJAMIN. »

Arrivé à Nimes, du Plan eut d'abord quelques conférences avec les protestants notables du voisinage, bourgeois, marchands et gentilshommes, tous protestants dans le cœur mais pusillanimes. Ils furent d'avis de suspendre les assemblées. Du Plan s'y refusa avec indignation et à la suite de la conférence, il écrivit lui-même au marquis de Duquesne, au nom des Églises, pour assurer la cour de leur fidélité mais pour affirmer aussi qu'elles voulaient, à quel prix que ce fût, rendre à Dieu ce qui appartient à Dieu en le glorifiant dans les assemblées. Quant à Soulan, s'il venait dans le Languedoc pour soulever le peuple, du Plan promettait de le faire arrêter et de le livrer à la justice, à condition qu'on ne le ferait pas mourir.

Le marquis de Duquesne communiqua cette lettre

(1) Nᵒ 12, page 11 (mai 1719.)

au Régent ou au principal ministre; on se déclara satisfait et M. de Beaulieu assura le gentilhomme d'Alais qu'on n'insisterait plus sur la cessation des assemblées.

Cette nouvelle ne tarda pas à se répandre parmi tous les fidèles. Court ouvrait son cœur à la joie; le passé était oublié, l'avenir s'annonçait plein d'espérance. La cour convaincue enfin que les protestants n'étaient point des rebelles, allait sûrement se relâcher de ses mesures rigoureuses et arrêter une persécution qui ne pouvait s'expliquer. Un Synode fut aussitôt convoqué le 21 mars 1719; on y résolut d'écrire à M. de Beaulieu, deux lettres : l'une traitant des assemblées, l'autre du dévouement des protestants au roi.

Du Plan n'ayant pu assister à cette réunion, crut devoir écrire à ses collègues pour leur recommander, encore une fois, la patience, la résignation et la fidélité.

« Aux pasteurs, anciens et frères assemblés pour la gloire de Dieu et l'édification de l'Église.

« Messieurs, mes très-chers et très-honorés frères en notre Seigneur Jésus-Christ, la paix, la grâce, l'amour de notre Dieu sauveur soient avec vous.

« Ne pouvant pas, pour des raisons que je ne puis pas mettre sur le papier, assister à l'assemblée que deux d'entre vous m'ont fait l'honneur de m'informer, je redoublerai mes prières à Dieu, afin que son esprit y préside d'une manière spéciale à la gloire de son saint et grand nom, à l'édification de son Église, à la confusion de Satan et à la destruction de l'antéchrist et de ses suppôts. J'espère de la miséricorde de Dieu que mes prières feront plus d'effet que ma présence et que votre charité et votre discrétion vous persuaderont que mon absence est fondée sur de bonnes raisons. Car je regarde comme un honneur et une gloire d'être uni avec des fidèles serviteurs de Jésus-Christ, quoique le monde les méprise, les calomnie et les persécute. Je suis prêt même, s'il le faut, avec le secours et la grâce de mon Dieu, à sacrifier biens, honneurs temporels et vie, pour le service de son Église.

« Avant que de vous dire mes avis sur la matière que vous devez traiter, il est bon que je vous informe que les Puissances n'ignorent pas vos noms; elles savent tout ce qui se fait dans ce pays. C'est pourquoi il est plus nécessaire que jamais de redoubler nos prières envers Dieu, afin qu'il change le cœur de nos ennemis en notre faveur. Le frère Court sait que nous avons informé la Cour de notre innocence et de notre fidélité pour le roi, mais cela ne suffit pas. Il faut que nous soyons fidèles à Dieu, que nous n'ayons dans toutes nos actions pour but que sa gloire et le salut de nos prochains; il faut que sa loi et ses commandements soient écrits dans nos cœurs avant que nous nous émancipions de les prêcher à son peuple. Malheur à celui qui éclaire les autres dans les voies du salut et qui tombe lui-même dans l'abîme de perdition !

« Le commandant et l'intendant de la province parcourent les villes et villages de ce pays; il est bon que je reste où je suis pour entendre leurs discours et pour connaître, si je puis, dans leur langage, si nous avons encore à souffrir, ou bien si nous devons espérer quelque adoucissement. Je vous informerai de tout à la première occasion.

« J'ai appris, mes chers frères, que vous vous deviez assembler non-seulement pour prendre des mesures justes pour l'édification de l'Église, mais encore pour prévenir les ruses du Diable qui cherche depuis longtemps à jeter la division parmi vous. Il est de la dernière conséquence que vous soyez unis entre vous, car vous savez que tout royaume divisé ne peut que se détruire. Au nom de Dieu, pensez à votre fin, prenez chacun garde à vos vues secrètes, Dieu connaît vos intentions; si vous travaillez pour sa gloire et non pour vos propres intérêts, Dieu vous prépare une gloire infinie et un bonheur immense; mais si quelqu'un se laisse malheureusement séduire et aveugler par son amour-propre en cherchant l'estime ou l'approbation des hommes, les aises ou les plaisirs de la chair, Dieu le confond et permet qu'il tombe entre les mains des hommes ou des démons qui le feront périr. Au nom de Dieu, mes très-chers frères, que chacun s'examine soi-même et si quelqu'un se répute quelque chose ou avoir quelque talent, qu'il ne s'en glorifie pas, autrement il est vain et indigne de porter le beau nom de chrétien; que celui qui est le plus doué de grâces et de vertus, qu'il soit le plus humble et le plus charitable; qu'il n'élève pas sa voix dans l'assemblée avec aigreur contre son frère, quand même il aurait tort dans sa conduite contraire à la discipline ecclésiastique, mais qu'il le ramène avec douceur dans la bonne voie. C'est ainsi que Jésus-Christ, le bon pasteur que nous devons imiter, en use à notre égard lorsque nous nous égarons.

« La situation triste de nos affaires ne nous permet pas d'user de la rigoureuse excommunication, mais déclarez au milieu de l'assemblée des pasteurs et des anciens que vous livrez à la justice de Dieu, le premier qui contreviendra par orgueil et par un esprit schismatique, hérétique, calomniateur, aux règles que vous établirez au nom de Dieu le Père, le Fils et le Saint-Esprit, pour l'avancement de son règne et le bien de son Église. Après cela que les fidèles pasteurs se reposent en assurance sur la Providence qui saura bien venger d'une manière terrible les outrages faits à sa gloire.

« Quoique je croie que dans ces assemblées synodales vous avez soin d'implorer l'assistance de l'Esprit, permettez-moi que je vous exhorte, s'il vous plait, à faire vos prières plus fréquentes que vous n'avez fait autrefois. Il est nécessaire pour plusieurs raisons : 1° vous savez qu'on a beau la maison bâtir si le Seigneur n'y met la main; vous auriez beau aussi faire de beaux règlements si le Seigneur ne bénit vos soins en répandant la charité dans vos cœurs pour les observer; 2° nous sommes sous la croix et en danger à tout moment de tomber entre les mains de nos ennemis qui se feraient un plaisir dé nous sacrifier à leur haine. Enfin il semble, et je crois que Dieu est prêt à manifester sa puissance et sa miséricorde en faveur de son Église, si nous sommes attentifs à nous humilier souvent en sa présence, pour lui demander son secours et pour lui rendre grâces de tous les biens que nous avons reçus jusqu'ici de sa main libérale.

« Je vous prie d'avoir la bonté avant que de vous séparer de m'envoyer un extrait des règlements de discipline que vous avez faits. Je me recommande à vos bonnes prières; ne m'oubliez pas dans vos assemblées ni dans votre particulier puisque vous êtes devant mes yeux lorsque j'offre à Dieu mes supplications. Dieu veuille vous bénir tous, Dieu veuille vous sanctifier, Dieu veuille vous rendre fidèles dans le ministère qu'il vous a commis, Dieu veuille vous rendre de plus en plus capables d'édifier et de consoler son Église affligée. Dieu veuille enfin, vous faire remporter une entière victoire sur Satan, sur le monde et sur la chair, afin que vous obteniez la couronne de justice que je vous souhaite de toute mon âme, comme étant, messieurs et mes très-chers et bien aimés frères en Jésus-Christ, votre très-humble et très-affectueux serviteur (1).

« BENJAMIN. »

<hr>

# CHAPITRE VII

## La peste d'Alais

### 1720-1721

Quel fut le fruit de toutes ces courageuses protestations de fidélité envers le prince? Tant que la cour eut

(1). N° 12, page (mai 1719).

des embarras avec l'Espagne, la persécution parut se
ralentir; on put continuer, sans être trop inquiété par
les troupes, à fréquenter les assemblées. Toutefois ni les
édits, ni les ordonnances n'avaient été abrogés; ils
étaient toujours suspendus, comme une épée de
Damoclès, sur la tête des pasteurs et des fidèles. Ceux-ci
ne tardèrent pas à s'en apercevoir. Lorsque l'Espagne eut
été vaincue et qu'on n'eut plus à redouter une nouvelle
croisade de camisards, la Cour reprit contre le protestantisme l'œuvre de destruction entreprise par
Louis XIV. En Bretagne, en Dauphiné, dans le Poitou,
en Languedoc, partout où il y avait des réformés, les
assemblées furent dispersées et les prédicants sévèrement poursuivis.

Bernage avait succédé à Bâville comme intendant
du Languedoc : ce ne fut pour les protestants du Midi
qu'un changement de bourreau. Le nouvel intendant se
vanta de dépasser en fermeté, c'est-à-dire en cruauté,
son prédécesseur, de sinistre mémoire. Accompagné du
duc de Roquelaure, il visita la province, fit comparaître devant lui les protestants notables de chaque
ville et leur interdit de tenir des assemblées sous
peine d'encourir la colère du Régent. Une année s'était
à peine écoulée depuis les belles promesses faites, au
nom de ce prince, par le duc de Beaulieu !

Un cruel fléau vint accroître les malheurs de l'Église.
La peste qui avait désolé et dépeuplé Marseille pénétra
avec une incroyable rapidité en Provence et en Languedoc. En 1721, elle se déclara à Alais et y fit beaucoup
de ravages. Les sages mesures prises par les magistrats
en atténuèrent les progrès. « On commença par former
un cordon de troupes pour empêcher la communica-

tion avec les autres villes. Personne ne pouvait entrer ni sortir ; on établit des infirmeries en dehors de la ville où on portait les personnes qui étaient attaquées de la maladie et on envoyait faire la quarantaine dans les maisons de campagne des environs : toutes celles qui avaient communiqué avec les pestiférés, tous les effets des maisons où la peste s'était déclarée par la mort de quelqu'un étaient brûlés. Les personnes qui étaient commises pour faire cette opération, de même que pour enterrer les cadavres, n'avaient aucune communication avec les autres habitants qui étaient tous renfermés, chacun en famille, dans leur maison et ne pouvaient en sortir sans encourir les peines les plus sévères. Il était même défendu aux catholiques de se trouver dans leurs églises au-delà de douze personnes (1). »

Le zèle religieux se réveilla à la vue des ravages du fléau ; les protestants y virent un châtiment de Dieu pour punir l'infidélité de son peuple. Les pasteurs, entièrement occupés par les visites et le soin de leurs malades, eurent un moment l'idée de suspendre les assemblées, mais les fidèles réclamèrent, et, malgré l'interdit général, coururent s'édifier et s'humilier au Désert. Les riches, plus effrayés que les pauvres, déployaient une extrême ferveur, la prédication portait des fruits heureux et les jeunes gens eux-mêmes manifestaient publiquement des sentiments de repentance. « Il semble, écrivait Court, à la vue de cette résurrection spirituelle, qu'un nouveau sang coule dans les veines des protestants et qu'un nouvel esprit anime leur corps. Satan

_____

(1) Bonnal-Olive, *Notice sur Alais*.

tombe du ciel comme un éclair (1). » Les Églises de la Lozère, le Pont-de-Montvert, Saint-Julien d'Arpaon, Cassagnas firent de grands progrès. On fut obligé d'augmenter le nombre des anciens des Eglises de Lasalle, Saumane et Alais. La ville de Ganges qui s'était fort relâchée, renaquit à la foi.

Pendant toute la durée du fléau, Benjamin du Plan redoubla de zèle et de dévouement ; sa santé en fut altérée et quelques années plus tard il se ressentait encore des fatigues excessives qu'il avait éprouvées pendant cette terrible calamité. Il continua ses réunions religieuses et cela au su de M$^{gr}$ d'Avéjan, évêque d'Alais, du gouverneur de la ville et du commandant des troupes qui en étaient fort irrités. « Ils savaient tous ce que je faisais, nous dit-il lui-même, jusque là que les officiers et les soldats me voyant passer par les rues me montraient au doigt par derrière à leurs camarades, en disant : « Voilà le ministre des huguenots. » On me rapportait ces choses et néanmoins j'allais de temps en temps voir chez eux, comme si rien n'était, l'évêque, le gouverneur et les jésuites même, ce qui surprenait tout le monde ; mais ce qui surprit surtout un jour des ecclésiastiques qui sollicitaient l'évêque contre moi avec trop d'ardeur, ce furent ces paroles qui m'ont été rapportées par un gentilhomme qui était présent : « Laissez faire, c'est mon grand vicaire (2). »

Cette tolérance parait en effet inouïe, vu le temps et les personnes. Elle ne peut s'expliquer que par les

(1) N° 17, t. I. (1721).
(2). N° 12, p. 199.

relations d'intime amitié qui unissaient la famille de du Plan avec les grands personnages de la ville et en particulier avec le marquis de la Fare, parent de l'évêque d'Avéjan.

Toutefois les malheurs publics ralentirent à peine la persécution : les assemblées furent écharpées, les galères se peuplèrent de nouveaux forçats, la tour de Constance de plusieurs prisonnières. On cite en particulier une assemblée qui fut surprise dans un lieu appelé le torrent du Cadereau (1). Cinquante personnes y furent arrêtées et enfermées au fort de Nimes; trois furent condamnées aux galères et dix-neuf à être exportées au Mississipi.

---

## CHAPITRE VIII

### Benjamin du Plan et les Vessonniens

#### 1721-1724

L'année 1721 devait être pour du Plan une année particulièrement malheureuse. Aux deux fléaux, la peste et la persécution, vint s'ajouter une querelle dans l'Église au sujet des Inspirés. Cette querelle éclata pendant l'absence d'Antoine Court; celui-ci était parti en 1720 pour Genève. Le but de ce voyage était de dissiper les préventions des pasteurs et des fidèles de cette Église contre leurs coréligionnaires de France. On accusait faussement les prédicants d'exposer les

(1). Localité située près de Nimes.

protestants sans nécessité en s'obstinant à tenir au Désert des assemblées illicites; on leur reprochait aussi de fomenter la révolte contre le roi et de se laisser entraîner dans les excentricités ridicules des Inspirés et des visionnaires. Court dissipa toutes ces préventions et ranima l'intérêt et le zèle que les fidèles de Genève n'avaient jamais cessé de porter à leurs frères de France malgré les menaces ou les mesures restrictives du roi. Son absence dura deux ans. Pendant ce temps le courageux pasteur ne cessa de suivre de loin avec sympathie les souffrances et les malheurs de son troupeau. Il l'avait confié en des mains fidèles. Corteiz le remplaçait et Benjamin du Plan redoublait d'activité et de zèle. Mais cette absence parut trop longue; Corteiz, écrasé de travail et ne pouvant plus suffire à la tâche, écrivait lettre sur lettre à son collègue pour hâter son retour; du Plan n'était pas moins pressant, Antoine Court répondit au gentilhomme d'Alais :

Monsieur,

« J'ai reçu l'honneur de la chère vôtre où j'ai vu avec un nouveau plaisir que vous y faites éclater le même zèle et la même piété que Dieu a répandus si longtemps avec effusion et abondance dans votre âme et dont vous avez toujours suivi les salutaires mouvements qui inspirent ces vertus à un cœur qui a la gloire d'en être possédé. Par l'une, vous avez défendu l'intérêt et la vérité de la religion, et par l'autre, vous avez enseigné à ses sectateurs qu'elle ne renfermait rien dans toute l'étendue de ce précepte qui ne fût aisé et facile de pratiquer, en leur en donnant en votre personne un exemple vivant. Par l'une de ces vertus, je vous vois dévoué à consacrer votre

repos, vos biens, votre honneur et votre vie même au salut
de vos frères, en leur communiquant les lumières et les connaissances que le ciel vous inspire; et par l'autre, vous me
faites voir qu'il n'y a rien si difficile qui paraisse, qui ne soit
de facile accès pour une âme bien née, pour un cœur noble et
généreux; par l'une et par l'autre, vous m'encouragez à ne
pas tarder davantage à venir reprendre mes fonctions dans
nos Églises affligées, vous m'en représentez la nécessité d'une
manière si touchante et si pathétique et par des tours si
relevés et si sublimes, qu'il serait bien difficile de ne s'y
rendre point; vous accompagnez tout cela ensuite de votre
propre exemple, ce qui fait qu'il me semble d'entendre une
voix qui sort de votre propre bouche et qui en sortirait, sans
doute, n'était votre grande modestie et du peu d'estime que
vous faites de tout ce qui se fait par vous, quelque grande et
quelque estimable que soit la chose en elle-même; qui me
dit : Quoi, mon frère, me verriez-vous abandonner l'aise et le
repos dont je jouissais dans ma maison, me verriez-vous faire
le sacrifice des douceurs et des avantages qui accompagnaient
ma vie dans la ville de ma naissance, me verriez-vous, moi
qui suis si tendre et si délicat, m'exposer désormais aux
rigueurs de brûlantes chaleurs de l'été et de rudes frimats de
l'hiver, à coucher tantôt dans un bois en rase campagne, tantôt
dans une caverne, tantôt sur la paille et tantôt dans un autre
lieu encore plus mauvais; et vous resteriez dans le lieu où
vous êtes, vous qui devez déjà être accoutumé à ces sortes de
fatigues; préféreriez-vous les douceurs et les avantages qui
accompagnent votre séjour dans la ville où vous êtes? Je les
conçois grands ces avantages, je ne doute point qu'ils n'aient
des charmes et des appas attrayants qui les rendent si aimables
qu'on a bien de peine à s'en défaire, mais quand ils auraient
encore plus de charmes et plus d'appas, ne devez-vous pas, à
mon exemple, quoique les miens n'eussent rien de pareils aux
vôtres, y renoncer et y renoncer avec tant de vitesse que je l'ai
fait, puisqu'il s'agit de combattre ensemble pour une même

cause, puisque les mêmes raisons qui m'ont déterminé à faire ce sacrifice que j'ai fait vous doivent déterminer à faire celui dont je vous parle, puisqu'en un mot, nous devons l'un et l'autre remplir une même carrière. Quand mon exemple n'aurait pas assez de force, n'avez-vous pas vos chers troupeaux qui vous demandent avec la manière la plus empressée? N'entendez-vous pas leur faible voix qui s'est affaiblie en vous désirant, qui se fait encore entendre dans votre conscience et qui vous conjure de la manière la plus tendre de venir leur faire part des talents que la Providence vous a commis pour leur instruction et pour leur consolation?

« Et pourquoi (car je dois répondre à cette voix) suis-je accablé de tant de raisons et de tant de motifs, de tant de raisons puissantes et de tant de motifs intéressants, pour hâter mon retour, n'en ai-je pas le désir et ce désir n'est-il pas un feu qui par ses flammes brûle et consume mes entrailles? N'ai-je pas souhaité les ailes d'un aigle pour voler avec la rapidité de ces oiseaux vers mes pauvres brebis, non pour les déchirer avec des griffes mais pour les couvrir sous les ailes de la prédication de l'Évangile, des consolations, des promesses et des espérances qu'elle nous donne? N'ai-je pas fait un vœu, quoique dans un sens différent dans cette occasion, avec l'Église, car en tout autre je le fais dans le même sens qu'elle, que les cieux se fendissent, qu'ils se fendissent pour m'ouvrir un passage par lequel j'eus un libre accès à nos montagnes, ne l'épiai-je pas ce passage? Ce départ ne fait-il pas presque le sujet de ma méditation ordinaire? J'y pense la nuit et le jour et je ne souhaite rien tant que de me voir à la suite de mes chers collègues et de la vôtre, la houlette à la main conduire et paître nos troupeaux dans les parcs herbeux de la vérité, et dans les rivages verdoyants des sources intarissables d'eau saillante en vie éternelle. Pendant que je me préparerai à ce voyage, demandez à Dieu qu'il me fraye le chemin par lequel je dois passer; qu'il m'inspire le courage que j'ai à avoir; qu'il me préserve de tous fâcheux accidents; qu'il écarte tous les obstacles qui pourraient s'opposer à mon chemin ; joignez à tout cela vos sages conseils. Je crains de n'être reconnu dans les passages. Car il faut rendre raison partout où l'on passe jusqu'au moindre village, qui l'on est, d'où l'on vient et où l'on va. Faites-moi connaître quelles précautions je dois prendre, par quel endroit il me serait plus facile d'entrer dans la province. J'attendrai avec impatience ce que vous me ferez l'honneur de me répondre là-dessus. En attendant je vous embrasse avec une affection chrétienne et je vous prie de me croire, avec toute la tendresse et tout le zèle possible, Monsieur, votre très-humble, très-obéissant serviteur.

« A. C. »

Benjamin du Plan avait des raisons personnelles pour désirer le prompt retour d'Antoine Court. Ses relations avec les Inspirés venaient de soulever contre lui le parti de l'ordre ecclésiastique à la tête duquel était Corteiz. Corteiz n'aimait pas Benjamin du Plan, non qu'il méconnût ses nombreux mérites, mais il lui reprochait ses idées sur l'inspiration et l'accusait, fomenter la division dans l'Église. Ces accusations étaient-elles fondées ? Du Plan n'avait-il pas, au contraire, dès le premier jour, encouragé Antoine Court dans son œuvre de restauration ? Ne l'avait-il pas aidé, non-seulement de ses conseils mais aussi de son influence ? N'avait-il pas assisté régulièrement à tous les synodes et colloques, rédigé des délibérations, écrit en leur nom soit au Régent, soit aux Princes étrangers ? Était-il possible de trouver un meilleur réformé, et en même temps un chrétien plus capable et plus dévoué ? Quel était donc son crime ? Pourquoi, pendant l'absence d'Antoine Court, Corteiz ameuta-t-il les fidèles contre le pieux gentilhomme? Nous l'avons déjà dit, c'est parce que celui-ci fréquentait les Inspirés; sa position sociale, son mérite personnel donnaient à ce parti obscur, composé en général de personnes ignorantes, un lustre et un relief qu'il ne méritait pas. Hâtons-nous d'ajouter que les extravagances de quelques-uns et surtout la révolte de deux de leurs principaux chefs, Vesson et Huc, contre l'ordre établi, semblèrent justifier toutes les rigueurs de Corteiz.

L'influence de ces deux hommes a été trop grande de leur temps et Benjamin du Plan a trop souffert par contre-coup de ces luttes, pour que nous ne mettions pas le lecteur au courant de leur histoire.

Vesson était originaire de Cros, près de Saint-Hippolyte. Il s'était érigé en prédicant et se disait inspiré. Il prêchait au désert, tombait en extases et tenait des assemblées que son imprudence faisait souvent surprendre par les soldats. A peine eut-il signé les règlements du Synode de 1715, qu'il refusa de s'y soumettre; son esprit indépendant ne pouvait se plier à aucun joug humain. Il ne reparut plus aux réunions synodales, et, quoiqu'il ne fût pas consacré, il se permit de donner la cène et de convoquer des assemblées. Un Synode, tenu en février 1718, l'assigna à sa barre et comme il refusa de s'y présenter, le démit de ses fonctions comme schismatique. On décida toutefois qu'il serait réintégré dans sa charge de prédicant s'il exprimait des regrets de sa conduite. Le mois suivant, publiquement et dans un colloque, Vesson vint faire amende honorable entre les mains de Corteiz, de Rouvière et d'Antoine Court. Mais sa fougue naturelle, son impatience de tout frein l'emportèrent de nouveau et il retomba dans les mêmes fautes, violant les règlements établis et cherchant des partisans parmi les Inspirés, ennemis de toute discipline. Un Synode convoqué en 1720, le jugea et le révoqua de ses fonctions. C'était un acte hardi, dont les conséquences auraient pu être funestes pour l'Église : il était à craindre que Vesson, usant de sa popularité, ne créât un schisme et n'accrût les malheurs de la situation. Les protestants étaient décimés par la persécution et par la peste, fallait-il qu'ils se divisassent entre eux et donnassent à leurs mortels ennemis le spectacle de la discorde? Du Plan éleva la voix, non pour défendre Vesson, au contraire, il blâma sévèrement sa conduite et approuva qu'on l'eût mis au ban de l'Eglise; mais il s'efforça d'apaiser les esprits et de faire naître dans les cœurs aigris des sentiments de charité, de paix et de modération. Ses intentions furent mal comprises, on le confondit avec ceux dont il semblait prendre en main la cause; laïques et prédicants l'enveloppèrent dans le même anathème qui avait condamné Vesson et ses partisans. Malheureusement Court était absent; lui seul eût pu justifier son ami de ces injustes accusations.

Ce qui était à craindre arriva. La décision synodale porta l'irritation des Inspirés à son comble; ils se séparèrent de l'Eglise et se groupèrent autour de Vesson et de Huc qu'ils considérèrent désormais comme leurs chefs. Vesson se jeta dans le bas Languedoc et Huc dans les Cévennes.

Huc-Mazel, dit Mazelet, était presqu'un vieillard. Né à Génolhac, il avait été un des premiers camisards à lever l'étendard de la révolte ; quoiqu'il ne sût ni lire ni écrire, il prêchait avec un grand succès devant les soldats de Roland. La guerre terminée, il se réfugia en Suisse, mais le désir d'aventures le fit revenir en France où il eut quelques relations avec les catholiques de Montpellier. C'est là probablement qu'il puisa certaines doctrines sur la résurrection et d'autres idées qui devaient plus tard inquiéter ses collègues. Mis en rapport avec Antoine Court, il devint avec Vesson un de ses premiers collaborateurs et signa les règlements synodaux de 1715. Mais c'était aussi pour les fouler aux pieds. En 1719, il émit d'étranges idées sur la question des mariages protestants, affirmant qu'il était permis, sans péché, de se marier à l'Eglise et de signer les abjurations dont le clergé avait établi la formule, sous le fallacieux prétexte qu'on pouvait abjurer les hérésies de Calvin sans abjurer la religion de Jésus-Christ. Un Synode, convoqué en 1719, l'interdit et le déposa pour avoir violé les articles des règlements. Mais ce vieillard ignorant et opiniâtre, au lieu de se soumettre, se jeta dans les hautes Cévennes où il essaya de propager ses dangereuses doctrines.

Tels étaient les deux chefs qui se mirent à la tête du parti des Inspirés. Dans ces conjonctures, Corteiz, qui n'avait pas à ménager Benjamin du Plan, le rendit à tort responsable de tous ces désordres. Il assembla un Synode en 1721, où Vesson fut de nouveau mis au ban de l'Église; du Plan lui-même, appelé à comparaître, dut y rendre compte de sa conduite et de ses rapports avec les adversaires de la discipline ecclésiastique. Le gentilhomme d'Alais s'inclina respectueusement devant les remontrances de ses collègues, mais il n'en garda pas moins ses convictions, et ne changea pas sensiblement sa manière d'agir.

Antoine Court dut beaucoup souffrir en apprenant la

mesure disciplinaire qui venait de frapper son pieux
ami. Il n'en fut que plus irrité contre les extravagants
et les fanatiques de la secte. « Toutes les fois, écrivait-
il, qu'il me vient à l'idée que ces gens-là attribuent
leurs folles imaginations et les extravagances qu'ils
ont faites et dont j'ai été témoin d'un grand nombre,
à l'Esprit du Seigneur, un frisson universel s'empare
de ma personne, ma chair frémit, mes cheveux se
hérissent, mon cœur tremble et me fait craindre que
la foudre ne parte du ciel pour écraser ces misérables
qui osent faire du Saint-Esprit l'auteur de toutes ces
choses (1). » De Genève, il écrivit une lettre où,
s'appuyant sur le commandement de saint Paul (2), il
tançait les femmes qui se mêlaient de prêcher. Est-ce à
dire qu'il voulût les condamner à un mutisme absolu ?
Non ! « Quand il n'y aura pas dans un endroit de
pasteurs, disait-il, que les femmes s'attachent par leurs
représentations, à ramener les pécheurs, qu'elles con-
solent les affligés, visitent les malades, instruisent la
jeunesse, fortifient les faibles ; qu'elles fassent tout cela,
ajoutait-il, par des entretiens particuliers ; mais qu'elles
ne s'émancipent jamais à prêcher en docteurs dans
une assemblée dûment convoquée (3). »

Pour donner plus de prix à ses remontrances, il
pria le professeur Pictet d'écrire sur ce sujet et celui-ci
publia sa fameuse *Lettre sur ceux qui se croient inspirés*.
Pictet jouissait d'une grande autorité ; aussi sa lettre,
signée et appuyée par la vénérable Compagnie des pas-

(1). Mss. de Court. — Lettre du 6 juin 1721 à M⠇⠇ Simart.
(2). Cor. xiv, 34.
(3). N° 7, t. I. p. 181.

teurs de Genève, produisit-elle une immense sensation. Le vide se fit autour de Vesson ; ses partisans les plus dévoués l'abandonnèrent. N'ayant plus de moyens d'existence, criblé de dettes, traqué par ses créanciers, poursuivi par les Synodes, il n'eut plus recours qu'à des expédients pour vivre et pour nourrir sa nombreuse famille. Nous allons le retrouver à Montpellier, chef d'une secte ridicule qui causa sa perte et qui, par contre-coup, entraîna la fuite et l'exil de Benjamin du Plan.

## CHAPITRE VIII

### Les Multipliants

#### 1723

En 1721 vivait à Montpellier une veuve Verchand, originaire de Sommières. Cette dame avait eu, pendant un voyage dans les Cévennes, une étrange vision et prétendait avoir vu Dieu lui-même. De retour à Montpellier, elle entra en relation épistolaire avec Benjamin du Plan dont la réputation de piété s'étendait au loin. Celui-ci, croyant qu'elle réclamait ses conseils et ses directions, lui écrivit plusieurs lettres dans lesquelles il lui parlait « de la grande affaire du règne de Dieu et de la délivrance de l'Église et demandait à l'Éternel de lui accorder de plus en plus les lumières et les vertus de son esprit pour lui faire connaître les grands mystères de son amour (1). »

_________________

(1). N° 30, p. 182, 183.

Dans ce moment la peste ravageait Montpellier, et les fidèles éprouvaient partout le besoin de se réunir pour se fortifier dans la foi. M^me Verchand leur ouvrit sa maison qui fut bientôt envahie par les prédicants et les prophètes des environs; elle devint même un foyer de résistance aux décisions disciplinaires du Synode de 1721 contre Vesson et en général contre les Inspirés. Les frères Comte, de Lunel, et Bonicel, du Pont-de-Montvert, transformèrent cette réunion en secte : les adeptes niaient toute autorité spirituelle et ne reconnaissaient d'autres guides que l'illumination intérieure. Ce fut à cette secte bizarre que Vesson s'affilia.

Le jour de sa réception (25 décembre 1722), il se laissa imposer les mains par les trois grands sacrificateurs Bonicel, Bourely, jeune garçon de seize ans, et Antoine Comte, et s'engagea « à leur servir de ministre et de prédicateur, à ne rien faire sans leur avis et à être, en tout et toujours, à leurs ordres, enfin à porter l'arche de vérité. »

Par son intermédiaire, la petite communauté entra aussitôt en correspondance avec les villes où le prédicant rebelle avait compté ses plus chauds partisans. M^me Verchand écrivit de nouveau à du Plan; elle l'engagea même à venir et lui offrit la présidence de l'Église. Mais du Plan avait trop de bon sens pour se laisser séduire. La présence du schismatique Vesson aurait suffi d'ailleurs pour lui tracer son devoir. Il répondit à M^me Verchand pour l'engager à abandonner des projets chimériques et à se séparer des fourbes qui l'entouraient et qui ne pouvaient que la compromettre et la perdre. Ses prévisions furent bientôt justifiées.

Le 6 mars 1723, la maison de M^me Verchand fut enva-

hie par un détachement de soldats. Au moment où ils
pénétrèrent dans l'appartement où les sectaires célé-
braient leurs rites étranges, il y avait dans la maison
treize personnes dont six hommes et un jeune garçon,
plus six femmes. Un des six hommes portait, comme un
prêtre, une aube sur laquelle retombait une sorte de
baudrier ; il avait aussi un bonnet ressemblant à un
casque, tout garni d'aigrettes et ceint de papier doré ;
il tenait à la main une canne de roseau qui servait de
hampe à un étendard de taffetas. Un autre individu
était vêtu d'un habit gris-brun ; il était armé d'un
bâton surmonté d'un rond de carton entouré de laurier
et contenant sur chaque face une inscription en gros
caractères. Quant aux femmes, elles portaient un
bonnet noir bordé de taffetas blanc-d'argent, qu'ornait
une aigrette attachée par un ruban vert.

L'intérieur de la maison était aussi bizarre que les
personnages. La première pièce était ornée de lauriers
auxquels étaient attachés des pommes, des oranges, des
citrons, des bouteilles de vin et d'eau-de-vie. Sur la
porte on lisait cette inscription : « De la part de Dieu,
il est ordonné à tous ceux qui viendront ici de se
laisser fouiller, autrement la porte leur sera fermée ;
et malheur à celui-là qui ne le souffrira pas. » Cette
première pièce conduisait à une seconde qui était le
sanctuaire et que les sectaires appelaient la « nouvelle
Sion. » Tout à l'entour régnait un cordon de fleurs
de lis en papier doré. Au milieu se dressait une chaire
élevée de quatre marches, ornée de lauriers, de rubans,
avec des inscriptions hébraïques. Le plafond était
tendu de blanc et au milieu on voyait une espèce de
soleil avec cette inscription en latin : « C'est ici le

chemin de la vérité. » On trouvait enfin dans cette pièce un plat entouré d'une serviette, dont les quatre bouts étaient liés avec des rubans de différentes couleurs, et près de la fenêtre une table carrée munie d'une sonnette, d'une écritoire et d'une Bible. Le dessus de cette table était couvert de dessins emblématiques tels que balances, cœur, compas. Chaque objet avait, en effet, sa signification. Les lauriers représentaient la délivrance de l'Église; les oranges figuraient les biens qui devaient abonder pendant le règne de Jésus-Christ; le taffetas blanc tendu sur le plafond et les ganses de rubans aux quatre couleurs n'étaient autres que les livrées de noces du Saint-Esprit; la chaire représentait la montagne d'Horeb. Voilà où en étaient venus les successeurs des premiers inspirés, et comment les esprits et les cerveaux malades se laissèrent peu à peu séduire par des spéculations dont le résultat aboutit à la folie!

Le procès de ces malheureux s'instruisit rapidement. Convaincus d'avoir violé les édits qui interdisaient les assemblées, ils furent tous condamnés. Vesson, dans l'espoir d'échapper à la mort, offrit de livrer ses coréligionnaires; il ne demandait pour toute récompense que le secret et cinq cents écus; la chose se ferait fort convenablement aux fêtes de Pâques pendant que les réformés seraient assemblés en Synode; il se présenterait devant eux pour leur annoncer sa miraculeuse délivrance. Bernage dédaigna les propositions du traître et l'envoya à la mort avec Bonicel, Antoine Comte et une prophétesse de la secte. Le 22 avril, ils furent extraits de la citadelle en chemise, un cierge à la main et la corde au cou. Conduits devant la chapelle de la citadelle, puis devant la croix de l'Esplanade, ils firent amende honorable et furent pendus ensuite aux gibets élevés sur la place. Les autres prisonniers furent envoyés aux galères du roi pour y rester à perpétuité. M^me Verchand, Jeanne Mazaurigue et Suzanne Loubière durent assister à l'exécution de leurs complices et furent ensuite enfermées à la tour de Constance, ainsi qu'Anne Gaussent, dont le seul crime était d'avoir assisté aux assemblées sans avoir participé aux cérémonies. La maison fut rasée. Il ne resta de la secte que le nom de *Multipliants,* donné à la rue où elle était située.

Quelques semaines après l'exécution de Vesson, mourait du même supplice et au même endroit, le vieux Huc, son ancien ami. Arrêté dans une maison écartée de Saint-Paul-la-Coste, dans les Cévennes, il fut conduit dans la citadelle de Montpellier où Vesson se trouvait encore. Le vieillard était accusé d'avoir présidé des assemblées et d'avoir prêché : convaincu de ce double crime, il fut condamné à être pendu. On sait qu'elles avaient été ses aventures et la mobilité de ses opinions ; quelques-unes de ses idées sur le mariage, quelques tendances catholiques avaient plus d'une fois été l'objet de décisions synodales et disciplinaires ; l'obstiné vieillard s'était roidi, séparé et était devenu, avec Vesson, par opposition, chef de secte. Au dernier moment, sous le coup de pressantes sollicitations, il renia son passé et abjura sa religion. Espérait-il que cette abjuration tardive le sauverait ? Dans tous les cas, il se trompa ; le 5 mai, au milieu d'un affluence extraordinaire, il fut pendu et il mourut avec une grande résignation. On lui fit de pompeuses funérailles. Fiers de cette conquête à laquelle les prédicants ne les avaient pas habitués, les catholiques se pressèrent en foule à son enterrement. Deux cents pénitents marchaient à la tête du convoi et six cordeliers portaient la bière. Sur les ailes du cortége de nombreux ecclésiastiques ramassaient les aumônes des fidèles ; enfin pour couronner cette bonne œuvre, le corps du vieil apostat fut déposé dans un caveau de Notre-Dame-des-Tables (1).

La mort de Vesson et de Huc Mazelet fut le dernier coup porté au parti des Inspirés ; après avoir fait naître les défiances et les craintes, ils tombaient sous le ridicule et le mépris. Benjamin du Plan, qu'on n'aurait pas dû confondre avec ces énergumènes et qui en avait d'ailleurs toujours répudié hautement les opinions, porta longtemps la peine des sympathies qu'il avaient eues pour les meilleurs d'entre eux. Il ne fallut rien moins que l'autorité de son nom et l'éclat de ses services pour arrêter les attaques de Pierre Corteiz et de quelques adversaires acharnés. Il dut prendre la plume pour se défendre de la complicité qu'on lui attribuait dans les menées de ceux que la justice venait de saisir et écrivit à Antoine Court pour le prier en même temps de convoquer un Synode dans le but de pacifier les esprits.

« Monsieur mon cher frère en Notre Seigneur Jésus-Christ,

« La sagesse, l'amour et la paix de Dieu soient avec vous.
« Puisque la Providence et la miséricorde de Dieu nous ont appelés dans ce pays pour instruire, pour consoler et pour

(1) Ed. Hugues, déjà cité, t. i, p. 209.

fortifier les fidèles, vous ne devez rien négliger de ce qui peut contribuer à la gloire de Dieu et à l'édification de l'Église. C'est dans le temps de l'orage qu'un bon pilote manifeste son habileté. C'est dans le combat qu'un sage et vaillant général fait connaître sa prudence et sa valeur. Nous sommes battus de l'orage, nous sommes environnés de l'ennemi. Il ne faut pourtant pas perdre courage, au contraire, nous devons fortifier les faibles, relever ceux qui sont tombés et ramener au combat ceux qui fuient ou qui s'égarent.

« Je suis persuadé, mon cher frère, que vous avez de bonnes intentions. Si vous connaissez mon cœur, vous devez être persuadé aussi que les miennes sont bonnes. Ces persuasions réciproques de nos bonnes intentions nous doivent faire espérer de la miséricorde de Dieu, de bonnes issues de toutes nos entreprises.

« Comme je demande à Dieu de tout mon cœur la grâce de chercher uniquement sa gloire et l'édification de l'Église, je ne ferai pas difficulté de vous découvrir mes pensées, mes sentiments et mes projets : 1° je ne suis pas sorti hors du royaume parce que Dieu m'a donné des talents propres pour édifier l'Église et pour réunir les esprits. Je serais un lâche si j'abandonnais le champ de bataille lorsque je vois qu'on a plus besoin de secours que jamais ; 2° je me tiens caché pour un temps et je ne me manifeste guère parce que ma présence ferait trop d'éclat et je ne veux pas irriter davantage les esprits de nos adversaires qui sont altérés de notre sang. D'ailleurs, je suis bien aise de laisser calmer un peu l'orage, afin de ménager un jour, pour tenir un Synode que je crois très-nécessaire pour réunir, s'il plaît à Dieu, tous les esprits dans un même sentiment.

« Vous n'ignorez pas, mon cher frère, que toute maison ou tout royaume divisé ne saurait subsister. Dieu ne se trouve, dans son amour, qu'avec ceux qui se trouvent en paix ou qui la désirent. Il y a aussi quelque temps que nos églises naissantes sont troublées et divisées ; c'est pourquoi la colère de l'Éternel s'est embrasée contre nous et l'épée de l'ennemi est entrée dans notre héritage.

« J'ai admiré et vous avez aussi apparemment admiré, la conduite de la Providence qui a précisément livré entre les mains de nos ennemis, ceux qui étaient séparés du corps de nos Églises qui ont relation avec les pasteurs; mais quoique nous ayons été épargnés, ne nous flattons pas que nous soyons innocents devant Dieu. Il se peut même très-bien que plusieurs d'entre nous soient coupables de plus grands crimes que quelques-uns de ceux qui ont souffert ou qui souffrent dans cette dernière persécution.

« Je n'ai jamais approuvé les rebelles, les orgueilleux, les hérétiques, les schismatiques. J'ai crié également contre Vesson et Mazelet. Je me suis opposé, autant que mon autorité et mes lumières me l'ont permis, aux fourbes et aux fanatiques. Je déteste les impostures et les superstitions, mais je n'approuve pas non plus les jugements téméraires, ni ces voix aigres qui sous apparence de piété et de zèle crient sans connaissance et sans intelligence des choses : ôte, ôte, crucifie, crucifie. On confond, sans examen, l'innocent avec le coupable, on crucifie Jésus-Christ dans ses membres parmi les brigands et les imposteurs. Pourvu que les faux zélateurs et les fausses zélatrices puissent dire : notre religion est la pure, la sainte, ils croient que cela suffit pour justifier leurs jugements téméraires et leur mauvaise conduite. On ne se souvient pas que si la religion chrétienne est pure et sainte, elle doit inspirer à ceux qui la professent la sagesse, la douceur, la charité et la modération; sans ces vertus, quelque zèle qu'on fasse paraître, on n'est guère plus raisonnable que ces Ephésiens qui criaient de toutes leurs forces, sans approfondir les choses : Grande est la Diane d'Ephèse !

« Je vous exhorte donc, mon cher frère, de la part de notre Seigneur Jésus-Christ, d'écrire, de parler et d'agir selon toute l'étendue de votre pouvoir et de vos talents, pour assembler un Synode de personnes qui aient de probité et de vertu et même de science autant qu'il se pourra, pour travailler à réunir les esprits, pour établir une discipline qui soit observée de tout le monde et pour prendre les mesures les plus efficaces, non-seulement pour fortifier les faibles, relever ceux qui sont tombés, réunir ceux qui sont séparés et ramener ceux qui sont égarés, mais encore pour répandre, à l'exemple des apôtres et de nos réformateurs, moyennant le secours de Dieu, la vérité de l'Évangile chez nos voisins qui sont comme des brebis sans pasteur. J'ai cette confiance en Dieu, que si nous prions bien le Seigneur et si nous sommes bien unis, Dieu nous fera triompher de tous nos ennemis et il donnera un grand cours à son Évangile par notre ministère.

« Mais, si l'ambition ou la vaine gloire, si la jalousie, l'envie ou quelqu'autre passion criminelle se glisse et règne parmi nous, la discorde y entrera aussi, nous serons divisés, et Dieu jaloux de sa gloire, nous livrera tous, les uns après les autres, entre les mains de nos ennemis.

« Dieu n'abandonnera pas pour cela son Église; il se choisira d'autres pasteurs selon son cœur qui seront plus humbles, plus fidèles, plus charitables et plus généreux que nous ne sommes. Ces pasteurs ne seront pas remplis de soupçons, de méfiance et de jalousie, ils aimeront Dieu de tout leur cœur, et leur prochain comme eux-mêmes.

« Au nom de Dieu, mon cher frère, prévenons cette menace que Dieu nous fait aussi bien qu'aux Juifs de donner sa vigne à d'autres vignerons; au nom de Dieu, écoutez la voix d'un de vos frères qui vous aime d'un cœur sincère et affectionné. Je ne demande ni les biens, ni les louanges des hommes; je demande seulement à Dieu sa grâce et son amour. J'ai tout abandonné et je suis prêt à tout sacrifier pour la gloire de Dieu et pour l'édification de l'Église. Quoiqu'en disent certains esprits ignorants ou malins, je ne veux former aucune secte; au contraire, je voudrais, si la chose était possible, éteindre avec mon sang tous les schismes et toutes les hérésies qui sont dans le monde, et j'aime infiniment mieux servir Jésus-Christ et son Église que de dominer, je ne parle pas sur quelques centaines de paysans, mais sur tout un royaume, mais sur toute la terre, parce que je sais que tous les royaumes de la terre ne sont rien au prix du royaume du ciel qu'on acquiert en servant fidèlement notre Seigneur.

« Faites bien réflexion, mon cher frère, sur toutes ces vérités. Ne perdez pas du temps à faire faire quelques copies, si vous le jugez à propos, de cette lettre pour vos collègues et anciens ; ne perdez pas de temps ; conférez, si vous pouvez, avec eux, sur le Synode que je vous propose ; je parle à tous les anciens et pasteurs de ce pays en vous parlant à vous. Choisissez bien, après avoir prié Dieu, choisissez bien le temps, le lieu et les personnes pour cette affaire qui me paraît très-essentielle. J'offrirai cependant mes vœux à Dieu en votre faveur, comme étant toujours, mon cher frère, avec une tendre affection, votre très-humble et très-obéissant serviteur.

« BENJAMIN.

« Je me recommande aux prières de tous les fidèles qui verront ma lettre (1). »

Cette lettre de du Plan trahit les préoccupations et les peines qui tourmentaient son esprit et son cœur. Il avait appris que ses idées particulières sur l'inspiration, ses relations assidues avec les Inspirés avaient indisposé quelques pasteurs et un certain nombre de fidèles ; on l'accusait dans les Synodes, on l'accusait dans les assemblées, on lui reprochait de violer la discipline et de donner la main aux sectaires. Ces accusations, qui avaient certainement une apparence de fondement, émurent le cœur d'Antoine Court qui prit la plume et se décida enfin à traiter le fond même

(1) N° 12, p. 19 (1723).

de cette question qui était sur le point de nuire à l'influence de son ami :

« Monsieur,

« Je viens de recevoir tout présentement une de vos lettres
qui est adressée sans doute à tous les pasteurs. Elle est sans
date. J'en reçus une autre il y a quelques jours de la même
nature; vous dites qu'il y a trois mois que vous l'écrivîtes
c'est ce que j'ignorais. Je n'y répondis pas, 1° parce qu'elle
devait être communiquée à tous, ce qui n'a pas été possible
jusqu'ici; 2° parce que j'espérais de vous voir et de m'entretenir de vive voix avec vous sur l'affaire en question, mais il
ne fut pas à mon possible de me satisfaire. Je fus dans Nimes,
je m'adressai aux conducteurs de cette Église qui me dirent ne
savoir aucune de vos nouvelles, que vous étiez fort mystérieux
à leur égard, qu'on affectait de vous cacher à eux, qu'il fallait
s'adresser à certaines filles pour être informé où vous pouviez
être. C'est ce que je fis, mais la nommée Cadette, fort mystérieusement me cacha votre demeure d'un ton grave et sérieux,
tel qu'il convient à une personne de son caractère, me dit :
Je ne le sais pas, mais si vous avez quelque chose à lui faire
tenir, nous le ferons. Cette réserve m'a parut suspecte et
m'affligea en même temps de voir que notre vaillant Barac
ait livré sa conduite à des Déboras masquées, pendant qu'il
méprisait les avis des anciens du peuple. Les Synodes ne sont
pas aussi faciles d'assembler qu'il semble que vous vous le figurez;
ces sortes d'assemblées, dans des circonstances aussi délicates
que celles où nous nous rencontrons, sont susceptibles de bien
des soins, des embarras, des dangers et des craintes; on ne peut
pas en convoquer tous les jours, les corps publics ne se meu-
vent même qu'avec peine; cependant quelque difficulté qu'il
y eût à les convoquer et à donner le branle à cette machine,
on se résoudrait de les franchir si on pouvait se persuader que
les mesures qu'on y pourrait prendre fussent efficaces, mais
hélas! on a la douleur de voir par une fatale expérience, qu'on

s'expose pour néant, que tous les soins et toutes les peines qu'on se donne sont inutiles et que ceux-là même qui paraissent les plus fermes défenseurs des règlements qui s'y établissent, sont les premiers qui les violent. Votre conduite, monsieur et cher frère, n'est qu'un trop juste commentaire de cette mortifiante vérité; ce qu'il y a de plus affligeant, c'est que votre exemple n'est pas d'une médiocre influence sur des esprits naturellement capricieux et indépendants qui troublent depuis longtemps l'Église et qui ne demandent pas mieux que de voir à leur tête une personne de votre rang et de votre génie. Bon Dieu! que de maux vous allez causer à celle qui vous a enfanté à Jésus-Christ si vous ne rectifiez certains sentiments qui certainement s'allient fort mal à la religion pure, ennemie des fictions et du fanatisme, et si vous continuez d'ébranler par votre exemple les solides fondements de l'ordre, de ce merveilleux bâtiment qu'on élève au milieu des orages et des tempêtes de la persécution! Que les Vesson, que les Mazelet, que les Boyer, que tous ceux d'un semblable caractère se rebellent contre l'ordre, secouent le joug de la discipline et prévariquent aux sages règlements que vous-même avez aidé à établir, je ne m'en étonne pas; c'étaient des âmes vénales, ignorantes, orgueilleuses, pleines d'elles-mêmes, n'agissant que par les honteux motifs de l'intérêt ou de la vaine gloire, mais qu'un homme pieux, sage, éclairé, charitable, humble et désintéressé s'oublie et s'écarte sur cette matière, c'est ce qui me surprend et qui m'afflige; mais peut-être que j'exagère votre faute et que mon microscope grossit trop l'objet à ma vue, je le voudrais, je le souhaite et plût à Dieu que la chose fût! mais hélas! je crains bien qu'il soit difficile de me le prouver; mon silence, dites-vous, joint à l'opposition que quelques anciens vous firent lorsque, contre l'ordre, vous voulûtes vous ériger en prédicateur dans une assemblée publique, a fait dire à quantité de monde qu'un esprit d'ambition et de jalousie avait gagné quelques-uns de notre corps, et qu'au lieu de rechercher la gloire de Dieu et l'amour de l'Église, ils recherchent leur propre gloire sous une belle apparence de piété ou de zèle qui séduit les ignorants. Que cette conséquence me paraît mal digérée! car 1° je ne vois pas comment on peut conclure de mon silence que je suis ambitieux ou jaloux; on aurait mieux raisonné de dire que je n'étais ni l'un ni l'autre, ou que j'étais plutôt indolent ou insensible; mais ils auraient encore été mieux fondés de prendre le parti que vous dites vouloir prendre, de suspendre leur jugement jusqu'à ce que les raisons qui m'avaient retenu eussent été mises en évidence; agir ainsi, c'est être sage, autrement on risque de se tromper et de se trouver dans la classe odieuse des téméraires; 2° je ne vois pas qu'on conclue mieux de la conduite de ces anciens qui s'opposent à ceux qui violent nos règlements, notre confession de foi dans l'un de ses articles, et la loi éternelle du bon ordre et de la sagesse. Dans un siècle plus heureux et des esprits mieux faits on aurait conclu autrement, on aurait caractérisé ces gens des prudents et des sages qui veulent prévenir les désordres et les suites fâcheuses qu'une telle brèche faite à l'ordre entraînerait nécessairement après soi. Voici, si je ne me trompe, qui serait mieux argumenté : s'ériger de son chef et contre nos règlements à convoquer des assemblées et à prêcher; tenir un rang distingué dans le monde, avoir un génie supérieur à bien d'autres, ne peut que produire des suites fâcheuses. Au reste, si M. du Plan veut tenir une telle conduite, il a toutes ces qualités, donc son exemple sera très-pernicieux. Il est de l'ordre et de la sagesse de s'opposer aux prévarications, des lois et des règlements sages. Or, est-il que nous sommes dans un tel dessein, donc nous agissons selon l'ordre et la sagesse.

« Vous ne vous rendrez pas, dites-vous, à moins qu'on ne vous attaque par de bonnes raisons et par des passages tirés de l'Écriture sainte. Vous ne reconnaissez en matière de foi, pour page de controverse, que Dieu et sa parole; vous ne vous laissez pas éblouir par la science et l'éloquence des pasteurs, ni étonner par la multitude des personnes qui condamnent des choses où vous avez reconnu des caractères de divinité; ces sentiments sont nobles, généreux et dignes d'un athlète chrétien; mais prenez garde à ne vous laisser pas séduire par votre jugement; examinez de nouveau, mais avec un esprit libre de toute prévention les raisons qu'on vous a alléguées pour combattre vos sentiments sur les prophètes de nos jours; peut-être que ce que vous auriez pris pour des fantômes, vous paraît dans cette disposition pour des êtres réels et effectifs; ne soyez pas trop amoureux de vos sentiments. Il est dangereux de l'être et le danger est d'autant plus considérable qu'on aime naturellement la production de son esprit, que cette production soit fondée ou non, de même qu'une mère aime ses enfants, qu'ils soient beaux ou laids. Il n'est pas juste de se laisser entraîner par la multitude, mais il y aurait de l'imprudence, dirais-je de la folie, à ne vouloir pas déférer à ses avis quand ils sont sages et bien établis. On ne doit pas lâcher le pied quand on condamne des choses auxquelles on a reconnu des caractères de divinité; ce serait approuver ceux qui appellent le bien mal; mais l'on doit aussi ne pas tomber dans l'extrémité opposée d'appeler le mal, bien. C'est ce qu'on a vu que vous faisiez en prétendant que ceux qui se disent aujourd'hui inspirés du Saint-Esprit, le sont véritablement. L'on vous a combattu ce système par des raisons solides et par l'Écriture; vous ne vous êtes pas voulu rendre, vous en appelez du jugement qu'on a rendu contre vos sentiments. Les appels sont légitimes, ils sont nécessaires; les Donatistes en appelèrent autrefois à l'empereur et sur cela on assembla un concile à Arles, tenu l'an 314. Saint-Athanase, après avoir été condamné au concile de Tyr, porta son affaire au pape Jules qui le renvoya absous aussi bien que les évêques occidentaux. Ceux qui en appellent aujourd'hui sur la constitution *Unigenitus* du pape au concile, font très-bien. Votre affaire a été jugée dans une ville qui est pour le moins aux protestants ce que Rome est aux papistes; les jugements qu'on y prononce, en matière de foi, sentent un peu mieux l'orthodoxie et l'infaillibilité que ceux qui émanent du Souverain Pontife et de la capitale de l'empire papal : toutefois les auteurs de ces jugements ne se croient pas infaillibles; vous ne le croyez pas aussi, les uns et les autres êtes bien fondés (1); les Conciles ni les Synodes ne le sont pas non plus. Si celui auquel vous en appelez ne juge pas plus favorablement votre cause que la savante Académie Genevoise, où irons-nous ensuite? Aurez-vous recours à de nouveaux Synodes? à de nouveaux théologiens? Demeurerez-vous dans vos sentiments? Persévèrerez-vous dans votre système? Vous serez bien fondé si vous le faites dans la supposition qu'il est le plus conforme à l'analogie de la foi. Il se pourrait bien, que comme un autre Athanase, vous fussiez le seul orthodoxe pendant que tout le monde protestant errerait dans la foi. Si cela est, vous êtes bien heureux, mais, avant de vous féliciter d'un bonheur que nous ne croyons pas encore avéré, qu'il nous soit permis de vous demander des preuves certaines et authentiques qui nous démontrent la vérité de votre système. Pour nous, nous vous dirons toujours que tant que nous ne découvrirons pas les caractères d'un véritable prophète dans ceux qui veulent passer dans le monde pour tel, nous demeurerons fermes dans notre sentiment. **Les** caractères entr'autres que doit avoir un prophète, c'est la sainteté de la vie, un courage généreux, véritable dans toutes les prophéties. Un prophète doit être saint, connaître l'avenir et les pensées secrètes des hommes. Sa conduite doit être la plus pure et la plus éloignée du vice. Il doit avoir un courage généreux et magnanime qui lui fasse franchir les obstacles les plus grands et les plus difficiles pour attaquer l'erreur et le vice quelque part qu'ils se trouvent : tel a été le courage des anciens prophètes. Il doit dire toujours la vérité, c'est son grand caractère, c'est son caractère distinctif, si peu qu'il s'en écarte c'est un imposteur, c'est un fourbe, un homme digne de toute l'exécration du public; c'est un impie, un profane qui abuse

(1) Leurs jugements pourtant peuvent être de quelque poids et méritent beaucoup d'attention *(Note de Court)*.

des choses les plus saintes. Il doit pénétrer dans l'avenir, prédire les choses les plus éloignées, pénétrer dans les secréts des cœurs. Qu'on examine à cette règle les prophètes d'aujourd'hui; bon Dieu! que nous allons découvrir des fourbes et des menteurs!

« Heureux si parmi le grand nombre se trouvait quelque Michée; mais hélas! l'esprit séducteur se sera répandu sur tous les prophètes. Ils auront eu des visions de vanité et des divinations de mensonge, en disant : l'Éternel a dit, et toutefois l'Éternel ne les avait pas envoyés et ils ont fait espérer que leur parole serait accomplie. L'expérience, votre propre expérience, devrait bien vous avoir dessillé les yeux; les prophéties des Valadières, selon vous, avaient autrefois des caractères de divinité; c'était dans le temps que la fortune leur était favorable; aujourd'hui que les choses ont changé, qu'elles sont tombées dans la disgrâce, ce n'est plus la même chose; leurs prophéties n'ont plus ces caractères divins. Peut-on voir rien de plus pitoyable! Pauvres prophétesses! Que votre sort est malheureux, puisque la divinité de vos prophéties dépend, et de votre prospérité et du caprice des hommes! J'eus pu (que ceci soit dit en passant) traiter avec tant de mépris une prophétesse Valadière, autrefois fameuse dans le parti, mais qu'on rejette, qu'on chasse et contre laquelle on se déchaîne aujourd'hui; en vérité, il vaudrait mieux être votre dernier domestique que votre prophète, comme sous Hérode-le-Grand, il aurait mieux valu être son pourceau que son fils.

« La comparaison que vous faites des prophètes avec les docteurs n'est pas juste : les premiers ne doivent parler que sous l'opération du Saint-Esprit, les seconds enseignent une science qu'ils ont acquise; les premiers doivent être infaillibles dans leur doctrine, les seconds peuvent se tromper; les premiers, s'ils s'écartent, perdent le beau nom de prophètes et deviennent des imposteurs; c'est ce qu'on ne pourrait pas dire des docteurs à moins qu'à dessein ils ne voulussent séduire les gens. Vous convenez cependant qu'il y a d'abus aux prétendus prophètes d'aujourd'hui : en voilà suffisamment pour les rejeter. J'admire le mot de *prétendus* dont vous vous servez ; s'ils ne sont que *prétendus* prophètes, ils ne doivent pas se donner pour véritables et nous ne devons pas les recevoir pour tels.

« Vous dites n'être pas le seul de votre sentiment ; nous le savons assez ; nous savons pourtant que le plus grand nombre n'est pas de votre côté ; mais que cela fait-il ? Vous êtes le petit troupeau, le seul favori du ciel. Ha ! qu'il est à craindre de ne voir encore l'arche de Noé en campagne, la maison d'oraison, le seul résidu, vous m'entendez sans que je m'explique.

« Nous n'ignorons pas que Vesson n'eût plusieurs anciens, mais nous regardons comme une théologie tout à fait nouvelle que ceux qui sont dans les sentiments de ces schismatiques fanatiques, soient propres pour être anciens et très-utiles à l'Église. Il est vrai que celui qui ouvrit autrefois les yeux d'un aveugle avec de la boue pouvait bien se servir utilement du ministère de ceux qui ont trop longtemps troublé l'Église ; mais comme un évènement de cette nature est douteux et fort incertain, ou plutôt sans aucune vraisemblance, qu'il nous soit permis d'être dans d'autres pensées, à moins que ces gens là ne changent de système.

« Nous convenons qu'un bon pasteur doit quitter quelquefois les quatre-vingt-dix-neuf brebis pour aller chercher la centième qui s'égare ; c'est ce que nous avons fait plus d'une fois ; mais jusqu'ici nous n'avons pu la ramener au bercail ; ce sont des brebis qui, dépouillant les qualités de cette bête innocente, se sont réservé des caractères de leurs ennemis ; nous ne nous lasserons pourtant pas de leur accorder nos soins, heureux, si par les mouvements que nous nous donnerons, nous les ramenons dans la bergerie (1). »

(1) N° 7, t. II, page 81 (31 août 1723).

Du Plan lui répondit aussitôt :

« Monsieur, mon très-cher et très-honoré frère,

« J'ai reçu votre lettre datée du 31 août, le 2 septembre, vers les quatre ou cinq heures du soir par un exprès qui a quitté toutes ses affaires pour s'acquitter de son devoir à l'égard des intérêts de l'Église; et quant à moi, quoique je fusse avec un malade qui a besoin de secours et de consolation, quoiqu'il fût tard et que j'eusse quatre lieues à faire et en danger de coucher hors de la ville; quoique j'eusse envoyé mes hardes dans un lieu où j'avais à faire, où j'avais donné rendez-vous, où on m'attendait et d'où on m'envoyait deux montures, l'une pour moi, l'autre pour mon malade; enfin, quoiqu'un mal que j'ai au genou me permît moins de me fatiguer et de venir au trot comme je suis venu, je suis parti sur l'avis que vous me donnez dans votre lettre, que vous avez des affaires importantes à me communiquer, et je suis arrivé très-fatigué et mon genou bien enflammé dans le lieu où on m'a fait espérer que je vous verrais. En attendant que j'aie le plaisir de vous embrasser, j'ai cru que pour satisfaire à mon devoir et à votre attente, il était à propos de vous répondre sur quelques articles de votre lettre.

« 1º Je ne me pique pas de dater ni de signer, ni de mettre l'adresse des personnes, ni de marquer les lieux d'où elles viennent, ni où elles vont pour des raisons qui me paraissent solides. Je sais ce qu'il en a coûté à moi et à d'autres pour l'avoir fait.

« 2º Je sais qu'il y a plus de trois mois que vous avez reçu ma première lettre touchant le Synode que je crois nécessaire pour réunir les esprits, et ce temps-là me paraît bien long et plus que nécessaire pour donner avis à nos frères de ce que je leur écris : il n'en faudrait pas la moitié pour informer toute l'Europe. Convenez donc de bonne foi qu'il y a de la négligeance de votre part; et quand même vous n'auriez pas pu la communiquer à nos frères, ce qui est difficile à croire, vous n'auriez pas trop bien fait de m'accuser réception et de me dire votre avis particulier en attendant le général. Il ne me paraît pas non plus que votre excuse ni celle des anciens soit légitime lorsque vous me dites qu'on cachait fort mystérieusement ma demeure. Il est vrai que j'ai eu pendant un certain temps de très-grandes mesures à garder, mais j'ai eu soin que mes parents et surtout les anciens aient eu le moyen de communiquer avec moi par lettres ou autrement; il n'a tenu qu'à eux de le faire; qu'ils prennent donc d'autres prétextes pour s'excuser que celui de m'être caché; mes prisons et mes geôliers et geôlières leur étaient fort connus et fort accessibles.

« Si le sujet dont il s'agit n'était pas aussi sérieux et d'aussi grande conséquence qu'il est, je répondrais à vos railleries, mais il vaut mieux que je réponde simplement que si Dieu m'avait choisi pour être un vaillant Barac je ne me laisserais pas conduire à de fausses Déboras; mais, s'il y en avait quelqu'une de véritable dont Dieu se voulût servir pour porter sa parole, je ne la mépriserais pas, au contraire, j'adorerais avec un profond respect cette main invisible et toute-puissante qui se sert quelquefois des choses les plus faibles et les plus viles aux yeux de la chair pour confondre les plus fortes et celles qui paraissent avec le plus d'éclat devant le monde. Je dis bien plus, si je savais qu'il y eût parmi le peuple quelque Débora masquée, comme vous dites, c'est-à-dire selon le sens naturel qu'on peut donner à vos termes, quelque personne inspirée de Dieu, qui, par une criminelle crainte, semblable à celle de Jonas, se tînt cachée, j'irais la trouver et je la forcerais de tout mon possible à se découvrir et à se démasquer afin de recevoir les ordres de l'Éternel qu'elle voudrait tenir cachés à l'exemple de Jonas ou de Jérémie.

« Vous me dites que les Synodes ne sont pas si faciles à convoquer qu'il me paraît. Je sais ce que je dois croire là-dessus et le temps qu'on y peut mettre pour former une petite assemblée de pasteurs et de quelques anciens des plus capables

pour parler sur la matière dont il s'agit et pour travailler à la
réunion des esprits. Appelez cette assemblée Synode, concile ou
colloque, ce sont des termes synonymes qui ont dans le fond
la même signification comme celui de prêtre, d'évêque ou de
pasteur dans la primitive Église. L'affaire dont il s'agit aujourd'-
hui me paraissait d'assez grande conséquence pour hâter le
Synode qui se doit tenir ou pour former un colloque ou petit
Synode, appelez-le comme vous voudrez, semblable à celui qui
fut tenu à l'occasion de votre mariage (1) quoique l'amour fît de
vives impressions sur votre cœur et qu'il ait mis un petit
bandeau sur vos yeux pour vous cacher les dangers auxquels
vous vous exposiez. Vous êtes trop raisonnable pour ne pas
convenir que l'affaire en question intéresse plus l'Église que
votre mariage et qu'ainsi il mérite plus que les pasteurs et les
anciens s'assemblent pour y mettre remède. Je n'ai pas le temps
à présent, ni peut-être la capacité de répondre avec éloquence à
toutes vos fleurs de rhétorique que vous étalez pompeusement
pour exprimer la douleur grande ou petite que vous ressentez
à cause des idées fausses que vous et quelques autres, vous
êtes formés que je voulais faire secte à part et que j'avais
enfreint les règlements de l'Église. Permettez-moi de vous dire
et à tous ceux qui pensent telles choses qu'ils se trompent. Je
loue votre zèle pour la gloire de Dieu et pour l'ordre de la
discipline, mais dans cette occasion vous donnez un peu à
gauche et en m'attaquant ou en me condamnant vous prenez
martre pour renard ; vous tirez sur le chien et non pas sur le
loup. Pouvez-vous en conscience ignorer le temps que je sers
l'Église et les fonctions que j'ai exercées. Hormi d'administrer les sacrements, y a-t-il aucune fonction de pasteur et
d'ancien que je n'aie exercée avec l'approbation et le consentement de tous ceux qui m'ont entendu? J'ai eu soin des
pauvres, j'ai consolé les malades et les affligés, j'ai visité les
prisonniers, j'ai assisté aux Synodes; je fais des apologies de

_________

(1) Antoine Court venait de se marier.

notre religion, j'ai présenté des requêtes aux puissances et entr'autres j'ai rempli une feuille de papier blanc, signée il y a huit ou neuf ans par tous les pasteurs ou proposants du désert; j'ai fait toujours mes efforts pour réunir les esprits divisés, soit des simples fidèles, soit de ceux qui annonçaient l'Évangile; j'y ai quelquefois réussi; j'ai enfin annoncé le pur Évangile. Je ne sais, après tout cela, de quel esprit on peut être possédé pour s'opposer à la continuation de l'exercice de mon ministère et aux devoirs de ma vocation; en vérité, je n'y comprends rien. Si on prétend que je n'ai point de vocation ordinaire pour faire ce que je fais, il fallait s'y opposer il y a quatorze ou quinze ans. J'aurais fait connaître aux opposants que lorsqu'on a une vocation extraordinaire, c'est-à-dire les talents et le zèle nécessaires pour édifier l'Église dans un temps de désolation, on n'a pas besoin de vocation ordinaire; mais ce qui doit fermer entièrement la bouche à tout contredisant, c'est l'approbation verbale et écrite des pasteurs avec l'applaudissement du peuple qui m'écoute et les fruits que plusieurs fidèles en ont retirés. Faut-il d'autres caractères de ma légitime vocation? Faudra-t-il employer des signes ou des cérémonies inutiles pour me communiquer ce que je possède et que j'exerce réellement depuis longtemps au vu et au su non seulement de tous nos amis mais encore de nos ennemis? Ne disait-on pas chez moi tout haut que j'étais le ministre des religionnaires? C'est pourquoi j'ai sacrifié ou exposé tout ce que j'ai de plus précieux au monde pour en mériter le titre et je suis prêt, moyennant la grâce de Dieu, de sacrifier ce qui me reste s'il est nécessaire, pour la gloire de Dieu et pour l'édification de l'Église. Ne vous affligez donc pas mal à propos et ne craignez point du tout que je suive la route des Vesson, des Mazelet et des Boyer. J'ai toujours aimé l'ordre, la paix et la discipline de l'Eglise. Vous savez en partie ce que j'ai fait pour réunir les esprits et lorsque l'orgueil ou quelque autre passion criminelle a séparé Vesson et Mazelet du corps de l'Eglise, je me suis séparé d'eux, et, bien loin d'avoir des relations avec ces schismatiques, j'ai fait mon possible pour leur enlever leurs adhérents. J'ai parlé et écrit contre eux pour détruire une fausse réputation qu'ils s'étaient acquise dans l'esprit de plusieurs honnêtes gens qui ne les connaissaient pas ; pendant que je ne me suis pas lassé de faire vos éloges à tout le monde, de soutenir vos intérêts comme les miens et d'entretenir toujours commerce avec vous. Se peut-il rien de plus injuste que de me soupçonner d'être schismatique et sectaire?

« Il se peut encore que quelques malins ou ignorants m'accusent d'être entré dans la secte de Montpellier, mais Dieu le sait, si, bien loin d'entrer dans toutes leurs superstitions, je ne les ai pas censurés et tancés lorsque j'étais présent il y a environ trois ans et demi. Mais ce qui prouve que je ne suis entré pour rien dans ces affaires, c'est que je n'ai jamais voulu aller me renfermer dans ce résidu où on m'écrivait de venir, on me priait fort instamment avec de magnifiques promesses, et de terribles menaces; on m'envoya des exprès, on voulait m'établir comme le chef; on n'a jamais pu rien gagner dans mon esprit. J'ai eu un commerce de lettres avec eux dans lesquelles je sapais les fondements de leur édifice. Dieu n'a pas voulu bénir mes soins là-dessus. Il a voulu employer d'autres moyens que des remontrances pour abolir ces choses. J'ai acquiescé à ses jugements et quoique je plaigne beaucoup tous ceux qui ont été enveloppés dans cette disgrâce, je puis dire en vérité que je me réjouis lorsqu'on m'apprit qu'on les avaient arrêtés. Ainsi on aurait si peu de raison de m'imputer l'affaire de Montpellier que j'en aurais de vous imputer l'affaire de Vesson ou de Mazelet. Vous avez fait ce que vous avez pu pour ramener ces deux schismatiques, vous n'avez pas réussi, ni moi non plus. Dieu a délivré l'Eglise des uns et des autres. Dieu veuille que leur chûte et leur exemple serve à nous tenir dans l'humilité et dans la charité afin que nous ne cherchions jamais notre propre gloire ou nos propres intérêts, mais la gloire de Dieu et la glorification de l'Eglise.

« Vous m'exhortez à n'être pas trop amoureux de mes sentiments ; je reçois avec plaisir votre exhortation. Je tâcherai d'en faire mon profit ; faites-en le vôtre, car cette exhortation regarde tout le monde. Vous avez raison de condamner ceux qui appellent le bien mal et le mal bien ; c'est pourquoi il faut examiner toutes choses et retenir ce qui est bon. Vous me citez des exemples qui prouvent que quelquefois des empereurs, des papes ont soutenu ou condamné la vérité ; c'est pourquoi il faut examiner les sentiments de ces empereurs, papes et conciles sur les passages des Ecritures qui établissent les dogmes de notre foi et après avoir imploré avec ardeur et humilité les lumières du Saint-Esprit pour connaître le vrai sens de ces passages ; il faut aux dépends de nos biens, de nos charges, de notre réputation et de notre vie se déterminer pour ceux qui nous paraissent les plus vrais et les plus solides, sans se laisser éblouir ni intimider par le nombre des personnes, ni par l'éclat des sciences, de l'éloquence et des grandeurs du siècle, ni par ce nom pompeux et magnifique de vicaire de Jésus-Christ, ou par le nom attrayant d'Église de Dieu ou d'épouse de Jésus-Christ que tous les hérétiques ont usurpé. Je ne me vante pas d'être un Athanase ; si Dieu m'avait choisi tout seul pour soutenir sa cause sur la matière dont il s'agit, je pourrais bien dire en vérité que Dieu aurait choisi un des plus vils et un des plus indignes sujets de la terre pour faire d'autant plus éclater les richesses infinies de sa miséricorde avec la vertu de son bras Tout-Puissant qui n'a pas besoin de secours humains ni de la multitude pour faire son œuvre. Mais, grâce à Dieu, je ne suis pas le seul de mon sentiment. Je ne prétends point non plus faire aucune secte ; au contraire, je demande l'union et la paix avec mes frères, j'emploierai toujours tout ce qui dépendra de moi pour être uni avec eux, et j'espère que Dieu me fera la grâce de réussir malgré Satan qui fait toujours ses efforts pour semer la zizanie dans le champ du Seigneur.

« J'ai toujours convenu qu'il y a eu des fourbes et quantité d'abus parmi ces prétendus inspirés ; mais j'ai toujours soutenu en public et en particulier, et même en plein Synode, que je crois qu'il y avait eu et qu'il y en avait encore aujourd'hui qui avaient reçu des dons extraordinaires du Saint-Esprit. Aussi vous avez tort de me dire que l'expérience, que ma propre expérience devrait m'avoir dessillé les yeux sur cette matière pour condamner sans distinction tous ceux qui prétendent être inspirés. Il y en a qui les ont tous approuvés sans connaissance et d'autres qui les condamnent tous sans examen. Quant à moi, après avoir bien examiné autant qu'il m'a été possible, j'en ai approuvé et condamné, et ce parti me parait plus conforme à la raison et à l'Écriture que les deux autres de quelque prétexte de piété et de zèle que les uns et les autres tâchent de se couvrir.....

« Il est juste de dire les raisons que j'ai de croire qu'il y a aujourd'hui de véritables inspirés. Je pourrais vous citer quelques personnes qui ont les caractères que vous donnez dans votre lettre et que vous dites essentiels pour être de vrais prophètes. J'en ai connu qui, sans étude ont prononcé les choses magnifiques de Dieu d'un ton beaucoup plus touchant et d'un discours plus coulant que ceux qui ont étudié, leur doctrine etait orthodoxe, leur vie pure, leur courage généreux, leurs prédictions véritables. Ces personnes ont sondé mon cœur, censuré mes vices : elles m'ont exhorté à la vertu et m'ont prédit plusieurs choses que j'ai vu accomplir. Dieu s'en est servi pour me retirer du papisme où je serais plongé; elles m'ont excité à lire les Écritures et à m'unir avec mes frères du désert. Comme je voyais que le péril était éminent pour moi parce que je suis observé, elles m'ont fortifié et m'ont promis de la part de Dieu que mes ennemis ne mettraient point la main sur moi et que je pouvais passer par le feu et par l'eau sans rien craindre. J'ai cru et j'ai éprouvé, grâce au Seigneur, la fidélité des promesses de mon divin sauveur dont j'ai imploré toujours le secours avant que de consulter ces personnes. Si tout cela que j'avance est vrai, on aurait tort de vouloir gêner ma foi en me faisant croire que tant de bonnes choses viennent du mauvais principe. Je croirais me rendre coupable du crime des pharisiens qui attribuaient à Béelzébuth les effets du Saint-Esprit. D'ailleurs, le juste vit de la foi ; personne n'est en droit de me vouloir discipliner là-dessus parce que je n'attaque ni la foi, ni la morale de l'Evangile ; au contraire, je ferai, s'il plaît à Dieu, tous mes efforts pour annoncer les vérités évangéliques par mes paroles et par mes actions. »

A la suite de cette correspondance et sur les instances de Benjamin du Plan, un Synode se réunit ; le parti de l'ordre ne voulut pas laisser perdre les fruits de son triomphe et décréta que tous ceux qui avaient soutenu Vesson seraient obligés, pour rentrer dans l'Église, de faire devant les pasteurs anciens et fidèles, la déclaration suivante :

« Nous confessons et déclarons en présence de Dieu et de l'Église que, si nous avons soutenu Vesson, ça été dans un temps qu'il ne prêchait que la parole de Dieu et que nous ignorions s'il avait droit ou tort dans le schisme qui déchirait l'Église. Nous demandons pardon à Dieu de n'avoir pas donné assez de soins et fait de prières pour connaître notre devoir dans cette affaire, et nous promettons désormais d'être attachés au corps des pasteurs et des anciens qui composent l'Église et de nous opposer de toutes nos forces à ceux qui voudront prêcher sans vocation, ou qui n'observeront pas l'ordre et la discipline ecclésiastique que nos pères ont sagement établie, pour l'édification de l'Eglise (1). »

L'affaire des Multipliants ne suscita pas seulement des tracasseries et des ennemis à Benjamin du Plan elle lui attira encore la persécution la plus violente de la part du pouvoir. La police ayant trouvé quelques-

_______________

(1) N° 17, vol. 6, p. 357 (septembre 1723).

unes de ses lettres parmi les papiers saisis chez la veuve Verchand, cela suffit pour le compromettre et le signaler aux poursuites de l'intendant. D'ailleurs, depuis longtemps on était en éveil, et si le jeune gentilhomme n'avait pas été mille fois arrêté et traité avec la dernière rigueur, il le devait sans doute à la haute considération dont jouissait sa famille et en particulier aux relations d'intime amitié qui l'unissaient aux plus grandes maisons d'Alais.

Mais cette patience et cette longanimité eurent un terme. Ce qui aggrava surtout la position de Benjamin du Plan, ce fut, au lendemain de l'affaire des Multipliants, la dénonciation du vieux Huc-Mazel qui venait d'être arrêté à Saint-Paul-La-Coste et conduit à Montpellier. Là, le vieux camisard apostat confirma les soupçons de la police et déclara connaître personnellement le gentilhomme d'Alais. Il révéla le rôle considérable que celui-ci jouait parmi ses coréligionnaires et l'immense influence dont il jouissait dans les Synodes et dans les assemblées ; il le perdit surtout en le rangeant dans la catégorie des Inspirés qui excitaient en ce moment la colère du pouvoir. Aussitôt des ordres furent lancés pour se saisir du jeune gentilhomme ; l'évêque d'Avéjan, le commandant d'Alais furent forcés de seconder les desseins de l'intendant et si du Plan échappa aux premières poursuites, ce fut par miracle. Plusieurs catholiques, des ecclésiastiques même, avisèrent ses parents des dangers imminents qui le menaçaient. Benjamin du Plan assistait en ce moment à un Synode, près de Nimes. Aussitôt il prit la fuite, et erra, comme les prédicants, dans les campagnes, sous un nom et des habits d'emprunts ; sa tête fut mise à prix et pour

faciliter sa capture, on donna aux nombreux agents
du pouvoir son signalement :

Benjamin du Plan, taille de cinq pieds, cinq pouces environ,
cheveux blonds et longs, qu'il met souvent en queue, visage
assez beau, yeux bleus.

Pendant deux ans il lassa les poursuites de la police;
enfin, lorsqu'il crut ne pouvoir se tenir caché plus
longtemps, il se décida à franchir la frontière. Il voulut embrasser une dernière fois sa famille; hélas! une
cruelle épreuve devait briser son cœur; sa mère, en
apprenant les périls qui menaçaient la tête de son
enfant, était morte de chagrin. Peut-être en s'arrachant
à son foyer, eut-il la suprême douleur de voir son
vieux père lui reprocher cette mort et blâmer sa conduite. Néanmoins, le gentilhomme qui avait sacrifié
pour Dieu, ses biens, son repos, sa vie, fit encore avec
une soumission chrétienne le sacrifice de ses plus
chères affections. Il avait environ trente-sept ans
lorsqu'il quitta le royaume.

Il nous a fait connaître lui-même toute l'étendue des
sacrifices qu'il n'avait pas hésité, jeune encore, à faire
à sa foi :

« Par mes titres et un bien considérable, si Dieu ne m'avait
destiné au service de son Église, j'aurais pu m'allier avec
l'illustre maison de la Fare, où on compte des barons, des
marquis, des comtes, des capitaines, des majors, des colonels,
des brigadiers, des généraux, des maréchaux de France, des
commandants de Province et des évêques. Le beau-frère du
baron d'Alais, mon ami, m'ayant offert sa fille aînée en
mariage, ce qui m'aurait assuré une puissante protection et
une belle ouverture pour me pousser dans le monde; mais

à l'exemple de Moïse, Dieu m'a fait la grâce de préférer les opprobres de Jésus-Christ aux richesses et aux honneurs de ce monde. J'ai abandonné pour cela mon emploi dans les troupes, j'ai refusé l'illustre alliance dont je viens de parler ; je me suis séparé de mon père qui craignait d'être enveloppé dans ma perte presque évidente ; j'ai en quelque manière abandonné ce père ; j'ai renoncé par là à son héritage ; j'ai quitté le commerce de la noblesse et des grands avec qui j'étais en liaison, pour m'unir et me confondre avec un peuple opprimé pour l'Evangile, avec des paysans, des artisans, avec des personnes pauvres, méprisées, haïes, persécutées, avec des prisonniers, des galériens, des ministres proscrits et destinés à la mort ; oui, j'ai préféré le commerce et l'union de toutes ces personnes viles et malheureuse en apparence, à celle des grands, des riches et des puissants de la terre, parce que je suis persuadé des vérités de la religion chrétienne, parce que je sais que le monde passe comme un songe et sa gloire se dissipe comme une vapeur brillante qui cause souvent de funestes effets ; parce que je suis persuadé qu'il n'y a que ceux qui s'attachent à servir Dieu, à garder ses commandements, à imiter Jésus-Christ qui subsisteront éternellement.... (1) »

Le départ de Benjamin du Plan fut si précipité qu'il n'eut pas le temps de dire adieu à Antoine Court. Il lui fit parvenir la lettre suivante ainsi qu'un mémoire qui renfermait les vastes projets qu'il formait dans sa pensée en faveur de l'Église :

« J'aurais bien souhaité d'avoir le plaisir de vous voir avant mon départ. J'avais beaucoup de choses d'importance à vous communiquer, mais puisque je ne puis pas vous le dire de bouche, je vous dirai en peu de mots par écrit, ce qui me paraît de la dernière importance.

(1) Extrait de papiers inédits.

« Vous n'ignorez pas la puissance et la malignité de nos ennemis et que si nous subsistons, c'est par un miracle de la providence et de la miséricorde de Dieu. Or, Dieu paraît irrité contre nous et ce n'est point sans cause puisque la plupart de ceux qui vont aux assemblées et qui participent à ce que nous avons de plus sacré dans notre religion vivent comme des païens, et plût à Dieu qu'ils vécussent comme certains païens ! Je ne veux nommer personne car j'aurais trop à nommer ; presque tous sont pécheurs au premier chef et moi le premier. Je passe condamnation, je suis plus coupable que tous parce que j'ai plus reçu de lumières que la plupart de ceux qui habitent dans ce climat. C'est pourquoi je m'humilierai non seulement devant Dieu mais devant les hommes. Je reconnais mon néant et ma corruption. Je ne mépriserai et ne haïrai personne ; au contraire, je donnerai dans toutes les occasions qui se présenteront des marques d'amitié et d'estime aux personnes qui se sont opposées à mes voies qui tendaient à la gloire de Dieu et à l'édification de l'Église. C'est mon devoir et mon inclination.....

« Mais il faut pourtant coopérer à la grâce, faire que les maîtresses roues donnent du mouvement aux autres afin de remuer toute la machine qui est fort lourde et fort rouillée ; il faut que les pasteurs excitent les proposants, les proposants les anciens et les anciens le peuple. Il faut s'exciter saintement les uns les autres. Voici le combat qui s'approche et que nos ennemis nous environnent de toutes parts ; si nous ne nous éveillons de notre sécurité ; si nous ne prenons toutes les armes de la foi, nous sommes perdus. Il faut jeûner, il faut prier, il faut pleurer, il faut se convertir, il n'y a que ce seul moyen pour obtenir la victoire sur Satan et le monde et sur nos passions. Je vous exhorte, je vous supplie, mon cher frère, au nom de Jésus-Christ notre commun maître et Sauveur, de prendre avec nos frères, pasteurs et anciens, le moyen le plus propre et le plus efficace pour apaiser la colère de Dieu et nous attirer sa justification et son amour.

Cette lettre se terminait par quelques conseils pratiques :

« Notre frère qui vous rendra ma lettre et que vous connaissez depuis longtemps attaché au service de l'Église, vous instruira de bouche de plusieurs choses que je n'ai pas pu ni voulu mettre sur le papier. Vous connaissez le mérite, la piété et la capacité de ce bon serviteur. Servez-vous de ses conseils dans vos projets; vous aurez maître Baldy et quelques autres qui pourront composer le conseil secret. Consultez plus souvent que vous n'avez coutume de faire et réunissez soigneusement les chefs pour les animer à s'acquitter de leurs devoirs. Vous acquerrez une gloire beaucoup plus pure et plus solide que celle de ces héros si fameux dans l'histoire. Votre nom sera célèbre dans les annales de l'Église et vous serez un jour assis sur un trône de gloire. Adieu, mon cher frère, je vous embrasse en esprit, et suis de tout mon cœur à vous et à toutes les personnes qui aiment Jésus-Christ, le très-humble et très-obéissant serviteur (1). »

## CHAPITRE IX

### Déclaration de 1724

#### 1723-1725

La fuite de du Plan coïncida avec un renouvellement de rigueur contre les protestants. Jusque-là, sous le gouvernement du Régent, ils avaient joui d'un repos relatif : les bourreaux lassés semblaient reprendre haleine. Les protestants en avaient profité pour se

(1) N° 12, p. 35 (juillet 1724).

réunir de nouveau ; ils avaient cessé d'envoyer leurs enfants à l'école catholique ; les baptêmes et les mariages au désert devenaient de jour en jour plus nombreux ; le protestantisme, comme l'oiseau de la fable, renaissait de ses cendres.

C'est alors qu'un cri amer, désespéré retentit du fond du royaume. L'évêque d'Alais, M<sup>gr</sup> d'Avéjan, dans un long mémoire donnait l'alarme à la cour et signalait les progrès de l'hérésie : il constatait avec douleur l'impuissance de toutes les mesures prises pour l'exterminer : les assemblées, autrefois rares et secrètes, étaient devenues publiques et nombreuses ; les églises étaient abandonnées, les pères et les mères cessaient d'envoyer leurs enfants aux écoles catholiques ; d'autres, se dispensaient de faire baptiser leurs enfants par les prêtres . « Tant de désordres, ajoutait-il, après plus de quarante ans de travaux et de soins, des plus habiles hommes du dernier règne et au milieu d'une paix solide, font craindre avec justice de très-grands maux par la suite et font sentir la nécessité de prendre des partis décidés (1). »

Sur ces entrefaites, le Régent mourut (1723) et les rênes de l'État passèrent entre les mains de Louis XV, encore enfant. L'évêque de Fréjus, depuis le cardinal Fleury, son précepteur, engagea le jeune roi à nommer, pour premier ministre, le duc de Bourbon, prince d'une intelligence bornée, d'un caractère farouche. Il espérait le dominer et gouverner par son moyen le royaume ; lui-même était le docile instrument des Jésuites.

_______________

(1) **Réflexions sur l'état présent de la religion dans les Cévennes** (19 août 1723).

Le cri d'alarme poussé à Alais retentit à Paris; il réveilla dans le conseil du roi un écho d'autant plus sympathique que la persécution devait servir les projets ambitieux des gouvernants; en immolant les protestants à la papauté, Fleury espérait obtenir pour récompense le chapeau de cardinal. Il s'entendit avec un autre ambitieux comme lui, Lavergne de Tressant, ancien aumônier du Régent, depuis évêque de Nantes et secrétaire du conseil de conscience (1).

Ces deux hommes circonvinrent le duc de Bourbon, et, de concert avec le vieux Bâville, alors retiré à Paris, lui firent signer le trop célèbre édit de 1724.

Cet édit composé de dix-huit articles, déclarait ce qui suit :

Peines des galères perpétuelles pour les hommes et de la réclusion à vie pour les femmes, avec confiscation de biens, s'ils assistaient à d'autres exercices que ceux de la religion catholique.

Peine de mort contre les prédicants;

Peine des galères ou de la réclusion contre ceux qui leur donneraient asile ou aide quelconque, et contre ceux qui négligeraient de les dénoncer;

Ordre aux parents de faire baptiser leurs enfants dans les vingt-quatre heures par le curé de la paroisse, de les envoyer aux écoles et catéchismes catholiques jusqu'à l'âge de quatorze ans et aux instructions des dimanches et fêtes jusqu'à l'âge de vingt ans;

Ordre aux sages-femmes d'annoncer aux prêtres les

----

(1) Conseil particulier où était le roi, son confesseur et quelques autres et où l'on décidait diverses matières concernant le clergé ou l'État ecclésiastique.

naissances, et aux médecins, chirurgiens, apothicaires, de les avertir des maladies graves des nouveaux convertis et autorisation pour les prêtres d'entretenir les malades sans témoins. Si quelqu'un refusait les sacrements ou engageait l'un des siens à les refuser, il encourait la peine des relaps;

Il n'y avait de mariage légitime que celui qui était célébré selon les canons de l'Église;

Les parents ne pouvaient ni faire élever leurs enfants hors du royaume, ni leur permettre de s'y marier. Les enfants mineurs, au contraire, dont les parents étaient hors du royaume, pouvaient se marier sans leur consentement;

Les certificats de catholicité étaient déclarés obligatoires pour toutes les charges, tous les grades académiques, toutes les admissions dans les corps des métiers;

Enfin, les amendes et les biens confisqués devaient servir à l'entretien des sujets réunis qui en auraient besoin.

Les fidèles furent atterrés à la lecture de cette Déclaration qui résumait et aggravait les plus cruels édits de Louis XIV. Quelques protestants sentirent bouillonner dans leurs veines le vieux sang camisard et songèrent à prendre les armes. Antoine Court parvint non sans peine à calmer leur colère. Que faire en de telles conjonctures? Adresser des requêtes, des apologies au duc de Bourdon, à Fleury, à Louis XV? Peine inutile. On décida qu'on écrirait aux Puissances étrangères, non pour leur demander le secours de leurs armes, mais pour les intéresser aux malheurs des religionnaires et implorer leurs bons offices auprès du roi de France. On convoqua aussitôt un Synode (1) pour savoir la conduite qu'il fallait tenir en présence d'une telle Déclaration. Le Synode examina deux graves questions : Les protestants devaient-ils émigrer ou rester en France malgré la persécution? Le premier parti était conseillé par Basnage, Saurin et tous les réfugiés. Antoine Court le combattit; on délibéra longuement sans aboutir à une décision, et chacun fut libre de fuir ou de rester; les prédicants néanmoins devaient encourager les fidèles à souffrir patiemment les maux dont ils étaient menacés. Le Synode se sépara après avoir ordonné un jeûne général pour apaiser la colère de Dieu et ranimer le zèle et la piété de l'Église.

C'était surtout contre les prédicants qu'était rédigée la Déclaration de 1724. L'Intendant avait fait publier leurs noms et donné leurs signalements; mille livres étaient offertes à qui les ferait prendre.

La tête de Corteiz « le plus dangereux de tous » valait deux mille livres; celle de Court depuis quelque temps avait renchéri. Autrefois on n'en offrait que mille francs; la somme avait paru minime, on l'avait portée à mille écus (2).

Malgré toutes ces rigueurs et toutes ces poursuites, le calme fut maintenu parmi les réligionnaires, et quelques mois après la Déclaration de 1724, Corteiz écrivait : « Tous les lieux où je viens de passer sont tranquilles; le zèle est considérable, les assemblées sont nombreuses (3). »

(1) N° 7, t. II (octobre 1724).
(2) Ed. Hugues, déjà cité, t. I, p. 245.
(3) N° 1, t. III, p. 286 (mars 1725).

Tous ces malheurs eurent un douloureux retentissement à l'étranger. Quelques pasteurs de Berlin conseillèrent de suspendre les assemblées pour ne pas irriter le pouvoir. De Suisse, arrivèrent des marques de sympathies : on priait pour les persécutés, on pleurait avec eux.

Mais le plus ému, le plus affligé de ces tristes nouvelles, fut Benjamin du Plan. Il prit aussitôt la plume et adressa de pressantes requêtes aux principales cours protestantes de l'Europe, au roi d'Angleterre, au roi de Prusse, à l'archevêque de Cantorbéry.

Voici sa lettre au roi d'Angleterre :

« Sire, Votre Majesté est sans doute informée de la Déclaration publiée depuis peu en France qui renouvelle et qui aggrave celle que Louis XIV a fait exécuter autrefois contre les protestants de son royaume.

« Quoique pour certaines raisons on ne l'exécute pas encore toute, ni à la rigueur, nous n'avons pourtant pas lieu de nous flatter d'être longtemps à couvert des orages furieux qui nous menacent. C'est pourquoi, Sire, nous avons recours à Votre Majesté pour la supplier très-humblement d'employer ses bons offices en faveur d'un grand nombre de fidèles dont tout le crime consiste, dans cette occasion, à vouloir servir Dieu selon sa parole. Si l'accès au trône de notre Roi ne nous était pas devenu inaccessible par les mauvais portraits que nos ennemis lui ont fait et de notre religion et de notre fidélité; si la France et l'Angleterre n'étaient pas alliées ; si le glorieux titre de défenseur de la foi était imcompatible et empêchait que les personnes augustes qui les portent ne fussent amies, nous ne prendrions pas la liberté de supplier Votre Majesté d'intercéder pour nous, nous craindrions de nous attirer son refus et d'offenser le roi, notre maître.

« Mais puisque, grâce au ciel, tout semble concourir à nous

rendre Votre Majesté favorable et son intercession salutaire, nous nous flattons, Sire, que vous serez touché de notre triste état et que vous emploierez tous les moyens que votre charité et votre sagesse vous inspireront en faveur d'une infinité de chrétiens réformés qu'on est prêt d'immoler comme des victimes au zèle aveugle et cruel du papisme.

« Nous espérons, Sire, que le Seigneur bénira vos justes desseins et qu'il rendra efficaces vos charitables sollicitations, pendant que de notre côté, pénétrés d'une vive reconnaissance pour vos bontés, nous ne cesserons point de faire des prières en faveur de Votre Majesté et de toute la famille royale.

« Tous les protestants de l'Europe ont bien sujet de bénir Dieu de ce qu'il a suscité à son Église un sage et puissant protecteur en la personne de George qu'on met déjà au rang des David, des Salomon, des Constantin, des Guillaume et de tous ces autres grands princes qui se sont rendus illustres par leur sagesse, par leur piété et par leur valeur. Dieu veuille, Sire, que tous vos ennemis ne remportent de leurs injustes projets que de la confusion et de la honte. Dieu veuille que le trône de la Grande-Bretagne soit affermi dans votre auguste famille par la justice et par la miséricorde jusques à la fin des siècles.

« Ce sont les vœux, Sire, de tous les protestants du monde dont je suis l'écho ; ce sont ceux en particulier des Églises du Languedoc que j'ai le bonheur de servir et au nom desquelles je prends la liberté de présenter, par les mains de l'illustre archevêque de Cantorbéry, cette très-humble supplication. Ce sont surtout les vœux ardents de celui qui est avec un très-profond respect, Sire, de Votre Majesté (1), etc. »

Voici la requête que du Plan adressa au roi de Prusse :

« Sire, Votre Majesté a été sans doute informée qu'on a publié depuis peu en France une Déclaration qui renouvelle et qui

(1) N° 12, p. 94 (1724).

aggrave celles que Louis XIV a fait exécuter autrefois contre les protestants de son royaume.

« Le poste suprême que Votre Majesté occupe, les vertus héroïques qui éclatent en sa personne; la profession qu'elle fait du pur christianisme; les fortes marques de protection qu'elle a données et qu'elle donne actuellement aux réformés; à quoi l'on peut ajouter l'exemple de ses ancêtres, de glorieuse mémoire, tout cela nous donne de vives espérances, Sire, que vous écouterez favorablement les plaintes et les gémissements d'une infinité de bonnes âmes qu'on n'a pas seulement privées depuis longtemps du culte public, de la vraie religion ; mais qu'on se met en devoir de forcer, par les voies les plus illicites et les plus dures, à pratiquer un culte idolâtre et superstitieux.

« Notre roi ne peut pas se plaindre de notre fidélité pour son service. Nous n'avons garde aussi de nous plaindre de sa Majesté. Nous savons qu'on a surpris sa jeunesse, sa piété et sa justice; nous ne nous plaignons pas non plus des grands seigneurs, ni des magistrats, ni des officiers de guerre; au contraire, nous nous louons de leur probité et de leur douceur : c'est uniquement contre le papisme, c'est contre quelques personne vendues à la cour de Rome que nous implorons, Sire, votre royale et puissante protection.

« Vous connaissez, grand Roi, ce que vous devez à Dieu et ce que vous pouvez faire en faveur des Églises qui sont sous la croix. Ainsi nous nous contentons de vous exposer nos misères. Toutes les puissances protestantes se feront un devoir et un plaisir de concourir à cette bonne œuvre avec Votre Majesté.

« A Dieu ne plaise qu'il soit dit que tant de puissants et d'illustres princes chrétiens fassent paraître moins de zèle pour soutenir la vérité, que quelque petit nombre de prélats ambitieux et quelques prêtres et moines, avares ou passionnés, font paraître d'ardeur pour faire triompher la superstition.

« Nous sommes persuadés, Sire, que Votre Majesté, pénétrée d'amour pour Dieu et de charité pour l'Église, et aspirant à une gloire immortelle sur la terre et à un bonheur infini dans le ciel, nous sommes persuadés, dis-je, qu'elle jettera les yeux sur notre triste état, et qu'elle emploiera les moyens les plus efficaces et en même temps les plus justes et les plus doux pour arrêter les funestes effets de la persécution. Cependant Sire, nous ne cesserons point de faire les vœux les plus ardents en faveur de Votre Majesté et de la famille royale. Dieu veuille, grand prince, bénir tous vos justes desseins et répandre la terreur de vos armes sur tous vos ennemis. Dieu veuille vous conserver longtemps pour être les délices de votre peuple et le protecteur de l'Église. Dieu veuille enfin, après que vous serez rassasié de jours et de gloire sur la terre, vous couronner d'une immortalité bienheureuse dans le ciel (1). »

En même temps qu'à l'archevêque de Cantorbéry, Benjamin du Plan avait écrit à Saurin, alors pasteur à Londres pour le prier de voir le digne prélat et au besoin de lui raffraîchir la mémoire. Saurin lui répondit :

« Monsieur,

« Il est bien temps que je réponde à la lettre que vous m'avez fait l'honneur de m'écrire et que je vous rende compte de la commission que vous m'avez donnée. Rien n'est plus digne de vous que la sensibilité que vous faites paraître pour les maux de l'Église, et on ne saurait que donner à votre zèle tous les éloges qui lui sont dûs. Je vous demande seulement la même justice pour nos réfugiés de Hollande et d'Angleterre et je vous prie d'être convaincu qu'ils n'ont guère moins à cœur tous les intérêts de leurs frères persécutés. Comme ils sont sur les lieux, ils ont ménagé toutes les occasions qui se sont présentées de solliciter en leur faveur les puissances sous la domination de qui ils vivent et ils ne cesseront de le faire avec la même activité et le même zèle dès qu'ils verront

(1) N° 12, p. 95.

le moindre jour de réussir. Malheureusement les conjonctures présentes paraissent peu favorables et à en juger par les causes secondes nous avons peu lieu d'espérer que Dieu exauce encore ni nos vœux, ni les vôtres.

« Votre lettre, Monsieur, comme vous le souhaitez, a été communiquée à milord Archevêque, et il a lui-même voulu que vous fussiez informé de ce qu'il avait fait. Dès qu'il eut reçu la requête que vous lui avez adressée pour le Roi, il eut la bonté de la donner de sa propre main à Milord Tonshend, un de nos secrétaires d'État, et de l'appuyer de sa recommandation. C'est tout ce qu'il pouvait faire à cet égard : mais il a fait depuis une démarche plus éclatante au commencement de l'année. Suivi de plusieurs évêques, il représenta au roi l'état des églises protestantes d'outremer et implora fortement sa protection pour elles. Le roi l'écouta avec beaucoup d'attention et lui répondit avec toute sa bienveillance ordinaire. Mais pour ce qui regarde les affaires de France, il n'était pas autorisé à agir si ouvertement et que sous main il ferait en leur faveur dans les occasions, tout ce qu'il dépendrait de lui. Dieu veuille lui-même les lui faire naître et en attendant inspirer à nos frères sous la croix, assez de courage pour s'arracher à des lieux où leur foi est si exposée et à nous tous toute la piété et la ferveur nécessaires pour détourner sa colère et hâter le retour de ses compassions, qu'il serait à souhaiter que tout le monde suivit à cet égard votre exemple.

« J'ai l'honneur d'être avec toute la considération possible, Monsieur, etc., etc.

Qui dira l'anxiété de Benjamin du Plan depuis la publication de cette Déclaration? Il était sans nouvelles de ses amis, car les communications devenaient beaucoup plus difficiles et un échange de lettres était presque impossible. Pour correspondre, il fallait user de ruse et tromper la vigilance de l'ennemi aux aguêts. C'était un marchand qui faisait le trafic entre la Suisse et la France et qui, à ses risques et périls, consentait à cacher quelques livres parmi ses marchan dises ou à prendre secrètement une lettre qu'il devait faire parvenir à son adresse. Il fallait prévoir une saisie, aussi ces lettres étaient-elles rédigées avec une excessive prudence, sans date, sans signature, tout au plus les initiales du nom. Rien dans la lettre ne devait trahir celui qui la recevait et les noms des lieux et des personnes étaient ou supprimés ou abrégés. Quant à l'adresse de la lettre ou des paquets, elle était en général conçue de façon à ne point éveiller les soupçons. Antoine Court était souvent désigné du nom de sa mère ou d'un nom emprunté avec la qualification de *marchand*. Quelquefois des mois s'écoulaient avant que la lettre fût remise ; c'est ainsi que du Plan apprit en avril seulement l'imminent danger que venait de courir son ami dans les premiers joursde l'année 1725. Antoine Court avait réuni vingt personnes dans la maison d'un nommé Jalabert à Alais, lorsque la maréchaussée investit la maison et fit prisonniers tous les auditeurs ; par une direction particulière de la Providence, le prédicateur seul, plus actif, plus accoutumé aux surprises et aux déguisements que les autres, s'évada. Quatre des captifs, Carrière, Dussein, Gervais et Ponge furent condamnés aux galères (1).

A la nouvelle de cette merveilleuse délivrance, Benjamin du Plan se hâta d'écrire à son ami pour le féliciter :

« Loué soit l'Eternel notre Dieu ! Loué soit son saint nom d'âge en âge ; sa miséricorde s'étend de générations en géné-

_______

(1) Ils firent appel et furent acquittés par le parlement de Toulouse.

rations. Il veille sur son Église. Il prend soin de ses enfants. Il permet le mal jusques à un certain point pour éprouver ses serviteurs ; mais les méchants n'ont jamais le pouvoir d'exécuter tous leurs mauvais desseins.

« Mon cher frère, mon cher ami,

« Nous ne devons jamais oublier le miracle de la Providence qui vient d'éclater en votre faveur. J'en bénis et j'en bénirai le Seigneur de toute mon âme pendant tout le cours de ma vie. Plus je pense, plus je réfléchis sur les circonstances de cette affaire et plus j'y reconnais le doigt de Dieu qui vous sauve au milieu de la tempête, du fer, du feu et des bêtes féroces. J'entre, mon cher ami, dans toutes vos peines et dans tous vos combats. Je vous vois surpris par vos ennemis dans une maison, ne connaissant pas la carte du pays, courant pendant l'obscurité de la nuit sur des toits qui glissent à cause de la neige et de la pluie ; je vous vois repoussé du premier asile qui se présente à votre fuite. Je vous vois abandonné de tout le monde, presque saisi par deux soldats qui se contentent de vous faire rentrer dans votre réduit, comme dans une cage ou dans une prison dont ils ferment la porte ; je vous vois grimpant de hautes murailles qui épuisent vos forces ; je vous vois environné d'ennemis de toutes parts et hors d'espérance de vous sauver à cause de la clarté des flambeaux qui environnent toute l'île ; je vous vois enfin ramassant le bois de votre caisse, creusant votre tombeau dans un fumier, et Dieu lui-même qui vous couvre, afin d'empêcher que les méchants ne touchent à son oint. Qui n'admirera après tout cela la providence d'un Dieu qui se rit de ses adversaires, qui souffle sur leurs mauvais desseins, qui rend inutiles leurs veilles, leurs travaux, leurs ruses et leurs forces ? Achevons, mon cher ami, l'histoire de cette merveilleuse délivrance. Je vous vois à jeun et dans une position gênante, couché dans votre tombeau, attaqué par des insectes, couvert de planches, de fumier et de neige ; c'est là que je vous entends, comme Jonas, crier des lieux profonds vers les cieux très-hauts pendant vingt ou vingt-une heures. Dieu vous entend, Dieu vous exauce. Il verse dans votre âme la patience et la confiance qui vous sont nécessaires dans ces rudes épreuves, et après que le temps fixé pour votre demeure dans le tombeau est expiré, j'entends une voix secrète qui vous dit : Lazare sors dehors ! Pierre, lève-toi, secoue tes habits, renforce-toi, marche, ne crains point ; je fermerai les yeux à tes ennemis et je te conduirai sûrement parmi tes frères. Puis-je douter, mon cher ami, que Dieu vous ait parlé quoi qu'il n'ait pas prononcé de ces paroles qui frappent les oreilles ? Non, sans doute, il y aurait eu de l'imprudence, puisque vos cris secrets et intérieurs percèrent avec facilité les planches, le fumier, la neige, l'air et le ciel ; ils furent jusques dans le sein de Dieu ; ils émurent les entrailles de sa miséricorde en votre faveur ; en faveur de votre Rachel et de son enfant, en faveur de tous ceux qui vous aiment, en faveur de toute l'Église qui se réjouit et qui se réjouira jusques à la fin du monde de votre merveilleuse délivrance. Dieu donc, mon cher ami, répondit à vos cris secrets en vous revêtant d'un esprit de force, de courage et de prudence pour passer sans danger au travers de vos ennemis et en vous envoyant ensuite un guide pour vous conduire en sûreté chez vos amis afin de réparer en paix vos forces épuisées par un jeûne extrêmement long, par des veilles, par des fatigues et par des combats terribles que la nature, sans une grâce spéciale de Dieu, aurait infailliblement succombé. Qui n'admirera encore un coup les merveilles de la providence dans cet évènement extraordinaire ? Je ne puis me lasser de bénir le Seigneur de votre conservation. Je suis pénétré d'une vive reconnaissance de cette excellente faveur ; mon âme bénis l'Eternel et n'oublie jamais ce bienfait. Ce n'est pas seulement par la nature humaine ; ce n'est pas non plus par quelque amitié frivole, par quelque intérêt mondain ou par quelque parenté selon la chair que je me trouve uni avec vous, mon cher ami ; c'est par la grâce, c'est par l'amour de Dieu qui est un lien indissoluble beaucoup plus étroit et beaucoup plus intime que tous les autres ensemble que je me trouve attaché à vos intérêts. Dieu en vous conservant me conserve, non un frère ou un ami simplement, mais un tendre frère, un fidèle ami qui a dévoué sa vie pour la gloire de Dieu et pour l'édification de l'Église. Que de motifs de reconnaissance et de louanges à mon Dieu ! Oui, mon Dieu, je te bénirai et je ne cesserai jamais de te bénir pendant tout le cours de ma vie ; tu as eu pitié de mon ami, de sa femme, de son enfant, de moi, de toute ton Eglise. O Dieu ! ne permets jamais que nous nous rendions indignes de tes faveurs et de ta protection ; viens à notre secours et faisnous la grâce d'être extrêmement attentifs à remplir tous nos devoirs. Ce sera, mon cher ami, en remplissant nos devoirs, autant que l'infirmité humaine le peut permettre, que nous pourrons nous flatter avec justice d'avoir Dieu pour notre protecteur, et si Dieu est notre protecteur, nous devons être assurés que nous remporterons tôt ou tard la victoire sur tous nos ennemis visibles et invisibles.

« Je suis chargé de quantité de ministres et de plusieurs personnes de distinction et de mérite de vous féliciter de votre délivrance et d'assurer nos Églises de l'intérêt qu'ils prennent à tout ce qui nous regarde.

« Je suis ravi que l'Isabeau (1) ait donné à sa mort des marques d'une bonne chrétienne. Dieu veuille fortifier les autres prisonnières ; ne les oubliez pas. Dieu veuille présider dans le conseil qui doit juger nos frères et donner à ceux-ci toute la sagesse et la fermeté qui sont nécessaires dans de pareilles occasions. Mes amitiés particulières au brave Baldy. M<sup>lle</sup> Corteiz (2) et sa fille vous remercient de votre bon souvenir. Elles se portent à présent bien, Dieu merci, et vous saluent ;

(1) Une prisonnière pour cause de religion.

(2) C'était M<sup>me</sup> Corteiz. On donnait le titre de mademoiselle à toute femme mariée qui n'était pas noble, ou qui, étant noble, n'était pas titrée.

elles bénissent Dieu de votre conservation. M. Ginoux à Genè.; M^me de Sal.; M^me de G...; M. T...; M. L...; M. Vi...; M. Lavalette se sont fort réjouis lorsqu'ils ont appris votre liberté et vous saluent particulièrement. M. de Marley et sa famille en sont ravis. Tous les braves gens enfin qui vous connaissent de vue ou de réputation font des vœux en votre faveur. Dieu exaucera tous ces vœux si nous nous attachons à lui plaire. O Dieu, rends-nous dignes de ton amour et cela nous suffit. Relisez ma lettre pour faire attention à tout ce que je vous marque. Je lis souvent les vôtres. Il faut bien faire réflexion à tout et prendre bien ses mesures pour venir à ses fins. Votre dernière lettre est du bon style. Embrassez mes frères de ma part en les assurant bien de mon affection. Votre prose est très-bonne, mais vos vers ne valent rien. Ainsi, quittez le métier de poète quoique vous ayez l'imagination vive et l'esprit fécond. C'est l'arrêt des connaisseurs ; on a pris pourtant plaisir à la lecture à cause du sujet, du bon sens et de l'esprit (1). »

---

# CHAPITRE X

## Nomination de Benjamin du Plan comme délégué général des Synodes auprès des Puissances protestantes

### 1^er mai 1725

Malgré la violence de la persécution, Antoine Court n'oublia pas l'important mémoire que son ami lui avait remis avant de s'enfuir à Genève. Le moment ne pouvait être plus opportun pour plaider la cause des Églises sous la croix. Il convoqua le 1^er mai 1725 un

(1) N° 12, p. 51. (Avril 1725.)

Synode, où il exposa la proposition de du Plan.
Cette proposition fut accueillie aux applaudissements
de l'assemblée. Quelques scrupules s'élevèrent, il est
vrai, sur la personne même de du Plan. Sans doute,
nul ne méconnaissait ses mérites et sa capacité, mais
on regrettait qu'il eût compromis son autorité par ses
relations avec les Inspirés. Antoine Court rassura les
esprits, répondit pour son ami, et le gentilhomme
d'Alais fut élu à l'unanimité. La lettre suivante d'Antoine
à du Plan nous donne la physionomie de cette séance
importante.

   « Monsieur et mon cher, mon très-cher ami,

   « J'ai un véritable plaisir que ma dernière lettre vous en
ai fait à vous ; nous devions nous aboucher, vous disais-je
alors avec M. Corteiz, pour marquer les jours du Synode et
disposer les matières sur lesquelles on devait délibérer ; c'est
ce que nous fîmes, en effet, peu de jours après avoir donné
cours à ma lettre ; le jour en fut fixé au premier du mois
courant. Il fut tenu le même jour ; y assistèrent trois députés
de celui des Cévennes et deux députés de chaque Église des
Pays-Bas (1). Après les formalités accoutumées et l'invocation du
nom de Dieu, j'en fis l'ouverture par un discours sur le triste
état de nos Églises, sur ce que Dieu avait déjà fait en leur
faveur, sur les moyens qu'il y aurait de les conserver et de
leur procurer surtout un état plus heureux. Après quoi je
donnais un plan des matières sur lesquelles la compagnie devait délibérer.

   Une de ces matières fut la députation de quelques personnes
de notre corps vers les puissances protestantes, tant pour
implorer la puissante protection de ces puissances en faveur
de nos Églises que pour les solliciter à employer leur crédit et

_______________

   (1) C'est-à-dire du bas Languedoc.

leur autorité auprès du monarque sous l'empire duquel nous vivons, et cela non-seulement pour lui représenter qu'on avait surpris son équité et celle de son bisaïeul dans tous les édits, déclarations et arrêts qui ont été fulminés contre nos chères Églises et notre sainte Réformation, que pour obtenir de sa bonté la révocation de ces mêmes édits, arrêts et déclarations contraires à nos anciens priviléges, la douce et précieuse liberté de servir Dieu dans ses États, selon le mouvement de notre conscience. Je pressai la nécessité de cette députation ; on la reconnut, on s'y rendit. Il ne fut plus question que d'examiner s'il fallait pour cette importante commission une ou plusieurs personnes et sur qui on devait jeter la vue. Les députés du Synode des Cévennes étaient d'avis, selon la commission qui leur en avait été donnée de quelque colloque tenu à ce sujet, d'en envoyer trois ou le moins deux. Je représentai qu'un pouvait suffire et cela d'autant plus que l'état des Églises ne pouvait permettre, pour le présent, qu'on députât aucun des deux pasteurs ; que l'on trouvait qu'il fallait se contenter d'envoyer seulement une personne et je proposai à la compagnie que l'on ne pouvait mieux s'adresser qu'à M. du Plan, qui avait déjà rempli parmi nous des commissions importantes, donné dans toutes les occasions des marques d'un zèle ardent et sincère pour nos Églises et qui était toujours à leur égard dans de très-bonnes dispositions ; qu'une marque certaine et non suspecte de cette vérité était les requêtes qu'il avait eu la bonté d'écrire, au nom des Églises, depuis son séjour à Genève, au roi de la Grande-Bretagne, au roi de Prusse et à mylord archevêque de Cantorbéry ; que si on prétendait cause d'ignorance, j'allais avec sa permission faire lecture à haute voix de ces requêtes et d'une lettre que ledit M. du Plan écrivait à tout le corps pour lui marquer son affection et son zèle. A cette lecture, on vit régner dans l'assemblée un profond silence, présage certain de son applaudissement. Ce silence ne fut interrompu que pour dire d'une voix commune : « Nous lui donnons notre suffrage. » Sur cet applaudissement général, fut dressé l'acte d'attestation de pleins pouvoirs et de recommandation que je vous envoie ci-inclus. Cet important article ne se termina que par des vœux ardents pour l'heureux succès de votre députation et pour la conservation de votre chère personne (1). »

Après avoir désigné la personne du député, le Synode s'occupa de ses attributions. Court déclara qu'elles consisteraient à implorer la protection des puissances en faveur des Eglises et à les solliciter d'agir auprès de Louis XV, pour qu'il révocàt les édits.

Le Synode fixa enfin le traitement du député à cinquante pistoles (2). Il fallait qu'avec cela il suffît à ses frais de correspondance, à ses voyages et à toutes les dépenses qu'il serait obligé de faire. Cette somme eût été dérisoire pour tout autre que pour du Plan ; mais il était riche et ses parents lui donnaient de quoi suffire à ses dépenses ordinaires : aussi ne demanda-t-il aucun traitement, ou s'il en accepta un, ce fut avec le désir bien arrêté de ne s'en servir qu'à la dernière extrémité.

Corteiz, qui était secrétaire du Synode, se hâta de faire parvenir à du Plan l'attestation officielle qui devait l'accréditer auprès des cours étrangères comme Délégué général des Synodes des Églises réformées de France. Cette attestation était ainsi conçue :

« Nous, Pasteurs, Proposants et Anciens des Églises réformées du Bas-Languedoc, des Cévennes et du Vivarais, assemblés en Synode au Désert, après avoir imploré la bénédiction divine sur notre triste état, avons jugé à propos, pour ne négliger

(1) N° 7, t. II, p. 161. (mai 1725.)
(2) 500 francs de notre monnaie.

aucun moyen légitime de nous mettre à couvert de la fureur de nos ennemis, sous la persécution desquels nous gémissons depuis longtemps, de députer quelqu'un auprès des Etats protestants pour nous recommander à leur puissante et gracieuse intercession.

« Nous nous y sommes déterminés avec d'autant plus de facilité, que nous savons que Dieu se sert souvent des grands de la terre pour faire de grandes choses en faveur de son Église, et que nous apprenons avec une singulière consolation que les Augustes Princes de notre communion prennent fort à cœur la cause de Dieu et s'intéressent vivement aux malheurs de ceux qui souffrent pour la vérité ; ce qui nous fait espérer qu'ils voudront bien accorder une audience favorable à celui sur qui nous avons jeté les yeux et que nous chargerons de nos intérêts auprès d'eux.

« Nous, excités par toutes les considérations ci-dessus, nous avons, par un consentement unanime, choisi et admis et nous choisissons et admettons pour notre Député auprès des Puissances protestantes, le sieur Benjamin du Plan qui nous a donné, à son honneur et à notre édification, des marques de son zèle pour Dieu et de sa charité pour nos Églises dans plusieurs occasions très-importantes et très-délicates.

« Nous supplions très-humblement tous les Rois, les Princes, les Magistrats, les Consistoires, les Pasteurs et les Églises de notre religion de reconnaître en qualité de notre député, ledit sieur Benjamin du Plan, porteur des présentes, et d'ajouter foi à tout ce qu'il rapportera de notre part et par nos ordres, étant bien informé par lui-même et par nos avis de notre état et de nos besoins.

« Nous le recommandons et nous nous recommandons à leur précieuse bienveillance et à leur tendre charité. Nous ne cesserons point cependant de faire des vœux ardents au ciel en leur faveur ; nous prions Dieu de tout notre cœur, qu'il les anime tous de son bon esprit et fasse réussir leurs justes projets, et qu'il répande sur leurs augustes, vénérables et pieuses personnes ses plus excellentes et ses plus abondantes bénédictions.

« Fait au Désert, en France, dans le Bas-Languedoc et de notre assemblée synodale, le 1er mai 1725. En foi de quoi ont signé quelques-uns d'entre nous, représentant tout le corps (1).

> « Signé : A. COURT, pasteur-modérateur ; — CORTEIZ, pasteur ; — J. CHAPEL, proposant ; — BONBONNOUX, pasteur ; — BÉTRINE, proposant ; — BOYER, proposant ; — COMBES, proposant ; — JAUBERT, proposant. »

Benjamin du Plan s'empressa de remercier Antoine Court et le Synode de ce témoignage de confiance. Ce n'est pas sans tristesse qu'il avait appris que son nom avait soulevé quelque opposition ; quant à la question des frais de la délégation, il répéta à son ami ce qu'il lui avait écrit plusieurs fois :

« A l'égard des frais qu'on craint, on peut faire un petit fonds. Je sacrifierais tout ce que je puis avoir au monde plutôt que de charger l'Église. C'est de Dieu seul et non des hommes que j'attends ma récompense (2). »

Un mois plus tard il écrivait :

« Je suis toujours dans les mêmes dispositions de n'accepter jamais rien des Églises qu'à la dernière extrémité et au défaut de tous les autres moyens que la Providence peut me fournir pour faire mon voyage. Je connais la pauvreté de nos bons fidèles et l'avarice de ceux qui nous pourraient faire du bien sans s'incommoder (3). »

(1) Extrait d'une pièce originale. (1er mai 1725.)
(2) N° 20, p. 47.(7 février 1725.)
(3) N° 12, p. 66. (2 mars 1725.)

Voici la lettre que le nouveau député écrivit au Synode :

« Messieurs, mes très-chers et très-honorés frères en notre Seigneur Jésus-Christ,

« La grâce et la paix de Dieu soient avec vous.

« J'ai appris avec beaucoup de joie que Dieu continue à vous donner des marques de sa protection et de son amour, et vous pouvez avoir appris aussi comme Dieu a béni les soins que je me suis donnés en votre faveur ; mais comme les uns et les autres ne devons pas demeurer en si beau chemin et que nous sommes environnés d'un infinité d'ennemis au dedans et au dehors, il est de la prudence de prendre de nouvelles mesures pour éviter les piéges de nos ennemis et nous mettre en état de glorifier Dieu d'une manière plus parfaite que nous n'avons fait jusques ici. Je connais, je sens nos faiblesses aussi bien que personne. Il ne faudrait sinon que Dieu nous abandonnât à nous-mêmes ou qu'il lâchât la bride à nos ennemis pour être engloutis. Mais je sais aussi que si Dieu est pour nous et qu'il prenne notre cause en main, nous serons victorieux du monde et de l'enfer. Il ne s'agit donc que de renouveler notre alliance avec Dieu ; ce que nous pouvons faire avec facilité si nous nous humilions profondément, que nous redoublions l'ardeur de nos prières pour obtenir son secours et que nous soyions attentifs à faire ce qu'il nous commande et à éviter ce qu'il nous défend. C'est à quoi nous sommes tous obligés si nous répondons à notre vocation et que nous voulions être heureux. Nous avons éprouvé la protection divine depuis plusieurs années ; Dieu peut nous donner des marques encore plus authentiques de son amour. Il peut changer le cœur de nos ennemis et mettre notre roi dans des dispositions aussi favorables à notre égard, qu'il mit le roi Cyrus à l'égard du peuple d'Israël captif en Babylone.

« Si nous nous rendons justice, nous comprendrons facilement qu'il faut que la miséricorde de Dieu soit infinie pour nous supporter malgré nos infidélités à son égard, notre peu d'attention à lui plaire et notre attachement pour les biens de la terre. Il n'y a aussi que trop de jalousie et de divisions parmi nous qu'il est de la dernière importance de faire cesser ; quant à moi, je n'oublierai rien pour ôter tous les prétextes qu'on pourrait avoir de crier contre moi ou de se plaindre en quelque manière. Je sais que l'esprit de l'Évangile est un esprit de charité, de support et de condescendance. Saint Paul, pour gagner des disciples à son divin Maître se faisait tout à tous. Jésus-Christ lui-même fréquentait les pharisiens et les péagers ; il ne voulait pas que personne périt, faisant du bien à tout le monde. Il n'appartient qu'à l'antéchrist et à ses suppôts d'user de violence ; pour nous, mes très-chers et bien-aimés frères, nous devons être animés du même esprit que notre divin Sauveur. C'est par ce moyen que nous vaincrons tous nos ennemis visibles et invisibles. Défions-nous d'un zèle amer qui se cache sous prétexte de zèle pour la gloire de Dieu. Il ne coûte rien à la nature corrompue de crier contre les autres, de noircir la réputation de son prochain ou de le persécuter ; mais il en coûte beaucoup de mortifier ses passions et de se corriger de ses vices. C'est à quoi nous devons travailler les uns et les autres, et il est certain que nos bons exemples produisent plus de fruits parmi nos amis et nos ennemis que les plus belles et les plus touchantes prédications du monde.

« J'en ai assez dit présentement pour vous et pour moi, je vous renvoie à Dieu et à sa sainte Parole qui doit être la règle éternelle de notre foi et de nos mœurs ; elle doit être aussi notre pain quotidien et les délices de notre âme ; plus nous la méditerons et la mettrons en pratique et plus Dieu nous donnera des témoignages de son amour ; nous serons assurés que Dieu est véritablement notre Père, Jésus-Christ, notre Sauveur et notre Frère, et le ciel, notre héritage. C'est ce que je vous souhaite à tous du meilleur de mon cœur en me recommandant à votre amitié et à vos prières. Je vous renou-velle ici les protestations de mon amitié et de mon dévouement à votre service.

5

# CHAPITRE XI

## Un an de séjour de du Plan à Genève

### 1724-1725

Depuis la révocation de l'Édit de Nantes, Genève était devenue la patrie des réfugiés protestants et en particulier des protestants du Midi ; le voisinage de la France, le souvenir de Calvin, la communauté de religion avaient établi, avant même la révocation de l'Édit de Nantes, entre les protestants des deux pays, de fraternelles relations. C'est la France qui avait donné à Genève son grand réformateur politique et religieux ; au jour du malheur, Genève reconnaissante ne l'oublia pas ; elle ouvrit ses portes aux exilés et aux fugitifs et leur donna la plus généreuse hospitalité.

Elle le fit toutefois avec prudence. Louis XIV d'abord, le Régent ensuite, virent avec déplaisir le flot des réfugiés se précipiter à l'étranger et lorsque l'expérience eut prouvé que la révocation de l'Édit de Nantes avait chassé de la France les sujets les plus industrieux et apporté au dehors les germes féconds d'une prospérité matérielle et morale, non seulement la Cour défendit de franchir les frontières, mais elle exigea de la part des voisins un accueil moins empressé : Louis XIV avait proféré, en particulier, des menaces contre la Suisse. En 1723, le Régent les répéta. Il chargea le Résident de France à faire des remontrances à l'Église protestante de Genève. On accusait le professeur Pictet d'entretenir des correspondances avec les Réformés, de leur donner des instructions et des conseils, entr'autres choses de leur faire entendre qu'ils pouvaient se choisir des pasteurs pour prêcher et administrer les sacrements : ce qui était contraire aux ordres du roi. Pictet fut cité devant le syndic et justifia sa conduite.

On devint donc prudent; mais la prudence n'étouffa pas dans les cœurs les sentiments généreux. C'est de Genève que partaient les ballots de Bibles et de livres de piété destinés à remplacer ceux que lacéraient et brûlaient les persécuteurs; c'est de Genève surtout que provenait l'argent qui se distribuait mystérieusement aux prisonniers et aux galériens pour adoucir leurs tortures.

Benjamin du Plan avait aussi des motifs personnels pour préférer Genève à tout autre lieu d'exil; Antoine Court lui avait souvent parlé des membres éminents qui composaient le corps pastoral de cette Église, les Pictet, les Vial, les Maurice Turretin, et il devait être heureux de faire lui-même leur connaissance. Il ne leur était pas non plus étranger. Antoine Court, pendant son séjour à Genève en 1720, les avait souvent entretenus du gentilhomme d'Alais, son ami et son infatigable compagnon d'œuvre. C'est ce gentilhomme qui venait à son tour s'asseoir à leur foyer hospitalier et y chercher un peu de calme et de repos après quatorze ans d'incessantes luttes. Aussi, l'accueil fut-il chaleureux et empressé. Benjamin du Plan se retrouva avec bonheur au sein d'une société polie, instruite, distinguée, en rapport avec son rang, sa famille et son éducation. Il y avait longtemps qu'il s'en était sevré, préférant aux jouissances sociales une vie agitée, tourmentée, dans les bois, dans les trous des rochers, au milieu des paysans et des grossiers montagnards, ses frères. Le gentilhomme avait joyeusement fait le sacrifice de ses aises pour l'amour de Christ et le bien de l'Église. Dieu lui réservait à Genève de douces compensations.

A peine arrivé, on l'entoura, on l'interrogea avidement sur l'état des frères persécutés. On lui demanda des détails sur le caractère des assemblées du désert que l'on jugeait téméraires et imprudentes, vu la rigueur des Édits. Du Plan plaida la légitimité de ces assemblées comme Antoine Court l'avait fait autrefois. Le sage Pictet interrogea le gentilhomme sur les Inspirés qui menaçaient de diviser l'Eglise et dont les derniers chefs venaient d'être pendus à Montpellier; peut-être n'ignorait-il pas que le jeune fugitif passait pour leur être sympathique. Mais lorsqu'il l'eut entendu flétrir avec énergie la conduite des Vesson, des Huc, des Verchand et proclamer comme un devoir absolu l'obéissance et le respect aux corps constitués de l'Église, les préventions tombèrent, les bras s'ouvrirent et l'excellent Pictet, en particulier, tendit à du Plan une main fraternelle et amie.

Peu de jours après son arrivée à Genève, du Plan reçut d'Antoine Court une lettre affectueuse dans laquelle son vieil ami lui exprimait les regrets que lui causait leur séparation; il lui donnait en même temps quelques conseils pratiques à l'égard des Inspirés réfugiés à Genève. Il aurait voulu lui épargner tous les ennuis et les déboires qu'il avait essuyés en France; malheureusement, le gentilhomme d'Alais ne tint pas assez compte des sages conseils de son ami.

« Monsieur et cher ami,

« J'ai une véritable joie d'apprendre que vous soyez arrivé heureusement au port, mais j'eus une véritable douleur de ne vous voir pas avant que vous missiez à la voile. Je ne vous manquai que de deux jours et si j'avais reçu la lettre qui servait de réponse à celle que j'eus l'honneur de vous écrire après mon retour du Vivarais, j'y aurais été à temps, mais mon étoile ne le voulut pas; nous voici donc très-éloignés l'un de l'autre; nous n'irons plus de longtemps faire des voyages ensemble et combattre d'une même épaule sous les étendards de notre commun Maître; que cela m'afflige! mais si nous sommes séparés de corps, unissons-nous intimement plus que jamais d'esprit pour combattre; travaillons avec un nouveau zèle à la vigne du Seigneur. Si vous ne le faites plus par vos exhortations de vive voix, faites-le par votre plume, faites-le par vos ferventes prières, faites-le par des requêtes adressées à ceux qui sont en état de lui faire du bien; vous avez reçu pour cela des talents d'un genre supérieur, ne les laissez point enrouiller. Il est temps plus que jamais de bien tailler sa plume et de se choisir de la bonne encre; vous êtes en état de faire l'un et l'autre; n'y manquez pas, votre gloire n'en sera pas médiocre. Tâchez d'observer autant qu'il sera possible un certain ordre dans l'arrangement de vos pensées et de vos réflexions. J'ai goûté la requête que vous avez adressée à leurs Hautes-Puissances. Il y a de bons endroits et un certain désordre qui ne disconvient pas entièrement. Je souhaite qu'elle soit efficace.

Agréez que je vous conjure de cacher autant que la conscience pourra vous le permettre les sentiments que vous avez sur les révélations; une démarche trop ouverte et la fréquentation affectée de ceux de ce caractère pourraient produire sans aucune nécessité de très-mauvais effets. Ayez la bonté d'y veiller et d'y être attentif.

Rome est dans son assiette naturelle; quelquefois elle ne

marche que d'un pied, c'est lorsqu'elle garde quelque modération avec ceux qu'elle estime ou qu'elle affecte de croire être hérétiques. Comme c'est un état gênant et contraint, elle n'y demeure pas longtemps, on la revoit bientôt marcher sur les deux pieds : persécuter à feu et à sang. Depuis qu'on avait enregistré dans les cours souveraines de la Province la Déclaration qui émut plutôt votre colère que votre compassion, elle semblait être éteinte; mais dans le temps qu'on s'y attendait le moins, on a vu courir dans tous les carrefours de la ville de Nimes, un crieur public qui en a fait la publication au son de la trompe; évènement du premier de ce mois. Je pars pour assister à l'assemblée de tous nos correspondants des montagnes, je vous marquerai le résultat de tout ce qui sera digne de votre attention. Il me tardera d'apprendre de vos chères nouvelles, ne tardez plus à m'en donner. Informez-moi aussi exactement que le peut et le doit un bon ami de votre état présent, de la manière que vous avez été reçu et avec qui vous avez des relations; si vous croyez faire un long séjour au premier lieu de votre station et de quoi on dit de nos affaires. C'est vous demander beaucoup, mais ce n'est pas vous demander trop, puisque je fais des vœux très-sincères et très-ardents pour votre prospérité, et puisque j'ai l'honneur d'être, avec les sentiments les plus tendres et les plus affectueux, etc.

Nous avons dit qu'en quittant Nimes, Benjamin du Plan avait fait parvenir à Antoine Court un mémoire sur une grave question qui le préoccupait. Il y priait son ami de convoquer un prochain Synode et de demander qu'on envoyât, auprès des grandes Puissances protestantes, un député qui plaiderait la cause des Églises et s'offrait lui-même pour remplir cette charge. L'idée était excellente. Déjà les Puissances étaient efficacement intervenues en plusieurs circonstances, que serait-ce lorsqu'un homme, délégué des Églises, viendrait les solliciter? Et quel homme paraissait mieux qualifié que le gentilhomme d'Alais, pour remplir une telle mission? son nom, son rang, son éducation, son instruction, tout était de nature à lui faciliter l'accès des grands et des cours. En se présentant spontanément aux suffrages de ses frères, Benjamin du Plan ne faisait que se rendre justice.

« Il faut une certaine hardiesse, écrivait-il plus tard, pour parler, pour écrire aux grands, aux princes, aux rois, que tout le monde n'a pas. Un peu de tempérament, un peu d'éducation, un peu de commerce avec la noblesse, quelques années de service dans les troupes; un peu de foi à certaines personnes que je croyais inspirées et qui m'assuraient de la protection de Dieu, mais surtout la grâce du Seigneur que j'implorais avant que de rien entreprendre, produisaient en moi cette hardiesse extraordinaire qui ressemblait beaucoup à la témérité (1). »

En attendant la décision synodale qu'il ne supposait pas lui être défavorable, du Plan se mit à l'œuvre. Il écrivit au roi de Prusse par l'intermédiaire d'une dame pieuse et distinguée; il adressa à M. Lenfant, célèbre ministre et prédicateur du roi, un mémoire sur l'état de l'Église réformée de France; il écrivit en Hollande à M. Saurin, et fit parvenir, par un homme de confiance, une requête à leurs Hautes-Puissances, à la Haye; il avait aussi écrit au roi d'Angleterre et à l'archevêque de Cantorbéry auprès desquels il avait un facile accès par des personnes de distinction et de piété qui s'offraient d'appuyer ses sollicitations; enfin

_____________

(1) N° 12, p. 199.

il avait le dessein d'établir des relations en Suisse pour le bien des Églises ou des fidèles, obligés, comme lui, d'y chercher un refuge. Ces voyages, cette correspondance devaient nécessairement nécessiter de grandes dépenses ; mais cette considération n'arrêta pas le zélé gentilhomme; il se chargea de tous les frais, décidé à y sacrifier tous ses revenus, si cela était nécessaire. Dans le cas où ses ressources viendraient à s'épuiser, il espérait que les Églises reconnaissantes y suppléeraient par une juste rétribution.

La lettre où il communiquait à Antoine Court tous ces projets se terminait par ces belles paroles :

« Je fais mille vœux en faveur de vos compagnons de service. Dieu veuille, par sa grâce, les conserver et les bénir dans tous leurs travaux. Vous ne devez pas douter, mon cher ami, que mes vœux soient moins sincères et moins ardents pour vous que pour vos compagnons. Au contraire, vous devez être persuadé que puisque la Providence nous a unis comme David avec Jonathan, je m'intéresse d'une manière toute particulière à tout ce qui vous regarde. J'agirai donc avec vous comme avec un autre moi-même; je vous dirai tout ce que je pense sur votre compte et je vous dirai de faire de même à mon égard. Je crois que la Providence nous a plus confié qu'aux autres de ces talents qui éclatent aux yeux des hommes; ne les faisons jamais valoir pour notre gloire mais seulement à la gloire de Dieu et à l'édification de l'Église. Si nous surpassons nos compagnons en éloquence, en vivacité, en pénétration d'esprit ou en quelque autre chose de cette nature, tâchons de les surpasser aussi en humilité, en modestie, en équité, en modération, en douceur, en tempérance, en patience, en zèle et en charité. Si le rôle que nous jouons, vous et moi, est infiniment glorieux, il n'est pas moins dangereux et délicat. Nous n'avons pas seulement les yeux des Églises du Languedoc sur nous pour observer notre conduite, nous avons toute l'Académie de Genève et quantité de personnes de distinction et de piété dispersées dans plusieurs villes et provinces. Nous sommes peut-être à la veille d'avoir sur nous les yeux de toute l'Europe. Mais quand nous n'aurions que les yeux de Dieu, cela ne nous doit-il pas suffire pour nous conduire d'une manière toute sainte et toute pure. Ainsi, mon cher frère et mon cher ami, faisons tous nos efforts pour plaire à Dieu, marchons toujours comme étant sous ses yeux et en sa présence; nous serons assurés de vaincre tous nos ennemis de la terre et de triompher un jour dans le ciel. O Dieu, ne nous abandonne jamais à nos propres faiblesses; soutiens-nous, bras de l'Éternel, et achève en nous par ta grâce l'ouvrage que tu as commencé pour ta gloire et pour l'édification de ton Église !

« Je vous prie de saluer affectueusement votre chère Rachel, Dieu veuille la conserver aussi bien que son cher époux de la main de tous les Ésaüs. J'ai reçu dans cette ville infiniment plus d'honneur que je ne mérite. La plupart des pasteurs s'intéressent pour ce qui nous regarde et une grande multitude de gens de mérite de tous états. Je suis, avec une tendre estime, Monsieur et cher ami, votre très-humble et très-obéissant serviteur (1). »


Il y avait un an que Benjamin du Plan était arrivé à Genève lorsqu'il y reçut sa nomination de député. Il avait mis ce temps à profit pour se reposer de ses grandes fatigues et refaire sa santé altérée. Néanmoins, ce repos ne fut pas sans utilité pour l'Église dont il suivait avec intérêt de loin toutes les péripéties. Une correspondance régulière et détaillée avec Antoine Court lui faisait connaître les principaux évènements et le faisait vivre, par la pensée, au milieu de son

----

(1) N° 12, page 43 (22 octobre 1724).

ancien champ de travail. Il aimait à communiquer les lettres de son ami à ses doctes frères de Genève et recueillait leurs impressions dont il faisait part, avec une liberté toute fraternelle, à son ancien collègue.

« J'ai fait voir votre lettre à plusieurs personnes de piété, de mérite et de capacité qui l'ont trouvée fort bonne. On trouve que vous détaillez bien les choses. Tâchez, mon cher ami, de vous perfectionner de plus en plus, et dans votre style, et dans vos sentiments. A l'égard du style figuré et ampoulé, vous ferez bien de vous en abstenir toujours, parce qu'il n'est pas à la mode dans ce pays, et encore moins du côté du Nord à cause du froid qui y règne. Il faut se contenter de dire solidement, clairement et avec ordre, ses pensées (1). »

« Quand vous écrirez, faites un journal de vos voyages et progrès, comme M. Corteiz ; cela fait un grand plaisir ; écrivez le plus simplement et naturellement qu'il vous sera possible. N'usez point de grands mots ni de figures sans une absolue nécessité (2). »

« J'ai communiqué votre lettre à quelques personnes de distinction, de piété et de mérite ; on y a trouvé beaucoup d'esprit et de bons sens. Il est certain que si vous vouliez vous tenir sur vos gardes contre le phébus, je veux dire contre ce style pompeux et magnifique qui n'est plus à la mode, vous auriez l'art de plaire et de persuader qui est tout ce que nous devons souhaiter lorsque nous parlons ou que nous écrivons. Un orateur doit ménager ses termes et ses figures comme un peintre ménage ses couleurs. Ce ne sont point les couleurs les plus vives qui conviennent dans certains endroits. Il faut savoir les tempérer, les adoucir et ménager même des ombres pour représenter au naturel les choses qu'on peint. Avant que de parler ou d'écrire, il faudrait toujours se former un plan de

(1) N° 12, p. 43 (octobre 1724).
(2) N° 12, p. 101 (mars 1726).

ce que l'on veut représenter. Il faudrait se faire une juste idée de chaque chose et placer chacune dans son rang. Il faudrait connaître toute la force et la signification précise de chaque terme, de chaque figure. Il est certain qu'un homme en parlant ou en écrivant peint le caractère de son esprit et de son cœur sans y penser. Il faut donc faire tous nos efforts pour rendre notre esprit juste et notre cœur droit. Nous ne réussirons jamais à cela si nous ne rentrons souvent dans nous-mêmes et si nous n'implorons sans cesse le secours de Dieu pour dissiper les ténèbres de notre ignorance et pour anéantir la corruption de notre cœur (1). »

Antoine Court n'avait garde de s'offenser de ces remarques dictées par la plus franche amitié. Il savait la haute estime que du Plan avait pour son caractère ; aussi acceptait-il ses critiques avec reconnaissance et en faisait-il son profit.

Les lettres de du Plan, datées de cette époque, sont les plus nombreuses, les plus longues et les plus nourries ; on sent qu'il a du temps pour les écrire et qu'il y prend plaisir. C'est dans cette riche correspondance que se découvre à nous sa belle âme qu'anime une seule passion, la gloire de Dieu, un seul désir, le bien de l'Église. Il continue de loin son œuvre en donnant des conseils et des directions à son ami et en s'intéressant aux souffrances de ses frères. Il déplore souvent d'avoir été obligé de les quitter, car il n'ignore pas l'immensité des besoins et la pénuerie des ouvriers. Cette pénuerie le préoccupe et il voudrait qu'on y suppléât en mettant à profit toutes les forces vives de l'Église :

« Il faut augmenter les anciens pour suppléer au défaut de

(1) N° 12, p. 123 (juin 1726).

pasteurs ; il faut exhorter les pères et les mères à servir de ministres à leurs enfants (1). »

Cette pénurie de pasteurs préoccupait aussi Court ; il était seul, en effet, avec Corteiz et quelques prédicants, à porter le fardeau des Églises. Aussi demandait-il souvent à son ami de faire appel au zèle et au dévouement des ministres étrangers. Aussitôt du Plan se mettait en campagne, mais c'est en vain qu'il priait, suppliait les pasteurs réfugiés ou étrangers de venir en France.

« C'est au ciel, écrivait-il à son ami, à vous fournir des prédicateurs ; on ne veut pas entendre cette voix qui appelle au martyre pour l'instruction et la consolation de ceux qui gémissent sous la croix. Cette parole est trop dure à la chair et au sang. Il ne faut pas moins que l'efficace de la grâce victorieuse que Dieu ne déploie que sur ceux qu'il lui plaît et qui sont ordinairement de très-faibles instruments afin que toute la gloire soit rendue au Seigneur (2). »

D'ailleurs, l'idée d'appeler des pasteurs du dehors était-elle heureuse ? Leur présence en France, à cause de la situation particulière des réformés, n'aurait-elle pas plus d'inconvénients que d'avantages ? Du Plan avait de bonnes raisons pour le croire.

« Si des ministres étrangers venaient à notre secours, la chose se saurait aussitôt puisqu'on sait d'abord votre entrée, outre qu'ils seraient beaucoup mieux reconnus que les gens du pays et en plus grand danger d'être arrêtés ; cela ferait soupçonner la cour de quelque révolte ; ce qu'il faut éviter sur toutes choses (3). »

(1) Nº 12, p. 51 (avril 1725).
(2) Nº 12, p. 51 (avril 1725).
(3) Nº 12, p. 79 (novembre 1725).

Pour suppléer à l'absence de pasteurs, Antoine Court demandait instamment des livres de piété. Les Bibles et les psaumes avaient été brûlés et la privation du livre divin était une des plus grandes souffrances infligées aux huguenots par leurs persécuteurs. N'était-il pas le compagnon inséparable de leur vie, l'ami qu'ils consultaient tous les jours, la source intarissable de leurs consolations, de leurs espérances et la seule base de leur foi? Cette privation entraînait d'autres graves inconvénients. « Privés de ce livre qu'ils croyaient divinement inspiré et auquel ils en appelaient comme au seul maître, les protestants pouvaient, en s'abandonnant aux rêveries de leur imagination, tomber dans un mysticisme dangereux. Ne conversant plus avec la Bible, il était à redouter qu'ils voulussent converser directement avec Dieu. Crainte nullement chimérique. Déjà on pouvait entendre exposer de bizarres théories sur l'Inspiration (1). »

Le pays était trop pauvre pour acheter des livres; du Plan se mit à collecter dans ce but à Genève auprès de ses amis, et, lorsque la somme était insuffisante, il lui arrivait souvent d'y subvenir par ses propres ressources. Les livres achetés étaient des Testaments et des psautiers — des Testaments surtout — puis des ouvrages de morale, des traités sur la Cène, les catéchismes de Drelincourt, d'Osterwald, de Superville ou de Saurin, le *Préservatif contre la corruption ou Traité des sources de la corruption*, par Osterwald ; *l'Indifférence des religions*, par Pictet, ou bien encore la *Manne mystique du Désert*, la *Morale* de Pictet et sa *Théologie*, les *Sermons* de

_____

(1) Ed. Hugues, déjà cité, t. I. p. 50.

Claude, l'*Exposition des quarante articles de la confession de foi,* etc.

Le plus difficile était de faire pénétrer ces ouvrages en France; les livres étaient suspects et la frontière rigoureusement surveillée. Le zèle et la prudence de du Plan surmontèrent ces difficultés. Par ses soins, de hardis colporteurs entreprirent d'introduire ces ouvrages à travers mille périls. Avec leurs ballots, un beau jour, ils passaient la frontière, arrivaient, déposaient leurs précieux fardeaux en lieu sûr et repartaient. Une fois reçus, la distribution s'en faisait après le prêche. Tous se précipitaient, se ruaient pour en avoir. Les uns étaient vendus à ceux qui avaient les moyens de les payer, les autres étaient distribués aux indigents ou mis à part à l'usage des prédicateurs.

La lettre suivante de du Plan nous fait connaître l'intérêt que lui inspirait cette œuvre et surtout ces hardis colporteurs qui exposaient leur liberté pour l'Église :

« Vous m'avez marqué, mon cher ami, dans quelques-unes de vos lettres, de vous envoyer des livres et vous me disiez que des personnes zélées d'ici en devraient faire la dépense. Je réponds premièrement que les originaires du pays entretiennent fort honnêtement leurs ministres et leurs pauvres qui augmentent tous les jours, soit à cause du dérangement du commerce soit à cause de la vanité ou de l'avarice qui règne chez les plus riches. J'ai fait ce que j'ai pu pour faire partir quelques ballots de livres, ayant trouvé une occasion favorable après avoir cherché depuis plus de huit mois inutilement à cause des difficultés presque insurmontables. Je n'ai pu recueillir de la charité que quelques vieux livres et environ vingt écus. Je me suis épuisé pour ne point laisser passer l'occasion de four-

nir à ma patrie des secours pour l'instruction et pour le salut
des pasteurs et du peuple. J'ai répondu pour cent écus de mar-
chandises chez le libraire. Dieu veuille, par sa grâce, faire
arriver le convoi à bon port et verser sa bénédiction sur tous
les prédicateurs du bas Languedoc, des Cévennes et du Vivarais. M. Corteiz et vous, vous choisirez ce qu'il vous convien-
dra et vous distribuerez le reste aux autres selon votre sage
équité; j'espère que tous seront contents et que vous vous
communiquerez avec plaisir les uns aux autres ce qui vous
sera donné en particulier. J'espère aussi qu'au cas que l'homme
qui expose son bien, sa liberté et même sa vie pour procurer
des secours pour le salut de sa patrie, vienne à être arrêté,
j'espère, dis-je, que les Églises ne l'abandonneront pas. Je
vous conjure tous par la charité de Christ de vous intéresser
pour lui. C'est un pauvre homme qui a eu beaucoup de malheurs et qui n'aurait pas pu ni osé faire l'entreprise si je ne
lui avais donné du courage et fourni des moyens. Si j'ai fait
quelque chose de bon pour ma patrie, j'en rends toute la
gloire à Dieu et je me recommande aux prières des fidèles afin
que je sois utile à l'Église; mon Sauveur l'a aimée jusqu'à
donner son sang pour elle, je veux, moyennant le secours du
Seigneur, faire ou être disposé à faire le même sacrifice. Si je
t'oublie, ô Jérusalem, que ma dextre s'oublie plutôt (1)!

Le plus petit détail fournit à du Plan l'occasion
d'épancher sa belle âme; les plus nobles sentiments se
pressent alors et coulent à flots de sa plume chrétienne :

Je ne suis plus à moi-même, continue-t-il, je suis à Dieu qui m'a
racheté par son sang et qui m'animera par son esprit afin que
je sois dévoué sans réserve au service de sa chère et bien-
aimée Épouse. Courage, mon très-cher frère, ne perdons pas
courage quoi que nous voyions et quoi que nous entendions; que
les tempêtes et les orages les plus affreux ne soient pas capa-

(1) N° 12, p. 75 (10 septembre 1725).

bles de nous intimider ; nous avons un pilote qui commande aux vents et aux flots, ne le laissons pas endormir par notre négligence ou par notre tiédeur. Crions-lui sans cesse, comme la devise de notre sceau que je vous envoie par le frère Deleuze, exprime : *Sauvez-nous, Seigneur, nous périssons !* Ne doutons pas que si nous prions notre bon et puissant Sauveur avec toute l'humilité, l'ardeur et la confiance convenables, nous ne voyions bientôt les orages cesser de toutes parts pour faire place à un temps doux et tranquille qui fera germer la terre et porter des fruits aux arbres les plus stériles. Cultivez, labourez, semez, sarclez continuellement les terres que la Providence vous a mises en mains ; que la bénédiction de Dieu soit sur vous et sur votre travail, mon cher ami ; qu'elle se répande sur vos compagnons de service et sur tous ceux qui invoquent le nom du Seigneur. Ne vous effrayez point ni les uns ni les autres quelque nombreux que soient vos ennemis ; vous combattez pour l'Éternel des armées, si vous êtes fidèles à Dieu, vous remporterez infailliblement la victoire ; encore un peu de temps et nos ennemis seront confondus, la vérité paraîtra avec un tel éclat que les ténèbres de la superstition seront dissipées de toutes parts, les idoles des nations seront abattues et on n'adorera plus qu'un seul et même Dieu depuis le soleil levant jusqu'au couchant ; on criera partout : Hosanna ! béni soit celui qui vient au nom du Seigneur ! Alléluia, alléluia ! louez le Seigneur ! C'est à lui seul qu'appartiennent la gloire, l'empire, la force et la magnificence ! »

« Tout ce que je viens de dire est vrai ; ce ne sont pas des chimères ou des effets d'une imagination échauffée, j'ai pour garant l'Écriture sainte, j'ai pour garant les merveilles que Dieu a faites et qu'il fait par sa grâce dans ma chère patrie. J'ai pour garant la charité de Dieu qui est répandue dans mon cœur ; cette charité ne trompe jamais lorsqu'on la prie et qu'on la consulte avec humilité et avec foi ; c'est un oracle infaillible qui nous donne des pressentiments et des avant-goûts du triomphe de l'Église sur la terre et dans le ciel. La charité est Dieu même, selon l'explication du disciple bien-aimé. Tous ceux qui sont véritablement animés par la charité sont inspirés de Dieu. Dieu se communique à eux et leur révèle ses secrets. Il s'agit seulement de ne point se tromper sur les caractères de la charité. Saint Paul en a fait une description admirable dans son épître aux Corinthiens. C'est à nous à examiner si nous la pratiquons de cette manière.

« Je ne pousse pas plus loin à présent mes raisonnements parce que je veux, s'il plaît à Dieu, vous écrire bientôt. Je finis donc, mon cher ami, en vous assurant de ma parfaite amitié, en faisant des vœux sincères et ardents en votre faveur, en faveur de tous vos chers collègues et en faveur de toutes nos Églises ; assurez tous nos bons fidèles de qui j'ai l'honneur d'être connu et aimé, que je suis et serai toute ma vie leur bon ami et leur fidèle serviteur. Je salue particulièrement la moitié de vous-même. J'attends que vous m'écriviez bientôt. Vos deux illustres amies et une grande multitude de personnes de tout sexe et de tout âge, distinguées par leur rang et par leur piété, vous saluent et font beaucoup de vœux en votre faveur et en faveur de vos compagnons. L'Éternel qui vous a jusqu'ici garanti et délivré de la main de vos ennemis par un miracle éclatant, veuille vous conserver jusqu'au jour de la pleine délivrance. Que la nuée de la protection divine vous environne partout et en tout temps ; que les anges du ciel vous accompagnent comme Jacob et que nos cruels Esaüs n'aient jamais aucun pouvoir sur vous ni sur vos frères. Dieu veuille attendrir le cœur de vos ennemis ; Dieu veuille éclairer leur entendement et nous faire la grâce aux uns et aux autres de servir le maître de l'Univers comme il veut et qu'il mérite d'être servi ! Adieu, mon très-cher ami, adieu, je vous embrasse, et suis, beaucoup mieux que je ne pourrais vous exprimer, votre très-humble et affectionné frère et serviteur (1).

« BENJAMIN. »

(1) N° 12, p. 75 (10 septembre 1725).

Il n'y avait pas une souffrance physique ou morale à laquelle du Plan restât étranger ; il avait une égale sollicitude pour les pasteurs et pour tous les membres du troupeau et en particulier pour ceux qui étaient victimes de la rigueur des temps :

« J'apprends avec regret, écrit-il, que ceux qui servent les Églises ne sont presque jamais payés en plein quoiqu'ils soient en petit nombre et que leurs gages soient très-modiques (1). »

Sa pensée se reporte vers les plus malheureux de ses coréligionnaires, elle pénètre dans les cachots et sur les galères et il se sent pressé d'éveiller la sympathie en leur faveur.

« On n'a pas eu un grand soin des galériens, ni des prisonnières. Ce sont pourtant des devoirs indispensables des Églises et c'est plutôt un défaut de charité ou d'intelligence, de soins et de conduite, qu'un défaut d'argent qui prive des secours nécessaires ceux qui souffrent pour l'Évangile ou qui s'employent pour le service des Églises (2). »

Il s'oublie volontiers pour les autres :

« Quant à moi, je ne demande rien, Dieu sera mon pourvoyeur et ma récompense en même temps. Je sacrifierai, moyennant la grâce de Dieu, non-seulement mon bien et mes soins, mais ma vie, s'il le faut, pour ma patrie et pour l'Église. Assurez-bien vos collègues et vos anciens de mes véritables sentiments là-dessus, que je vous exprime de la même manière que je le pense. Je n'épargnerai rien au monde pour le soulagement ou pour la délivrance de mes frères. Je solliciterai de toutes mes forces le ciel et la terre en leur faveur (3). »

(1) N° 12, p. 51 (avril 1725).
(2) *Ibidem*.
(3) *Ibidem*.

Cette charité s'étend au dehors envers tous ceux qui souffrent pour la profession de l'Évangile.

« Il faudra donner au Dauphiné tout le secours qui dépend de nous; plus nous répandrons notre charité et nos bons offices, plus Dieu sera glorifié et nous en lui; moins nous aurons de secours étrangers pour faire triompher la vérité dans notre patrie et plus en recevrons-nous de gloire de la part de nos compatriotes et des étrangers. Toutefois nous ne devons pas agir pour ce motif; il y aurait de la vanité et nous risquerions de payer chèrement un peu de fumée; attachons-nous purement et simplement à Dieu sans regarder du côté de la terre. Un Alexandre, un César étaient en quelque manière excusables de chercher la gloire des hommes parce qu'ils ne connaissaient pas comme nous celle qui vient de Dieu; mais nous, nous serions très-aveugles et très-criminels de quitter le Créateur pour la créature, de préférer le temps à l'éternité, de courir après l'ombre en abandonnant la réalité. Occupons-nous, occupons-nous de Dieu, du ciel, de l'éternité bienheureuse et nous ne serons pas confus dans nos espérances; nous jouirons dès ici-bas de la paix de Dieu qui surpasse tout entendement et dans le paradis nous contemplerons la face de Dieu qui est un rassasiement de joie pour jamais. Que Dieu nous en fasse la grâce (1). »

Avec quelle joie n'apprenait-il pas le réveil de l'Église malgré le feu de la persécution. Avec quel attendrissement ne lisait-il pas, par exemple, les détails suivants que lui donnait Antoine Court à l'occasion de sa merveilleuse délivrance :

« Je viens d'éprouver d'une façon bien sensible, quel est l'attachement et la tendre affection que nos peuples ont pour leur pasteur. La triste aventure que je courus dans Alais, la crainte de m'avoir perdu pour toujours, le plaisir de m'avoir

_________

(1) N° 12, p. 51 (avril 1725).

retrouvé ont fait sur eux de si vives impressions qu'ils n'avaient point de termes à me témoigner leur attachement, leur chagrin et leur joie.

« Je ne saurais vous marquer dans quelle admiration je suis. Il me souvient il n'y a que quatre jours que nos plus nombreuses assemblées n'excédaient pas le nombre de deux ou trois cents et quand nous en voyions une qui allait à ce nombre, peu s'en fallait que nous nous écriassions au miracle. Aujourd'hui, elle est bien médiocre quand elle ne le surpasse pas. Il est certain que dans le cours de ma visite, j'en ai fait plusieurs qui approchaient de mille personnes, et une entr'autres, qu'il y en avait plus de deux fois autant ; le nombre de communiants fut si considérable que, pendant l'administration de la Sainte-Cène, on lut neuf ou dix chapitres de l'Écriture sainte et on chanta les commandements, tout le cantique XI et deux ou trois pauses de psaumes. Pesez une circonstance remarquable. Cette assemblée fut convoquée à la pointe du jour, elle demeura dans l'exercice jusques à midi et se retira aussi tranquillement que si elle avait été convoquée dans Saint-Pierre (1). O Providence divine et adorable, que tu es profonde et admirable dans tous tes faits ! Mon Dieu, rends-nous sensibles à des marques si éclatantes et si distinguées de ton amour ! Cette conduite, quoique heureuse, pouvait bien, mon cher ami, ne paraître pas à tout le monde aussi sage et aussi prudente qu'elle peut bien l'être ; en ce cas, je laisse à votre sagesse à en faire l'apologie : le peu de prédicateurs, le grand nombre de fidèles, la famine qui les presse, le besoin pressant qu'ils ont des consolations, leur zèle joint aux précautions qui sont les campagnes inséparables de nos démarches, vous fourniront abondamment les moyens de nous défendre (2). »

Dans cette même lettre, Antoine Court entretenait du Plan d'une question fort importante et du plus

(1) Église de Genève où se célèbre le culte protestant.
(2) N° 7, t. II, p. 171 (9 juillet 1725).

grand intérêt : il s'agissait de la confédération des Églises du Dauphiné et du Vivarais avec celles du Languedoc. On sentait qu'il fallait grouper toutes les forces disséminées pour mieux faire face aux coups de la persécution. Dans ce but, Roger, qui avait accompli dans le Dauphiné la même œuvre de restauration qu'Antoine Court avait accomplie dans le Languedoc, avait réuni un Synode en juin 1725. Il fut décidé que toutes les Églises adopteraient les mêmes règlements que les Églises du Languedoc en signe de parfaite et éternelle union. Toutefois, il fut bien observé que cette déférence n'impliquait aucun aveu d'infériorité et que le Languedoc, en prenant l'initiative de cette mesure, ne pourrait en aucune façon aspirer à une forme quelconque de domination. C'est dans ce sens que l'avaient compris les frères de Genève.

« On a raison, continue Court, d'expliquer favorablement les termes les plus forts et ceux qui paraissent même le plus absolus, soit dans nos règlements, soit dans la lettre synodale aux Églises du Vivarais et du Dauphiné. Nous ne sommes pas assez amis du superbe et aveugle Vatican pour adopter ses maximes ni pour imiter sa conduite. Grâce à tes miséricordes, ô mon Dieu, nous sommes instruits dans une école où nous avons appris que celui qui est estimé le plus grand doit être le serviteur du plus petit. A Dieu ne plaise de prétendre établir au milieu de nous une autorité que Jésus-Christ, notre divin Maître, prit tant de soins de bannir du milieu de ses chers apôtres. Nous désapprouvons et condamnons tout ce qui en a le moins d'apparence et nous consentons avec plaisir de réformer jusques au moindre terme qui se trouvera sentir à un principe si condamnable (1). »

(1) *Ibidem.*

Antoine Court, préoccupé de la situation financière de son ami, avait provoqué de sa part de libres épanchements.

« Je crains, lui avait-il écrit, que vous ne me taisiez bien des choses que vous devriez me découvrir avec liberté. Si je tiens dans votre esprit et dans votre cœur le rang que vous voulez-bien me donner dans vos lettres, pourquoi me cacher rien ? Ayez la bonté de me parler sur toutes choses à cœur ouvert et de la manière qu'on est obligé à le faire à un ami de cœur. Vous m'entendez sans que je m'explique et s'il faut un commentaire, souvenez-vous que depuis votre départ à votre séjour dans la cité, je n'ai pas su l'état de vos affaires aussi peu que les habitants de la terre australe. Si vous me faites la grâce de m'ouvrir sur cet article, j'entends que vous ne le fassiez pas à demi (1). »

Benjamin du Plan lui répondit aussitôt :

« Vous voulez que je vous instruise de mes affaires. Si c'est pour le temporel, je vous dirai qu'elles sont dans un état qu'il n'y a que Dieu qui y puisse remédier. La personne qui voudrait me secourir (2) a les bras liés, elle ne peut point vendre et les rentes se réduisent à peu de choses à cause des charges et de la diminution des espèces. On m'a envoyé cinquante louis qui n'ont point suffi puisque j'ai emprunté considérablement. Si la Providence n'y pourvoit, il faudra que je rabatte de ma dépense. Je voudrais soutenir un certain rang, je ne voudrais pas être à charge à personne et c'est avec regret que je consens que les Églises se cotisent pour faire une petite somme pour fournir aux dépenses que je serai obligé de faire à l'avenir dans

(1) N° 7, t. II, p. 171 (9 juillet 1725),
(2) C'était un nommé M. Treillis, d'Alais, grand ami de la famille du Plan et qui avait pris en main les intérêts pécuniaires du jeune réfugié.

mes voyages. Je ne consens pourtant à cela qu'après que les pasteurs du pays auront reçu leur salaire et au cas que la Providence ne m'en fournisse pas d'autres voies. Je ne veux rien recevoir des Églises, je suis assez récompensé par la gloire et le bonheur de les servir (1). »

Benjamin du Plan tentait parfois d'un bizarre moyen pour améliorer sa position : il mettait à la loterie. Malheureusement, ce moyen ne lui réussit pas, et, quoique les tentatives fussent nombreuses, le sort ne lui fut jamais favorable.

----

## CHAPITRE XIII

### Premier voyage de du Plan en Suisse

Octobre et Novembre 1725

Dès que du Plan eut reçu ses lettres de créance, il s'occupa de remplir sa délicate mission. Mais il se vit bientôt arrêté par le manque d'argent. Il n'avait pas encore reçu les cinquante pistoles que le Synode lui avait votées et les secours de son père étaient insuffisants pour payer ses frais de voyage.

Il écrivait au mois de septembre à son ami :

« Je n'ai pu encore me mettre en campagne faute d'argent; les dépenses que j'ai faites ont de beauconp excédé les secours que j'ai reçus de mes parents; je perds déjà espérance qu'on puisse mieux faire à cause d'une infinité d'obstacles qui se présentent à leurs bons desseins.

« Les affaires du côté du Nord et de l'Allemagne sont

(1) N° 12, p. 67 (27 juillet 1725).

comme en crise; on ne sait encore si la guerre s'y allumera ou si on en viendra à un accommodement. Peut-être que ma présence dans ce pays serait de quelque utilité pour nos Églises, mais encore une fois, on ne peut pas sans imprudence s'embarquer sans biscuits, les gens raisonnables ni les plus pieux ne me le conseillent pas; j'attendrai donc avec patience la manne et je la recevrai comme venant du ciel par quelque voie que je la reçoive. Apprenez-moi, s'il vous plaît, les effets que vos lettres ont produits à l'égard des collectes pour la subsistance du ministère et pour les frais des députés auprès des Puissances. Comme vous ne m'avez rien marqué là-dessus depuis quelque temps, je crains avec raison que vos exhortations n'aient été semblables à une semence jetée dans des terres stériles ou mal cultivées. Il y a toujours une grande différence entre les promesses et l'exécution. Il est beaucoup plus facile de faire un beau Plan que de le remplir. Dieu veuille me faire la grâce d'être bien humble et de servir gratuitement nos Églises. Ceux qui voudraient donner ne peuvent pas et ceux qui pourraient ne veulent pas. Cela est fâcheux; toutefois il faut prendre patience. Il viendra un temps, s'il plaît au Seigneur, qui fera ouvrir les hérissons, et les châtaignes tomberont en abondance. Dieu répandra sa charité dans les cœurs avares et les pauvres ne souffriront plus. O heureux siècle, quand est-ce que tu viendras? Hâtons-le, mon cher ami, par notre zèle pour Dieu, par notre charité envers nos frères et par notre exactitude à remplir tous les devoirs de la modestie, de la chasteté et de la tempérance. Vous savez que les prières du juste sont de grande efficace. Soyons justes et Dieu exaucera nos vœux (1). »

Antoine Court lui répondit aussitôt :

« Le Synode s'est tenu. Les préparatifs en furent heureux, les résolutions en furent belles, mais les moyens de les exécuter

(1) N° 12, p. 75 (septembre 1725).

manquent. Nous manquons de prédicateurs et d'argent pour les entretenir. Ceux qui servent ne sont pas payés. Ils ont perdu trente pour cent et le reste a été payé en papier. De onze cents livres qu'on devait compter, il n'en fut livré que deux cent quatre-vingts et quelques livres. Vous êtes l'avocat des Églises sous la croix. Souvenez-vous en bien. Le mot de *croix* peut vous être d'un grand usage un moment et vous verrez que je n'ai pas tort de vous en rafraîchir le souvenir.

« Il fut délibéré de vous faire voler du côté du Nord et de l'Allemagne ; mais une difficulté arrêta tout court nos projets ; on ne pouvait vous donner des ailes pour cela, sinon des ailes sans plumes ; quel moyen de voler ? Cinquante pistoles vous ont été assignées pour entretenir votre correspondance et pour suppléer, en attendant de plus grands secours, aux dépenses que vous êtes obligé de faire. Je ne les ai pas encore, mais on travaillera incessamment à les lever. Et, bon Dieu, ne se trouvera-t-il plus jamais quelque Christophe Colomb qui découvre de nouvelles Indes et qui, sans courir de potentats en potentats ou sans s'arrêter aux Philippes d'Espagne, vienne s'adresser directement aux Philippes les évangélistes ? Alors non-seulement l'Éthiopie mais les climats les plus reculés retentiraient du bruit de nos louanges. Mais surtout n'y aura-t-il pas quelque Cyrus, quelque Artaxercès, quelque Néhémie qui, touché de notre misère, nous accorde un plus prompt et plus salutaire soulagement que d'argent ? Patience : Dieu est dans le ciel. Il est bon, il est puissant, et pourvoiera à tout, je l'espère, je l'attends et toutes les difficultés ni toutes les traverses ne sauraient abattre mon courage, ni ralentir mon zèle. Nos prédicateurs demandaient leur congé, peut-être plus pour réveiller l'engourdissement de la plupart de nos anciens qui se refusent aux levées de collectes au premier mauvais compliment qu'on leur fait ou à la médiocrité ou à l'indignité des sommes qu'on leur offre, que pour l'obtenir réellement ; mais je les appelai et les exhortai à la patience. Ils se rendirent et chacun est allé prendre possession de son quartier avec un nouveau zèle à la vigne du Seigneur (1). »

Néanmoins, du Plan n'attendit pas de recevoir l'argent qu'on lui avait promis et qu'on avait tant de peine à recueillir ; en compagnie d'un prédicant nommé Chapel, il entreprit une petite tournée qui dura deux mois. Ils visitèrent les principales ville de la Suisse et en particulier Berne, Zurich, Neuchâtel, Lausanne. Par économie, ils voyageaient à pied. « On les reçut partout avec une respectueuse admiration. Lorsque du Plan racontait dans ces villes, encore attachées aux vieilles traditions calvinistes, les souffrances subies, la persécution incessante, les martyres et les succès de dix ans de luttes, il y avait d'immenses étonnements. Cet homme, qui était envoyé par ses frères de France aux Églises de Suisse et qui lui-même avait été témoin de tant d'évènements extraordinaires, devenait un personnage, presque un héros (2).

A Zurich, du Plan obtint de L.L. E.E. soixante louis d'or ; le clergé allemand et l'Église française promirent de contribuer pour leur part au soulagement de leurs frères persécutés.

A Neuchâtel, le député recueillit trente écus et l'excellent M. Osterwald, pasteur de cette Église, fournit pour sa part une grosse caisse de livres et la plupart de ses ouvrages (3).

C'est à Lausanne que du Plan laissa les traces les plus bénies de son passage. Il y fut accueilli avec une

(1) N° 7. t. II, p. 299 (septembre 1725).
(2) Ed. Hugues, déjà cité. T. I, p. 281.
(3) N° 12, p. 83 (décembre 1725).

affection toute particulière par les premières familles du pays et avec leur concours, il réalisa une des grandes pensées d'Antoine Court, en jetant les bases d'un séminaire protestant. Puisque les pasteurs étrangers ne se sentaient pas de vocation pour le martyre, et refusaient de venir en France, il fallait nécessairement et au plus tôt pourvoir à leur absence en procurant à quelques jeunes proposants le moyen de faire des études régulières. Du Plan réunit en secret quelques pasteurs et quelques amis de Lausanne, les Polier, les de Montrond, etc., pour délibérer sur cette grave question. Le point délicat était de savoir dans quelle Académie il conviendrait d'envoyer les jeunes étudiants. Genève, constamment menacée par la France, était impossible ; Berne ne l'était pas moins pour la même raison ; Zurich était allemande et trop éloignée. On jeta les yeux sur Lausanne, qui dépendait de Berne. L.L. E.E. de Berne, sur la demande probablement de quelques amis influents, les Dachs, les d'Hacbrett et autres personnages, consentirent officieusement à laisser s'ouvrir cette école, mais à la condition expresse qu'elle restât dans l'ombre et ne fît aucun bruit. Cette condition fut acceptée.

Les Églises ne purent pourvoir aux dépenses que d'un seul étudiant ; plus tard, grâce au produit des collectes de du Plan, le nombre s'éleva progressivement en quelques années jusqu'à six. Le premier étudiant fut un nommé Bétrine, jeune homme plein de piété et de zèle que Court avait rencontré autrefois dans ses courses et qu'il avait consacré au saint ministère. Il partit pour Lausanne en 1725. Ce jeune homme intelligent, mais comme tous les prédicants fort ignorant et n'ayant aucune notion de grec et de latin, ne put suivre les cours de l'Académie; quelques hommes de cœur et de talent se chargèrent de lui donner des leçons particulières et de compléter rapidement son éducation. D'ailleurs, le temps pressait, le nombre des prédicants diminuait chaque jour sous le feu de la persécution et il fallait les remplacer. Dans l'espace de quelques mois seulement, le jeune étudiant devait acquérir toute son instruction théologique.

De retour à Genève, du Plan y trouva la lettre de son ami qui lui donnait des détails sur le peu de générosité des fidèles. Il s'empressa de lui répondre et de lui faire connaître les résultats de ce premier voyage :

« Monsieur, mon cher ami,

« Je ne fais que d'arriver de mon voyage de Suisse avec M. Chapel qui m'a accompagné. J'ai été plus de deux mois absent ; c'est ce qui est cause que je n'ai pas répondu à plusieurs lettres qui m'attendaient à Genève. A peine ai-je reçu la vôtre, que j'ai pensé à vous donner des marques de ma sincère et tendre amitié. Je commence à louer le Seigneur de ce que malgré la misère et le péril auxquels les prédicateurs sont exposés dans notre misérable patrie, Dieu suscite des personnes qui franchissent ces obstacles. Je loue Dieu encore des bonnes dispositions de quantité de braves anciens qui s'intéressent sincèrement au bien de nos Églises, mais je suis un peu mortifié de ce qu'ils ne peuvent pas exécuter leurs bons desseins. Il faut croire que Dieu permet beaucoup d'obstacles pour éprouver la foi, la patience et la charité de ses serviteurs. Si nous trouvions dans l'exercice de nos charges les honneurs, les plaisirs et les biens temporels, les soins que nous nous donnons pourraient être suspects d'ambition, d'avarice ou de volupté. Il faut être pauvre, il faut être méprisé, il faut souffrir afin que Dieu soit glorifié, l'Église édifiée et nos ennemis forcés à reconnaître notre innocence aussi bien que la pûreté de notre foi.

« Je vous suis bien obligé, mon cher ami, du détail que vous me faites de ce qui s'est passé dans vos quartiers et je vous prie de remercier en temps et lieu toutes les personnes qui m'ont choisi pour leur député. Je me sens plus honoré de cette commission que si j'étais l'ambassadeur du plus grand roi de la terre, parce qu'un ambassadeur ne s'occupe ordinairement que des choses temporelles et politiques au lieu que je m'occuperai, s'il plaît à Dieu, uniquement des choses qui regardent l'éternité et le bien de nos chères Églises. Vous m'obligerez encore, mon cher ami, en remerciant de ma part le Synode qui m'a destiné cinquante pistoles ; lorsqu'on les aura ramassées vous aurez la bonté de m'en donner avis, car je n'y veux toucher qu'à la dernière extrémité et lorsqu'on aura achevé de payer les prédicateurs. J'avais mis plus de vingt pistoles à la loterie de Genève pour éprouver si la Providence me voudrait mettre par cette voie en état de servir les Églises gratis et même de leur faire du bien, mais l'évènement m'a fait voir que Dieu me veut mettre à l'épreuve puisque j'ai eu le plus mauvais sort sur ce sujet que je pouvais avoir. J'ai appris cette nouvelle avec beaucoup de tranquillité et il me semble que j'entends résonner dans mon âme une voix qui me dit : Ma grâce te suffit, cherche premièrement le royaume des cieux et toutes les autres choses pour la vie présente te seront données par dessus. Il y aurait peut-être un peu ou beaucoup de vanité en moi de dire que je sers gratis et que je donne sans recevoir. Si j'avais de bonnes intentions, Dieu les aura aussi agréables que l'action parce qu'il a égard au cœur et je n'aurai pas de quoi faire le vain ou l'arrogant.

« Il est temps à présent que je vous rende un peu compte de mon voyage en Suisse : vous devez être persuadé que mon but était de procurer à mes frères sous la croix tous les secours qu'ils peuvent justement désirer. J'ai été favorablement reçu dans toutes les villes où j'ai passé. On a reconnu et honoré en ma personne le député de nos Églises ; on a partout loué le Seigneur des biens que sa miséricorde nous a accordés au milieu de nos plus grandes tribulations. On a été surpris fort agréablement du récit que je leur ai fait de notre état et de la manière dont nous nous conduisons ; on fait mille vœux en notre faveur et on ajoute à cela des présents qui vous feront plaisir... Pour suppléer au défaut de pasteurs, vous recevrez beaucoup de livres, non-seulement pour les prédicateurs, mais encore pour plusieurs pauvres fidèles qui n'ont pas de quoi en acheter.

« Je ne puis pas vous faire à présent un petit détail de mon voyage. Je me réserve à la première lettre de vous dire beaucoup de choses. Si **M.** Chapel pouvait vous voir à Nimes ou dans quelque autre endroit, il pourrait vous dire beaucoup de choses qu'on ne veut pas confier au papier.

« Il faudra faire achever le plus tôt qu'il sera possible l'état de nos Églises afin que je puisse accuser juste aux personnes qu'il faut informer. Nous avons plus que jamais besoin de bien prier Dieu d'être gens de bien, très-prudents et très-actifs ; les affaires sont en crise.

« **M.** Bétrine a reçu votre lettre ; il vous fera réponse ; il vous embrasse et vous prie de faire en sorte que son petit contingent lui soit payé à l'avance, s'il se peut. Sa sœur vous salue aussi et toutes les personnes qui vous sont chères. Nous prions Dieu qu'il vous bénisse tous et vous conserve par sa sage Providence. Le sieur Chapel sera à Nimes, environ le 7 ou le 8 du mois prochain ; tâchez de le voir (1). »

---

## CHAPITRE XIV

### Le Synode de 1726 et Benjamin du Plan

Pendant que le député des Synodes parcourait la Suisse pour y provoquer des témoignages de sympathie et

(1) N° 12, p. 79 (novembre 1725).

n'épargnait ni peines ni soins pour s'acquitter fidèlement de sa mission, ses ennemis essayaient de le discréditer auprès des Églises et de lui enlever même son mandat de député. Quelle ne dut pas être sa douleur lorsqu'au retour d'un de ces fatigants voyages, il reçut de son ami la lettre suivante :

« Monsieur et cher ami (1),

« Possible que le sujet de ma lettre vous surprendra, mais je ne saurais me taire dans cette occasion, sans trahir votre intérêt, l'intérêt de l'Église et l'amitié que je vous ai vouée. Des personnes que je veux croire intéressées, attentives à vos démarches, ne sont pas tout à fait contentes de votre conduite au sujet des prétendus inspirés, et la renommée, qui n'est pas toujours ni bienséante, ni discrète, en a répandu le bruit dans nos provinces ; déjà une infinité de personnes en murmurent. J'ai inutilement fait des efforts pour m'opposer au torrent. Si vous ne me secondez, difficilement vous vous rétablirez dans l'esprit de personnes qui méritent d'être ménagées, quelque rang même qu'elles tiennent ou que nous voulions leur donner dans le monde ou dans l'Église.

« Mon but n'est pas d'examiner s'il y a de véritables inspirés ou non ; cette matière a toujours été celle de nos discussions et nos sentiments, qui sont d'ailleurs très-conformes, ont toujours été sur ce chapitre, les antipodes les uns des autres, votre expérience vous persuadant qu'il y en a et la mienne qu'il n'y en a point. Mais, quelque incrédule que je sois sur cet article, je veux supposer pour un moment, avec vous, qu'il y en a, qu'en devons-nous conclure ? Est-ce un article fondamental dans la religion, sans la créance ou la pratique duquel on ne puisse être sauvé ; ou n'est-il qu'indifférent en lui-même, tellement que sans le croire et sans fréquenter ceux

____________

(1) N° 7, t. II, p. 311 (3 novembre 1725).

qui nous vantent d'être prophètes on puisse être sauvé ? Vous êtes trop sage pour m'affirmer le premier, et je ne vois pas que raisonnablement vous puissiez me contester le second. Tout ce que vous pourriez me dire, c'est que l'inspiration étant un don du ciel, mérite les louanges et les applaudissements de ceux qui l'ont reçue eux-mêmes ou qui la découvrent chez les autres ; mais ne peut-on pas remplir des devoirs auxquels on croit être obligé sans manquer au grand précepte de la charité, charité qui ne nous permet pas de scandaliser le moindre de nos frères ? Risque-t-on de se perdre en ne faisant pas une ouverte profession d'un sentiment qu'on avoue n'être pas d'une nécessité absolue dans la religion ni pour le salut ? Et la religion aussi bien que la politique n'adopte-t-elle pas cette maxime, dans les choses infférentes, qu'on doit sauver les apparences. Nous entendons saint Paul qui nous crie : Abstenez-vous des apparences du mal ; on ne doit pas seulement pratiquer l'exhortation de l'apôtre dans le mal qu'on fait soi-même, mais dans celui même que notre conscience, innocente en elle-même, pourrait produire chez les autres. Il est bon de ne pas faire une chose par laquelle ton frère bronche ou se scandalise.....

« Vous avez des motifs d'un autre genre qui ne méritent pas moins votre attention et votre attachement. C'est vous rendre justice quand on avoue que vous avez une forte ambition de servir l'Église et que vous êtes en état de sacrifier vos biens, votre vie, votre repos pour elle ; vos démarches, vos protestations et l'expérience qui ne trompe pas, nous en assurent. Mais, prenez-y garde, si vous n'observez mieux votre conduite sur l'article en question et si vous négligez de pratiquer ce que je viens de vous dire, vous vous mettez hors d'état de remplir vos engagements, vos promesses ; vous rendez par cela-même votre zèle infructueux et inutile. Quelle conséquence ! Elle est pourtant naturelle, puisqu'il est certain que vous perdrez la confiance qu'on a sur vous, que vous forcez en quelque sorte l'Église de retirer l'auguste emploi

qu'elle vous donne et que vous perdez le crédit que vous
auriez pu acquérir chez l'étranger, crédit qui est pourtant si
nécessaire et si important à l'exécution des desseins dont vous
êtes chargé. Faites-y attention, mon cher ami, et ne refusez
point, par grâce, à une Église pour laquelle vous faites tant de
sacrifices, celui de vous abstenir d'une fréquente ou ouverte
communication avec des personnes dont elle n'approuve pas
absolument les sentiments. Ce sacrifice ne doit pas vous être
cher; mais quand il le serait davantage, un homme qui en
fait, selon moi, de beaucoup plus considérables ne doit pas se
faire presser à accorder celui-ci. Il est vrai que je ne le
demande pas au nom de toute l'Église, car encore je ne suis
que l'écho des bruits et des murmures qui sont répandus
parmi nous, et je n'ai aucun ordre particulier pour vous
écrire sur ce sujet ; mais j'ai cru que le devoir de mon ministère et celui de l'amitié qu'il y a entre vous et moi m'y engageaient indispensablement. Je ne vous demande pour mon
droit de représentation, qu'un prompt changement si vous
êtes coupable, et pour mon droit d'avis, qu'une forte application à vous rendre approuvé en toutes choses par les personnes
qui s'intéressent à nos affaires et par les Églises que vous avez
l'honneur de servir. Si vous le faites, comme je l'espère, vous
n'en doutez pas, j'aurai une grande satisfaction et cela ne
contribuera pas à diminuer l'estime et ce parfait dévouement
que j'ai pour vous et avec lequel je suis votre fidèle.

« COURT. »

Du Plan s'empressa de répondre :

« Monsieur, mon très-cher ami,

« Je mets la main à la plume dans l'intention de vous
satisfaire sur tout ce que vous pouvez désirer de moi, si je
suis assez heureux que de réussir dans mon projet.

« Je ne sais précisément ce qu'on écrit d'ici en province
sur mon sujet qui excite des murmures; pourvu qu'on n'ait

pas mêlé des mensonges parmi des vérités, peu m'importe qu'on débite ce qu'on voudra sur ma créance et ma conduite à l'égard de la religion. Je n'ai pas secoué le joug du papisme, cette furieuse et formidable bête, pour me rendre ensuite esclave des opinions de quelques particuliers. J'appelle opinion de quelques particuliers, tout ce qui n'est pas appuyé avec évidence sur l'Écriture Sainte. Je ne reconnais en fait de religion d'autre autorité que celle de Dieu. Si ma foi ou mes mœurs sont contraires aux dogmes, je suis prêt à me soumettre d'abord qu'on me fera connaître mes erreurs; mais qu'on ne se flatte jamais que les promesses ni les menaces, les récompenses ni les châtiments soient capables de me faire renoncer à ce que je croirai de vrai et de bon. J'ai cru et je crois encore que Dieu a répandu sur plusieurs personnes, dans ce dernier temps, des dons de son Esprit; il y en a eu peu qui aient été fidèles; c'est pourquoi Dieu a retiré sa grâce et les a livrées à un esprit d'erreur et de vice. Ce sont là des jugements qui doivent faire trembler tous les instruments que Dieu emploie pour sa gloire mais qui ne doivent pas faire mépriser les dons de Dieu qui sont toujours excellents en eux-mêmes et très-distincts de ceux qui les ont reçus. Dieu donne, Dieu retire ses grâces à qui il lui plaît et selon qu'il lui plaît. C'est à un chacun à en faire un bon usage en les rapportant à la gloire de Dieu et les faisant servir à l'édification de l'Église et à sa propre sanctification. Je rejette de tout mon cœur tous les faux docteurs, les faux pasteurs et les faux prophètes; mais je ne crois pas qu'aucun docteur, ni pasteur soit en droit de me faire rejeter une personne en qui je reconnaîtrais des dons du Saint-Esprit, ni qu'un prophète puisse me faire rejeter un docteur ou un pasteur en qui je reconnaîtrais un langage conforme aux Saintes Écritures. C'est par les Écritures que j'examine le pasteur, le docteur et le prophète. Lorsque certains prétendus inspirés ont voulu crier contre le ministère en général, sous prétexte que plusieurs ministres prêchent des erreurs ou vivent mal, j'ai combattu fortement ces prétendus

Inspirés; de même lorsque certains ministres, dont je révère pourtant le caractère et le mérite, ont voulu sans distinction ni réserve rejeter et condamner tous ceux qui se sont dits inspirés dans ce dernier temps, je n'ai pu y consentir sans choquer les lumières et les sentiments de ma conscience. Je ne blâme pas ceux qui ne croient pas aux inspirations immédiates; il faut, pour les croire, en avoir des preuves que Dieu n'accorde pas à tout le monde; mais si j'en ai ou si je crois en avoir, de ces preuves, pourquoi veut-on m'arracher d'une manière despotique cette foi qui n'est nullement contraire aux vérités de l'Évangile, aux bonnes mœurs, à la discipline ecclésiastique et à la société. Aimons-nous, chérissons-nous, faisons du bien à qui mieux mieux et ne prétendons pas régler la foi d'autrui sur la nôtre propre à l'égard des choses qui ne troublent point ni l'État ni l'Église.

« Je crois, je suis persuadé que quoique je croye que Dieu a accordé dans ce dernier temps des dons de son Esprit, j'ai plus contribué qu'aucun de ceux qui combattent les inspirations immédiates à déraciner le fanatisme qui n'est que l'ombre ou la corruption de l'inspiration; comme le papisme n'est que l'ombre ou la corruption du christianisme. Il est certain que les prêtres ou ministres du papisme sont en beaucoup plus grand nombre que les ministres protestants (et plût à Dieu que les bons ministres protestants fussent en plus grand nombre parmi nous que les mauvais)! quoi qu'il en soit, ce grand nombre de faux prêtres et de méchants ministres qui se disent tous serviteurs de Jésus-Christ, n'empêche pas que nous ne reconnaissions pour vrais et fidèles ministres de Dieu le petit nombre qui s'acquitte de son devoir. De même, la grande multitude de fourbes, de visionnaires, de fanatiques, de scélérats qui se sont dits inspirés, n'empêche pas que je reconnaisse que Dieu a honoré de ses dons quelques personnes que j'ai entendues et que j'entends à présent rarement. Je prends mes précautions pour ne scandaliser personne, mais si quelqu'un plus exact à veiller sur ma conduite que sur la sienne propre s'avise de me vouloir contraindre sur une chose qui m'a été très-utile et qui m'a porté à m'unir très-étroitement avec ceux qui prêchent dans le Désert, alors je regardederai ce quelqu'un comme une personne fort indiscrète et s'il y a du scandale, ce sera un scandale pris et non pas un scandale donné. Jésus-Christ a été une occasion de scandale à plusieurs; mais tant pis pour ceux qui se sont scandalisés. Les magistrats et le clergé de cette ville, non-seulement tolèrent mais protégent quelques personnes d'ici qui se croient inspirées pourvu qu'elles ne troublent point l'ordre civil et ecclésiastique qui est établi. Il n'y a que quelques indiscrets qui crient : *Tolle, Tolle,* sans savoir de quoi il s'agit. Pour moi j'aime tout le monde et je suis bien aise de vivre avec tous les gens de piété, quelque sentiment particulier qu'ils aient qui ne soit pas contraire aux articles du symbole de notre foi; j'ai des amis dans toutes sortes d'États qui m'honorent de leur estime et qui ne la diminuent point quoiqu'ils sachent que je suis de ces sentiments. Je ne les ai jamais cachés au pays. Je les ai confessés en public et en particulier; je n'ai laissé pour cela que de servir utilement les Églises et d'être choisi pour député. Je me suis, grâce à Dieu, acquitté avec succès de ma députation; partout où j'ai passé, les magistrats et le clergé m'ont reçu avec honneur et avec bonté; j'ai excité partout la charité pour nos Églises. Je ne regarde ce que j'ai fait que comme un essai de ma commission, et le fruit que les Églises en retireront que comme des prémices qui seront suivies d'une abondante moisson lorsque la Providence m'aura fait parcourir les vastes pays des protestants.

« Je me vais préparer pour mes voyages; tâchez de faire ramasser les cinquante pistoles qu'on m'a destinées. J'espère que mon voyage de Suisse en produira plus de deux cents à nos Églises. Ainsi je ne serai pas à charge et on pourra employer une partie de ces cinquante pistoles à payer les arrérages des prédicateurs ou à faire relier des livres. Je ferai mon possible pour vous faire parvenir quelques autres ballots de livres.

« J'ai reçu deux lettres de M. Roger, qui me marque que le Dauphiné m'a aussi choisi pour député; il m'informe encore de l'état des Églises qu'il sert. C'est un homme dont on me dit beaucoup de bien à Lausanne et qui marque dans ses lettres être prudent et pieux.

« M. Corteiz m'a écrit aussi. Il me témoigne être fort touché de ce que vous agissiez à son égard comme s'il était votre inférieur. Je crois qu'il y a du malentendu ou que le Diable veut semer la division parmi vous; nous n'avons pas besoin de nous affaiblir par nos envies et nos dissensions; nous ne sommes que trop petits; prévenons-nous les uns les autres par honneur et fortifions-nous au Seigneur pour combattre vigoureusement contre une infinité d'ennemis qui nous environnent. Quant à moi, quoiqu'on m'ait traité d'une manière à enflammer ma bile, je suis disposé à faire un sacrifice au Seigneur de mes plus justes ressentiments. S'il y a quelqu'un qui murmure en province au sujet de mes sentiments sur les inspirations, dites-leur que les magistrats et le clergé d'ici, qui sont beaucoup plus puissants et plus éclairé qu'eux, les tolèrent et les protégent et que leur devoir et leur intérêt les engagent à garder le silence et à ne penser que d'être bons chrétiens pour s'attirer la bénédiction de Dieu. Si je savais qui est-ce qui d'ici s'est mêlé de parler contre moi, je l'engagerais à changer de langage où je prendrais de bonnes attestations pour témoigner mon orthodoxie et ma bonne conduite à la honte et confusion de mes ennemis. Informez-moi de tout et ne craignez pas que j'en fasse un mauvais usage. Je crains Dieu et j'aime mon prochain quoiqu'il ait la faiblesse ou la malignité d'agir contre moi. N'imformez que très-peu de personnes des choses que je vous dis (1). »

Cette lettre était à peine expédiée que Benjamin du Plan éprouva le besoin de prendre de nouveau la plume pour faire un appel à la concorde.

(1) N° 12, p. 83 (14 décembre 1725).

« Monsieur, mon très-cher ami (1),

« Les reproches et les menaces que vous m'avez faits dans votre dernière lettre, ont fait de si fortes impressions sur mon esprit, que, pour réparer ma faute d'avoir si longtemps tardé à vous écrire, j'ai voulu dépêcher une seconde lettre en réponse de celle qui me presse si vivement, je l'ai lue à quelques-uns de nos amis qui la trouvent très-féconde en idées, en sentiments, en figures et en expressions. Vous pensez bien ce que vous dites et vous exprimez bien ce que vous sentez. Il ne s'agit que d'attacher, le plus souvent que vous pourrez, vos pensées et vos affections à des objets qui soient dignes de votre esprit et de votre cœur ; notre âme est plus ou moins noble selon quelle donne son amour et ses soins à des choses plus ou moins excellentes. Je vous parle avec sincérité et toute l'ouverture qu'un bon ami doit parler ; on admire votre génie, mais on vous estimera encore davantage si vous voulez de plus en plus simplifier votre style et ne point diversifier votre caractère dans un même discours. Il y a des choses graves auxquelles il ne faut jamais joindre, des choses ou des expressions qui sentent le badinage ; encore une fois, tout ce que vous dites dans la première lettre est joli et plein d'esprit (2) ; mais lorsqu'on pense que vous êtes sous la croix et que vous racontez des choses les plus intéressantes, on craint qu'en mêlant les choses saintes avec la raillerie, vous n'offensiez Dieu et que vous ne deveniez une victime de sa colère. Quel malheur pour vous ! quel malheur pour votre Rachel ! quel malheur pour moi ! quel malheur pour toutes nos chères Églises ! Je n'ignore pas qu'il y a temps pour tout, temps pour rire, temps pour être sérieux, temps pour se divertir et temps pour s'affliger ; mais dans quel temps sommes-nous, ô Dieu !

(1) N° 12, p. 89 (19 décembre 1725).
(2) Du Plan fait probablement allusion à la lettre du mois de septembre 1725, voir page 129. L'appréciation du pieux délégué nous paraît excessive.

Nos temples ne sont-ils pas encore démolis, nos chaires abattues, nos troupeaux dispersés, privés de pasteurs et environnés de loups ravissants ; ne sommes-nous pas à tous moments à la veille, s'il faut ainsi dire, d'être engloutis ; ne pouvons et ne devons-nous pas nous écrier avec les disciples qui étaient dans la nacelle prête à faire naufrage : Sauve-nous, Seigneur, car nous périssons ! Je confesse tout le premier que je n'ai pas fait ce que j'aurais pu et dû faire en faveur de nos pauvres Églises, ma conscience m'en fait de sanglants reproches ; le monde et la chair ont occupé une grande partie d'un temps précieux qui devait être entièrement consacré au service de Dieu et de son Église. Ne tombez pas, mon cher ami, dans mon défaut, profitez mieux que je n'ai pas fait des jours qui peuvent être abrégés à tous moments par mille accidents imprévus. J'ai aimé et j'aime encore le plaisir, le badinage, tout ce qui flatte enfin le corps et l'esprit, mais lorsque je pense à ma fin et au compte exact qu'il faudra rendre à Dieu de toute ma conduite, je suis tout effrayé, je crains d'être traité comme ce mauvais serviteur qui enfouit son talent, comme les vierges folles qui n'eurent pas soin de garnir leurs lampes d'huile, ou comme l'enfant prodigue qui dissipa sa légitime ; alors je m'écrie dans le fond de mon âme à mon divin Sauveur, qu'il me délivre de tous ces funestes appâts qui nous environnent. Hélas ! misérable que je suis, qui est-ce qui me délivrera de ce corps de mort ? Après avoir imploré le secours de mon Dieu, je sens couler dans mon entendement de nouvelles lumières et dans mon cœur de nouveaux feux pour former de nouvelles résolutions conformes à la volonté de Dieu ; heureux et mille fois heureux si j'étais fidèle et constant dans ces résolutions. On se laisse facilement éblouir par les charmes du monde et notre chair comme une traîtresse Dalila nous endort souvent pour nous livrer entre les mains de nos ennemis. O que le précepte de notre Seigneur est excellent, utile et nécessaire pour le salut de nos âmes ! Veillez, nous dit notre bon Sauveur, veillez et priez. Veillons, mon cher ami, veillons sur tous les mouvements de notre cœur; ce cœur est infidèle, il est trompeur; il est désespérément malin, si nous ne nous en défions, il nous abusera infailliblement; mais ne nous contentons pas de nous examiner, de nous sonder, de nous éprouver; implorons le secours de Dieu pour réussir dans nos recherches et dans notre examen; n'entreprenons jamais rien sans connaître quel est notre but, quelles sont nos vues, quelle est notre fin; voyons si nous aspirons à satisfaire notre ambition, notre avarice, notre volupté, ou quelque autre passion vaine ou criminelle. Ne croyons pas qu'il suffise pour justifier notre conduite de faire ou de dire des choses extérieurement bonnes; les pharisiens et les hypocrites en ont fait qui charmaient le peuple; mais ce qui est grand devant les hommes est souvent en abomination aux yeux du Seigneur. Vous savez, mon cher ami, ce que saint Paul a dit dans son épître aux Corinthiens : Quand je parlerais le langage des anges, quand j'aurais de foi jusqu'à transporter les montagnes, quand je donnerais tout mon bien aux pauvres, quand je livrerais mon corps aux flammes, si je n'ai pas la charité, je ne suis rien ou je ressemble à une cymbale qui retentit. Saint Paul nous fait ensuite une belle description de la charité. O aimable charité que nous trouvons en substance dans Jésus-Christ et que Jésus-Christ apportera dans nos cœurs si nous le prions avec humilité, avec confiance, avec ardeur et avec persévérance! Voilà, mon cher ami, toute ma ressource que la prière. Je me sens incapable de réparer le temps perdu, je me sens indigne de me présenter devant mon Créateur, mais je ne perds point espérance puisque le sang d'un Homme-Dieu a été versé pour me nettoyer de mes péchés et que l'Esprit qui donne la vie au monde peut ranimer mon esprit stérile pour lui faire produire des fruits de justice et de sainteté qui glorifient son saint nom. Je crois avec Abraham et avec Sara contre toute espérance. Je crois que je servirai utilement l'Église et que je verrai la délivrance de cette Église. Ma conduite jusques ici a été mêlée de bien et de mal, de lumière et de ténèbres; le soleil de justice viendra enfin dissiper de mon entendement et de mon cœur, et de l'entendement et du cœur de tous les élus qui sont sur la terre, les erreurs et les vices qui y régnent encore. Voilà, mon cher ami, l'objet de mes vœux et de mes espérances ; qu'on me traite, tant qu'on voudra, de visionnaire ou de fanatique. Je sais qu'il y a de l'abus partout ; de fausses visions, de fausses révélations, de fausses inspirations ; mais je crois qu'il y en a eu et qu'il y en a encore de vraies et bonnes que Dieu me fera la grâce de voir accomplir. Je consens que vous imitiez saint Thomas jusqu'à ce que vous voyiez et touchiez des choses qui vous persuadent ; mais prenez garde de ne point mépriser ni condamner encore moins des choses que vous n'avez ni vues ni entendues et qui surpassent la capacité humaine. Attachez-vous seulement à prêcher par vos discours et par vos exemples le pur Évangile. Je tâcherai, de mon côté, à me rendre plus digne de l'approbation de Dieu, de l'estime des gens de bien et de l'affection tendre et sincère de mon cher et fidèle ami Court que j'embrasse en esprit.

« La lettre que vous m'avez écrite sur ma conduite est d'un très-bon style ; il est clair, net, vif, naturel et coulant. Je trouve vos raisonnements aussi solides et aussi efficaces qu'ils peuvent l'être selon votre système qui combat les inspirations. Je vous promets d'avoir pour vous et pour vos conseils tout le respect et toute la complaisance que ma conscience me pourra permettre ; je ne crois pas qu'un ami puisse rien exiger au delà. Je ne crois pas non plus que ceux qui ont écrit au pays, continuent à répandre des mauvais bruits sur mon sujet, attendu que (quoique je m'en sente indigne), me voyant aimé, estimé, honoré de quantité de personnes illustres par leur piété, par leur caractère et par leur naissance, ils sont revenus vers moi et me faire amitié. Si vous voulez m'écrire l'auteur qui a répandu ces bruits, je lui dirai de guérir le mal qu'il a fait, et s'il ne peut ou ne veut pas, j'emploierai d'autres moyens qui satisferont les gens rai-

sonnables ; mais si l'on ne parle plus de la chose, laissons-la
dormir (1)  »

L'opposition contre du Plan éclata lorsque, par les
soins de Court, on fit dans les Églises la collecte pour
payer les frais du député. Chacun se refusa de fournir
aux dépenses d'un homme qui soutenait les Inspirés et
qui, disait-on, profitait de ses courses en Suisse pour
propager ses idées. Court donna un formel démenti
à ces accusations ; on exhiba alors certaines lettres
venues de Genève, et écrites par des réfugiés nommés
Jourdan, Rey, Delor.

« Toutes mes représentations furent vaines, écrivait Court à
son ami ; je n'ai rien pu obtenir. Un tel procédé m'a jeté dans
la consternation ; j'ai été souvent sur le point de prendre des
résolutions violentes et j'en ai le cœur si gros et si serré, qu'il
n'est pas surprenant si je ne me suis pas plus tôt déterminé à
vous l'écrire. Au nom de Dieu, faites-moi laver la tête à ce Jourdan et obligez-le à se rétracter solennellement de vive voix et
par écrit. Je ne vois pas aussi quels moyens plus efficaces pour
apaiser les murmures et disposer les esprits, qu'une attestation
signée des plus qualifiés où il soit exprimé qu'on est parfaitement content de votre conduite. Il faut l'accompagner d'une
lettre en forme d'apologie adressée au Synode prochain. Peut-
être que le remède sera souverain ; une chose est certaine,
c'est que le mal est fort grand. Vous connaissez la nature des
esprits avec qui nous avons affaire : c'en est assez pour vous
faire comprendre dans quel état je dois être. Ce ne serait rien
encore si les prédicants n'étaient pas les premiers à témoigner
leur mécontentement ; mais ils me paraissent tous en général
si mécontents qu'ils disent assez haut que vos sentiments en
déshonorant la personne de leur député, déshonorent en même

(1) N° 12, p. 89 (19 décembre 1725).

temps toutes les Églises qu'ils desservent et qu'ainsi il est de nécessité indispensable de retirer les attestations qui lui ont été données. Voilà de quelle manière m'en ont parlé même les plus modérés. Jugez encore un coup dans quel état je dois être et ce que je peux avoir dit contre une disposition si violente et si précipitée. Encore une fois et par grâce, fournissez-moi des armes pour vous défendre ; voyez, examinez ce qui conviendrait le mieux pour guérir le mal ; n'épargnons rien pour le faire ; c'est pour Dieu, c'est pour l'honneur de la religion, c'est pour le bien des Églises que nous agissons. Que rien donc ne nous sépare d'une si belle cause ; que les contradictions, la malignité, l'ignorance de certains esprits ne nous détournent point du but où notre zèle aspire. D'un autre côté, tâchons de nous accommoder à la portée de ceux avec qui nous avons affaire. Dieu nous le commande, la charité nous y oblige (1). »

Cette lettre dut plonger le cœur du zélé député dans la tristesse. La calomnie, l'ingratitude, l'oubli des engagements d'honneur, telle était la récompense de ses fatigues incessantes pour le bien des Églises ! Que le noble gentilhomme dut souffrir dans sa dignité, dans son amour-propre ! Néanmoins, il sut faire taire tout sentiment d'aigreur ; il condescendit à justifier sa conduite et à donner toutes les attestations qui lui étaient demandées par son ami. En attendant, voici la lettre toute chrétienne qu'il se sentit pressé de lui écrire :

« Monsieur, mon cher ami, j'ai reçu votre lettre du 18 février, et quoique je voie les grands mouvements que vous vous êtes donnés en ma faveur, je ne suis pas tout à fait content des excuses que vous me faites d'avoir si longtemps

(1) N° 7, t. II, p. 371 (12 février 1726).

tardé à m'écrire; vos lettres, sans argent, m'auraient été agréables et m'auraient tiré de bien des chagrins sur votre compte; ainsi, mon cher ami, si vous voulez que l'amitié dure et ne perde rien de sa force, soyez un peu plus exact à la cultiver.

« J'ai fait toutes les réflexions qu'il convenait au sujet des bruits qu'on a répandus au pays sur mon compte et sur la manière dont on se prend pour me punir de ma prétendue mauvaise conduite. Je crois que les personnes qui ont écrit ou parlé contre moi, auraient mieux fait de garder le silence, ou du moins, il aurait été à propos de se mieux informer des faits et de se servir d'autres termes qu'ils n'ont fait. Je crois encore qu'on a été un peu trop crédule au pays, et quand ce qu'on m'accuse serait vrai, il était expédient de ramasser toujours l'argent qui m'avait été destiné par un Synode, pour le porter au premier Synode qui aurait délibéré avec prudence et justice de ce qu'il convenait de faire. Il n'appartient pas à quelques particuliers de changer les statuts d'un corps qu'on doit regarder avec vénération, s'il a observé dans sa délibération les règles de la prudence et de la charité. Je ne crois pas que la rareté de l'argent soit un prétexte légitime pour refuser de s'acquitter de son devoir; puisque le pays que les prédicateurs desservent est si vaste et si peuplé que quand chacun, l'un comportant l'autre ne donnerait qu'un sol, ce qui est très-peu de chose et ne saurait incommoder, il se ramasserait une grosse somme. Ainsi, il faut qu'il y ait de la négligence ou de l'incapacité dans les Anciens, ou de l'ingratitude dans le peuple. Je prie Dieu de tout mon cœur que chacun connaisse et remplisse son devoir, mais je crains bien que tous, tant que nous sommes, si nous ne le remplissons mieux que nous n'avons fait par le passé, nous ne soyons éprouvés et châtiés d'une manière beaucoup plus rude que nous n'avons été jusques ici. Notre relèvement et notre subsistance sont un effet merveilleux de la miséricorde infinie et de la Providence de Dieu ; si notre orgueil, si notre paresse, si notre ingratitude, si nos passions criminelles nous rendent indignes de la protection et de la faveur de Dieu, nous sommes tous perdus ; car qui sommes-nous pour pouvoir subsister au milieu d'un nombre presque infini d'ennemis puissants et acharnés contre nous ? Je ne sais comme on ne tremble toutes les fois qu'on y pense et je ne comprends pas, pour peu qu'on ait de bon sens, comment on peut s'empêcher d'y penser ? Si nous étions sages, nous devrions nous humilier sans cesse en la présence de Dieu, le prier de toute l'ardeur dont nous sommes capables et achever l'ouvrage de sa miséricorde infinie qu'il a commencé dans notre pays depuis nos chutes et nos malheurs en rétablissant le chandelier de sa Parole ; nous devrions, en même temps, faire tous nos efforts pour lui plaire en observant ses divins commandements. Oh ! que nous serions heureux si l'on voyait reluire parmi nous la piété, le zèle, la sagesse, la vertu, la charité des premiers chrétiens et de nos pères du temps de la Réformation ! Dieu nous délivrerait certainement de la main de nos ennemis qui nous tiennent sous le joug. Il apaiserait leur fureur, il les convertirait par sa grâce et par nos bons exemples, et alors on verrait s'établir par toute la terre le règne de notre Seigneur Jésus-Christ.

« Je me suis, mon cher ami, un peu étendu sur un sujet qui me tient fort à cœur, et plût à Dieu que nos pensées, nos désirs, nos paroles, nos actions, tournassent toujours ou presque toujours du côté du règne de Jésus-Christ ; mais les objets du monde nous dissipent souvent ; efforçons-nous de nous recueillir et de travailler avec efficace à notre salut et à celui des autres. C'est le seul moyen que je sache de plaire à Dieu et d'être heureux.

« Je reviens à présent sur mon sujet. Vous me conseillez de faire laver la tête à maître Jourdan sur son zèle indiscret. Il l'aurait bien mérité, mais j'ai mieux aimé prier le pasteur de son quartier, auquel j'ai communiqué votre lettre et qui était en colère contre lui, de le traiter avec toute la douceur possible. Je voulus être présent lorsqu'on l'envoya chercher ; on ne pouvait pas user avec plus de charité qu'on fit à son égard. Il reconnut la faute qu'il avait faite de ne point communiquer un dessein de cette importance à son pasteur, et il **y a** lieu d'espérer qu'il réparera, autant qu'il lui sera possible, le mal qu'il peut avoir fait en écrivant des faussetés. J'écrirai au sieur Rey pour savoir de lui ce qu'il a dit contre moi et je verrai si Delor mérite qu'on fasse quelque attention à lui. Il y avait peu de gens qui fussent informés des véritables motifs qui me firent aller en Suisse, il ne convenait pas même que je le disse pour de très-grandes raisons. Or, je ne trouve pas extraordinaire que chacun ait raisonné selon ses idées, mais je trouve fort mauvais qu'on décide ce qu'on ne sait pas. Ce sont là les jugements téméraires que Dieu défend et qu'il punira sévèrement au dernier jour, si on ne s'en repend.

« Quoique la meilleure de mes apologies soit de vivre saintement, de me conduire prudemment et de procurer de plus en plus de bien à nos Églises, je ne laisserai pas que de vous en adresser une, selon votre conseil, que vous présenterez au premier Synode. En attendant, vous pourrez communiquer cette lettre à ceux que vous jugerez à propos, et vous leur direz qu'il est de la justice et de la bienséance de faire en sorte que l'argent qu'on m'a destiné soit porté au premier Synode où on délibèrera ce qu'il convient de faire. Vous pouvez dire encore, qu'une preuve que mon voyage de Suisse n'a pas été pour faire ce qu'on m'accuse, est l'accueil favorable que les personnes les plus distinguées par leur rang et leur piété m'ont fait et les secours qu'ils m'ont accordés ; que si je voulais me payer ma pension de mes propres mains, j'en suis fort le maître, mais j'aime mieux recevoir ma récompense de leur équité que de mon pouvoir ; que je souhaiterais bien de servir les Églises gratuitement, mais que mes parents ne me fournissent que mon nécessaire, et n'ont pas de quoi entretenir un commerce de lettres en plusieurs lieux de l'Europe et encore moins de quoi voyager. Je vous dis entre vous et moi, que j'ai fait un billet de 500 livres à une personne, pour pouvoir fournir aux frais que j'ai été obligé de faire, et si Dieu n'y met la main, je crains fort de faire banqueroute. Je réitère pourtant ici ce que j'ai écrit à M. Corteiz et à vous, que je ne voulais pas toucher à ma pension que celles des prédicateurs ne fussent payées.....

« Saluez tous nos frères de ma part, et dites-leur de n'être point si crédules ; si j'ai des ennemis ou des jaloux, j'ai encore plus d'amis et de crédit qu'on ne pense. Je vous le dis à vous, j'ai obtenu, par mon crédit, malgré la misère qui règne ici chez quantité de familles qui souffrent beaucoup, la charité étant refroidie et le commerce dérangé, de quoi remettre le sieur Chapel en équipage, après avoir perdu son cheval et ses hardes ; j'ai obtenu, pour M. Bétrine, de quoi achever ses études, sans le secours des Églises ni de ses parents ; j'ai obtenu plusieurs autres grâces pour des particuliers, et si la misère des Églises était si grande, qu'elle les empêchât de me fournir ma pension, j'ai assez d'amis pour me fournir de quoi m'acquitter de ma commission ; mais, sauf une misère extrême, cela ne ferait pas honneur aux Églises qui sont nombreuses, de ne point payer une pension qu'on a accordée avec tant de solennité. J'aime mieux recevoir ma paye des Églises, parce que cela me donne plus de crédit pour demander pour les autres. Comme je ne recevais rien en France, cela me mettait en crédit de demander pour les pasteurs et à présent, il faut que les Églises et les pasteurs me mettent en crédit de demander pour eux et pour elles.

« Vous réfléchirez, mon cher ami, sur tout ce que je vous écris, comme vous êtes avec M. Corteiz à la tête de nos Églises des Cévennes et du Pays-Bas, il est expédient que vous soyez unis fort étroitement pour donner le branle qu'il faut à tous les membres. Il faut premièrement mettre les proposants dans un esprit de sagesse, de charité et d'union, afin que vous n'ayez, dans le Synode et ailleurs, qu'une même voix et une même conduite. Pour cela, il convient de tenir des conférences particulières où il faudra faire entrer la prière avant et après et même intérieurement pendant vos discours, afin que Dieu préside au milieu de vous et bénisse tous vos desseins. Il faudra joindre à vos conservations les anciens du lieu et appeler des plus sages qui sont éloignés, lorsqu'il s'agira de choses de conséquence. Il faut prendre des mesures justes pour éclairer les anciens ignorants ou mal informés, des faits qu'on doit traiter dans les Synodes. Il faut faire connaitre leur devoir avec douceur à ceux qui sont emportés par leur tempérament. Il faut réprimer avec force et majesté les brouillons et les menacer des jugements de Dieu et de l'excommunication de l'Église. Il est bon qu'avant que les Synodes se tiennent, toutes choses soient connues, préparées et presque résolues et conclues parmi les principaux, attendu le peu de temps qu'on doit être assemblé.

« Je vous répète ici, que j'ai de puissants amis et en grand nombre, grâce au Seigneur, et si j'ai des ennemis, la plupart n'ont pas grand relief. Ils font beaucoup de bruit en secret, et en présence, ils changent de ton et de langage. Ceux qui sont le plus apparents, font semblant d'être de mes amis ; plusieurs ont jeté la pierre en cachant le bras, si bien que toute la levée des boucliers s'en va en fumée.

« Marquez-moi, s'il vous plaît, à peu près le temps qu'on doit tenir le Synode. J'attends au plus tôt une réponse sur cette lettre, et je compte pourtant de vous adresser bientôt une lettre pour le corps des pasteurs et une autre ensuite pour le Synode.....

« Adieu, mon cher ami, je vous embrasse de tout mon cœur. Je vous offre tout ce qui dépend de moi, et quand l'aveuglement, l'injustice et l'ingratitude me forceraient à me dépouiller du caractère dont je suis revêtu, je me souviendrai des gens de bien et serai toujours votre fidèle ami et très-humble serviteur (1). »

Benjamin du Plan suivit les conseils de son ami. Il envoya une attestation de la vénérable Compagnie sur

(1) N° 12, p. 101 (8 mars 1826).

son sujet. « Il y a de l'imprudence, écrivait-il, à de simples particuliers, d'avilir ma personne et mon caractère (1). » Il adressa lui-même une longue lettre au Synode pour expliquer sa conduite :

« J'ai appris, avec chagrin, disait-il, de plusieurs endroits de la province qu'on fait courir de fort mauvais bruits sur mon compte. Les uns ont dit qu'on m'avait chassé de Genève; les autres ont dit que je suis allé en Suisse pour voir les fanatiques et pour répandre le fanatisme; les autres ont dit que j'avais abandonné les prêches pour m'enfermer dans des chambres avec des visionnaires; les autres disent enfin que si je vais aux prêches c'est seulement par pure politique. »

Après s'être justifié de ces absurdes accusations, il ajoutait :

« Il y a longtemps que je suis connu des Églises; j'ai été lié, dès le commencement, avec les principaux pasteurs et avec les premiers Anciens; j'ai assisté à plusieurs Synodes, j'ai contribué à former une discipline, j'ai écrit des requêtes aux Puissances, des lettres pastorales aux fidèles; j'ai fait des prières et des exhortations dans des assemblées générales et particulières, dans les villes et dans les campagnes; j'ai consolé les affligés, assisté les pauvres, visité les malades, les prisonniers, les galériens. Dieu m'a conservé, pendant plusieurs années, au milieu de mes ennemis, comme par miracle. Enfin, je suis si connu pour ce que j'étais par les catholiques romains et on m'observait de si près, que j'ai été obligé de quitter ma maison et de sortir ensuite hors du royaume par le conseil et les exhortations de tous mes parents et amis. Je me suis rendu à ces sollicitations quoique avec regret d'abandonner ma patrie et les Églises et je ne me consolerais pas d'être séparé de mes parents, de mes amis et de mes frères en Christ, si je n'avais

_______

(1) N° 12 (15 avril 1726).

occasion d'employer pour leur service les talents que Dieu m'a accordés. Lorsque j'arrivai à Genève, j'étais épuisé soit par les soins que je me suis donnés pendant la peste en faveur de l'Église d'Alais, soit par quelques courses dans la Vaunage et dans les Cévennes, soit par des études forcées et mon voyage de Marseille et de Genève dans les plus grosses chaleurs, tout cela, joint ensemble, m'avait jeté dans une langueur qui ne me permettait pas de m'appliquer à l'étude ni de faire de voyage. Mais à présent que Dieu, par sa grâce, m'a redonné la santé, quoique je sois d'un tempérament fort délicat, je suis disposé, avec le secours de Dieu, à parcourir, s'il le faut, la terre et les mers en faveur de mes frères. C'est à vous à concourir avec moi dans un même but (1). »

Les explications de du Plan ne désarmèrent pas ses ennemis qui tramèrent contre lui une conspiration : tous se donnèrent rendez-vous au Synode général qui se réunit au Désert, le 26 avril 1726. A leur tête était Corteiz qui déjà avait saisi de l'affaire plusieurs colloques et en avait obtenu plusieurs délibérations hostiles au député ; le but avoué de toutes ces menées était d'obtenir du Synode sa destitution. Antoine Court tint courageusement tête à l'orage.

Il lut une attestation de la vénérable Compagnie disculpant son ami, et une lettre de du Plan au Synode expliquant sa conduite (2). Incapable de se mesurer avec lui, Corteiz essaya d'emporter la délibération de haute lutte ; il demanda que l'on mit aux voix le maintien ou la destitution du député, et chargea un jeune proposant de recueillir les suffrages. Un vote sans discussion préalable, c'était la destitution assurée

(1) N° 12, p. 111 (15 avril 1726).
(2) N° 12 (15 avril 1726).

de du Plan, car la majorité des esprits lui était défavorable. Court prévint cette manœuvre; il rappela au proposant qu'il n'avait pas le droit de recueillir les suffrages. Corteiz irrité, arracha des mains du proposant la plume et le papier et se mit en demeure de remplir lui-même l'office de scrutateur (1). Court l'arrêta et demanda la parole. Dans un discours, parfois d'une admirable éloquence, il plaida avec chaleur la cause de son ami. Nous ne pouvons résister à faire connaître cette apologie qui honore autant celui qui l'a prononcée que celui qui en fut l'objet.

« Faut-il, mes très-chers et très-honorés frères, faut-il que dans un si beau jour et au milieu d'une assemblée aussi vénérable et aussi religieuse que celle qui s'offre à mes yeux, faut-il que je me voie obligé de prendre en main la défense d'un homme dont la vie a été toujours religieuse, la piété exemplaire, le zèle fervent, et qui depuis très-longtemps a servi très-utilement les Églises ? Quel démon peut-il être sorti des repaires infernales pour nous en donner la peine ? Quel ennemi de notre bonheur et du bien général de nos Églises, s'est-il donc transformé en ami pour nous séduire et pour s'ouvrir l'accès vers nous, au préjudice d'un membre si digne de notre estime, de notre amour, si important et si nécessaire pour le bien général de nos Églises ?

« Mais voyons, quel est ce crime qui fait tant de bruit ? L'accuse-t-on d'avoir volé, pillé les Églises ? Non, ce n'est pas cela. L'accuse-t-on d'avoir eu dans sa jeunesse la faiblesse d'embrasser la religion romaine ? Non, car outre qu'on sait qu'il eut la force de s'en relever, on comprend sans peine que la Providence ne permit en quelque sorte que cette étoile s'obscurcit pour quelque temps, que pour la faire briller

(1) N° 7, t. III, p. 233 (20 juin 1727).

ensuite avec plus d'éclat dans le firmament de nos Églises. L'accuse-t-on d'avoir aimé dans sa jeunesse le service des armes, le métier de la guerre? Non, car outre que c'est une inclination naturelle et presque générale chez tous les jeunes gens et surtout dans ceux qu'on cite de naissance, chacun sait que la religion ne condamna jamais cette inclination, du moins dans son légitime usage et que lorsque des soldats parurent à Jean-Baptiste, cet homme, plus que prophète, ne leur dit pas de quitter la profession des armes, le métier de la guerre, mais de ne faire point de concussions, de se contenter de leurs gages. Chacun sait encore que ce jeune guerrier ne s'exerça, pour ainsi dire, dans les armes que pour en devenir plus intrépide, plus ferme et plus courageux dans les milices du Seigneur, plus laborieux et plus pénible dans les travaux de l'Église. L'accuse-t-on d'avoir aimé les plaisirs? Non, car hélas! qui est l'innocent parmi nous qui jettera le premier la pierre, et qui ne sait que la piété, l'amour de Dieu, celui du prochain, l'honneur de la religion, la propagation de l'Évangile, ont fait toujours ses plus douces et ses plus délectables délices? L'accuse-t-on d'avoir prodigué les pensions qu'on lui a annexées? Non, car outre qu'on fut assez indolent pour laisser écouler six mois après l'avoir nommé député sans lui en assigner aucune, et ce qui est le comble de l'injustice, assez ingrats ou méchants pour lui dénier celle qui lui a été sólennellement adjugée, qui ne sait qu'il n'épargna jamais son superflu et quelquefois même son nécessaire pour l'entretien des prédicateurs dans un temps que tout le monde les abandonnait. Dis-moi donc, ô du Plan, quel est ton crime? Ne serait-ce pas parce que tu as paru toujours trop empressé pour le service de l'Église? que tu as porté ton zèle jusqu'à l'excès pour lui procurer la paix après laquelle elle soupire, du soulagement à ses membres misérables, du secours à ses membres souffreteux? Il en faut convenir, si c'est un crime d'avoir des nobles fureurs pour des sujets de cette importance, je n'ai pas de termes pour exprimer ton crime, et si on te trouve coupable, je ne vois pas par quel endroit on puisse mieux te prendre que par celui que j'exprime.

« Paraissez donc, accusateurs, et sans plus de renvois, et portez-nous vos plaintes et vos accusations. Vous nous dites que notre député est atteint de fanatisme, qu'il croit aux inspirés, qu'il a fait un voyage en Suisse pour en fomenter les sentiments et pour y affermir ceux du parti, qu'il est incorrigible, qu'il méprise les conseils de ses meilleurs amis, qu'il déshonore par ses sentiments nos Églises. Voilà bien des accusations, sont-elles toutes vraies ? Hé ! dites-nous par grâce, qui êtes-vous qui le faites et par quelle autorité le faites-vous ? Deux questions dignes de cette assemblée. Etes-vous en partie ou en tout cet auguste sénat, plus vénérable que celui tant vanté de l'ancienne Rome, qui siége dans la ville où notre député a établi son séjour ? Ou bien, en partie ou en tout cette fameuse compagnie des pasteurs qui s'assemble dans la même ville une fois la semaine pour régler les affaires ecclésiastiques ? Ou agissez-vous par l'ordre de ces compagnies ou du moins par celui de quelqu'un des membres qui les composent, car il faut nécessairement être l'un ou l'autre pour mériter la confiance de cette assemblée ? Ou n'êtes-vous que quelque particulier qui, sans autorité et sans aveu, poussé seulement par un esprit mélancolique, crédule ou méchant, ou bien d'un zèle imprudent et outré, avez ainsi formé vos plaintes et vos accusations ? Si vous n'êtes que ces derniers, si de pareils motifs ont mû votre plume, s'ils ont fait parler votre langue, souffrez que cette assemblée n'ajoute aucune foi à vos plaintes. Vous le savez, chers frères et très-illustres confrères, ceux qui ont sévi contre notre député sont de ce dernier caractère. Je veux qu'un mauvais principe ne leur ai pas servi de mobile. Il est pourtant vrai de dire qu'ils n'ont pas assez de relief pour mériter votre confiance. Quoi ! sur le simple témoignage d'un savetier, d'un conteur de nouvelles, démettre notre député, le dépouiller des attestations que nous lui avons solennellement données ! Quelle légéreté ! quel étourdissement !

« Il est atteint du fanatisme, nous dit-on. Mais savez-vous ce que c'est que le fanatisme ? Un fanatique, c'est un homme malade d'esprit, agité de manies ou de mélancolie, qui ne parle que de visions, que d'extase, que de ravissement, qui se persuade d'être prophète et de faire des miracles. Est-ce là le caractère de notre député ! N'a-t-on pas toujours connu en lui un esprit solide, un jugement sain, un raisonnement juste ? L'a-t-on jamais ouï parler d'extases, de visions, de ravissements ? S'est-il jamais vanté d'être prophète, de faire des miracles ? Discours publics et particuliers qui êtes sortis si souvent de sa pieuse bouche ; savantes et judicieuses lettres, enfants de ses peines, productions de son génie, excellents fruits de sa plume ; savants et renommés personnages qui faites maintenant la douceur de sa vie et qui êtes les témoins oculaires de sa conduite ; disputes, combats, assauts qu'il livra tant de fois aux fanatiques ; vous, mes frères, qui l'avez connu, qui l'avez fréquenté, et vous, ses ennemis mêmes, venez et déposez en faveur de la vérité ! Venez et confondez-nous si nous n'accusons juste.

« Il croit aux Inspirés, dit-on. C'est une affaire qui mérite quelque discussion. Persuadé de la fécondité de l'Esprit divin et de la divine grâce du Seigneur, il a cru et il croit encore que Dieu, dans ces derniers temps, a répandu de son Esprit d'une manière immédiate sur certaines personnes, desquelles il prétend en connaître quelqu'une ; mais a-t-il jamais cru ou croit-il à tous ceux qui se sont vantés d'être prophètes ? Au contraire, combien de fois ne l'avons-nous pas vu aux prises avec eux ? N'est-ce pas, après Dieu, n'est-ce pas à lui que nous devons la défaite de quelqu'un qui avait séduit partie de nos peuples ? N'est-ce pas lui qui détacha de la cabale de Vesson les principaux appuis ? N'est-ce pas lui qui écrivait fortement contre l'insensée troupe de Montpellier ? Et n'est-ce pas à l'occasion des lettres écrites de sa main, qu'on trouva cette troupe insensée quand on se saisit d'elle, que nous devons sa fuite et son exil hors de la ville de sa naissance ?

« Il fréquente les Inspirés, dit-on. A la mienne volonté, il serait mieux qu'il ne le fît pas puisque cela scandalise les infirmes et choque avec tant de roideur les esprits contredisants et peu éclairés; mais enfin, que fait-il en cela que l'Écriture n'approuve? Il examine les esprits, et saint Jean ne nous le recommande-t-il pas? Il éprouve toutes choses et saint Paul ne nous y exhorte-t-il pas? Il ne méprise point ce qu'il prend pour des prophéties et voudriez-vous qu'il le fît après la défense de saint Paul? Mais, dites-vous, quand l'apôtre ordonne de ne mépriser point les prophéties, il n'entend par là que celles qui le sont en effet, mais dans cette occasion on en prend de fausses pour de véritables. Cela peut être vrai : mais notre député ne le croit pas ainsi. Il peut se tromper, mais il ne croit pas le faire; son erreur, dans ce cas, est un fruit de son jugement, mais non point celui de sa volonté. Afin de lui faire quitter cette erreur, il ne s'agit point de forcer sa volonté, mais d'éclairer son entendement; on n'arrache pas les sentiments de l'esprit d'une manière despotique et magistrale. Il faut prouver qu'on se trompe, avant que d'exiger que l'on change d'idées et de sentiments; si on n'est pas capable de convaincre, il ne faut pas trouver mauvais qu'on persévère; voir un homme ébranlé avant que de l'avoir convaincu, c'est un effet de la faiblesse et une action digne de notre colère ou de notre pitié; voir, au contraire, une personne ferme et résolue dans des sentiments qui lui paraissent fondés sur nos Saintes-Écritures, malgré tout ce qu'on peut lui dire ou faire contre lui, est un effet de sa sagesse et une action digne de notre admiration et de nos louanges.

« Mais ce sentiment, dira-t-on, n'est pas supportable dans la personne de notre député. Si ce sentiment est contraire aux principes de la religion réformée; si l'erreur de croire qu'il y a aujourd'hui de bonnes prophéties est une erreur capitale; si elle fait faire à notre député des démarches contraires aux maximes de notre sainte religion; si, pour ce qu'il prend pour des prophéties, il cesse de fréquenter les saintes assemblées, d'assister aux prédications, de participer aux sacrements ; si cette erreur le conduit jusques à rompre avec la communion des fidèles ; s'il l'oblige à faire secte à part, je l'avoue, notre tolérance, outre le crime, serait la dernière des folies. On me verrait crier contre l'indolence, la stupidité, la bêtise. Je serais le premier à lui arracher des mains des attestations qui ne sont destinées et qui de droit n'appartiennent qu'à un des membres des plus rigides et des plus fidèles observateurs des cérémonies de notre sainte religion. Mais qui a jamais osé dire et qui osera jamais soutenir que, supposé que notre député soit dans l'erreur, son erreur l'a conduit à de pareilles conséquences ? Ne sommes-nous pas, au contraire, tous témoins que son zèle pour les assemblées, pour la prédication, pour la participation aux sacrements ont été toujours d'un genre singulier et, s'il est permis de tout dire, d'un ordre éminent ? Ne l'avons-nous pas vu trotter, courir, se donner des soins infatigables de jour, de nuit, pour rétablir la paix dans l'Église lorsqu'elle a été troublée par des brouillons ou pour ramener dans son sein les malheureux enfants qui avaient déchiré par leurs sectes ses chastes entrailles et ne savons-nous pas tous très-certainement que dans le pays où il est, il est toujours le premier à fréquenter les exercices de religion ?

« Mais je vous entends, vous revenez à la charge, vous ne voudriez pas absolument qu'il eût aucune fréquentation avec ceux qui se disent inspirés. Je l'ai dit, je le répète, je le voudrais mieux que vous, et plût à Dieu que nos vœux fussent accomplis ! Mais encore un coup sa conduite paraît être autorisée par l'Écriture-Sainte. Il éprouve toutes choses pour retenir ce qui est bon ; il examine les esprits pour reconnaître ceux qui sont de Dieu. Que si dans cette conduite, il y a encore des choses qui blessent nos yeux trop sensibles, cherchons quelque remède à ce mal, voyons ce qu'il convient de faire ; tâchons de rendre notre vue moins délicate et sans violenter la conscience de notre député ou sans vouloir disposer de ses sentiments d'une façon despotique, prescrivons-lui des règles pour se conduire d'une manière à satisfaire les esprits raisonnables. Croyez-moi, ne nous chargeons pas de satisfaire ceux qui ne le sont pas; outre que le fardeau serait trop pesant, notre devoir nous en dispense.

« Mais quelle modification y a-t-il à prendre, dira-t-on, avec un homme qui ne croit pas seulement aux Inspirés, qui ne se contente pas seulement de les fréquenter, mais qui va encore faire des voyages exprès pour fomenter le fanatisme et pour y affermir ceux du parti? C'est bientôt dit, mais où en sont les preuves ? Quels en sont les témoins ? Calomnie, fruit du démon, production infernale. Notre député, trop longtemps oisif, forme le dessein de faire un voyage en Suisse : des envieux ou des jaloux, ou tout au moins des indiscrets veulent entrer dans ses vues, pénétrer ses desseins, connaître ses intentions, au défaut de la pénétration substituent la fantaisie, au manque de lumière placent leur imagination et sur un fondement de cette nature, bâtissent l'édifice de leur rêverie. Fanatiques eux-mêmes, ils prennent des apparences qu'ils veulent ensuite nous donner pour des réalités; parce qu'ils se figurent que notre député n'est uniquement allé en Suisse que pour un tel dessein, se le persuadent à eux-mêmes et nous le veulent persuader à nous. Serons-nous assez crédules pour ajouter foi à de pareilles visions ? A Dieu ne plaise ! Et où serait notre jugement? Où serait notre sagesse ? Mes frères, voulez-vous savoir les vérita-bles motifs du voyage de notre député ? Demandez-les à l'accueil favorable que lui firent et les corps politiques et les corps ecclé-siastiques de certains cantons renommés et aux riches présents dont les accueils furent suivis, et vous apprendrez, par des preuves incontestables, que ses grandes vues, que son prin-cipal motif était d'attacher au parti de nos Églises de puissants amis et de leur procurer des secours considérables. Que si de pareils motifs doivent lui attirer notre disgrâce et mériter que nous le dépouillions du caractère de député dont nous l'avons revêtu solennellement, il en faut convenir, nous sommes d'étranges gens et qui voudra plus désormais s'employer à notre service ? On a dit, il y a longtemps, qu'il aurait mieux valu être le pourceau d'Hérode que son fils, parce que ce tyran, suivant la maxime des juifs, épargnait les pourceaux dans le temps qu'il immola son fils à sa vengeance ; disons de même que si les bienfaits de notre député doivent lui attirer notre disgrâce, il vaudrait mieux être condamné à nourrir des singes ou à apprivoiser des lions que de servir parmi nous en qualité de député.

« Il est incorrigible, dit-on, sur ses sentiments. Oui, sur des sentiments qu'il croit fondés sur la Parole de Dieu. — Il méprise les conseils de ses meilleurs amis. — Calomnie ! qui ne sait avec moi le contraire ? Qui ne sait qu'il en fait beaucoup de cas ? Que s'il n'y défère pas certaines fois, c'est parce qu'il croit en conscience ne pouvoir pas le faire ?

« Il nous déshonore par ses sentiments, dit-on. Que ceux qui tiennent ce langage doivent être sensibles à l'honneur ! Qu'ils doivent être tendres ! Si les sentiments de notre député, comme nous l'avons déjà remarqué, l'engageaient dans de fausses démarches, s'ils l'obligeaient de faire des choses qui fussent contraires aux maximes de notre sainte religion, c'est tout ce qu'on pourrait dire ; mais l'ont-ils engagé jamais à rien de semblable ? J'en atteste la conscience du plus obstiné. Il croit qu'il y a de bons Inspirés, mais la religion nous enseigne-t-elle qu'il n'y en a point ? Il est vrai que saint Paul dit que les prophéties doivent être abolies et qu'il semble même au raisonnement de l'apôtre qu'elles l'étaient déjà de son temps ou tout au moins qu'elles étaient fort prochaines de leur fin. Je ne vous le cache pas, je suis dans ce sentiment et depuis longtemps dans cette pensée ; mais, après tout, ce passage unique dans son espèce n'est pas assez expresse pour nous déterminer à croire que depuis la publication de l'Évangile jusqu'à la fin, il n'y aura plus de prophètes et je ne sache point que les théologiens de notre communion aient jamais combattu le sentiment de certaines gens qui croient que, s'il plaisait à Dieu, il pourrait encore envoyer des prophètes sans qu'une telle mission fût contraire à la révélation; de sorte que la différence qu'il y aurait du sentiment de notre député à l'autre, consisterait en ce que notre député prétend qu'il y a de véritables inspirés et que les autres croient qu'il pourrait y en avoir, s'il plaisait à Dieu d'en envoyer. Pour nous, nous sommes dans une telle prévention que quand un ange du ciel viendrait, sous la figure d'un prophète même, pour nous annoncer les choses les plus importantes, nous refuserions nettement de l'écouter; mais en serions-nous plus sage ? Et ne serait-il pas mieux fait d'examiner si ce qu'il aurait à nous annoncer est l'Évangile ou une fable ? Nous sommes de terribles gens; nous voulons anéantir tout ce qui nous choque et peu s'en faut, qu'à l'exemple de quelques disciples du Seigneur, nous ne demandions que le feu du ciel descende et qu'il consume ceux qui ne veulent pas se conformer à nos idées et à nos sentiments. Mais est-ce là l'esprit de l'Évangile ? L'esprit de l'Évangile n'est-ce pas un esprit de support, de douceur et de charité ?

« Quand j'examine les Inspirés, j'en trouve de deux sortes : les uns sont fourbes volontaires, les autres sont des esprits malades qui, entêtés de devenir prophètes et soutenus dans ce désir par les prédictions d'autres prétendus prophètes, anticipent par leurs désirs l'accomplissement de la prédiction, s'imaginent ensuite d'être devenus prophètes et veulent le persuader aux autres. Les premiers sont dignes de ma colère et de mes poursuites; les seconds sont dignes de mes larmes, de mes conseils et de mes prières. Notre député croit qu'il y en a d'une troisième espèce, qu'il y en a de fort bons. Mais son sentiment blesse-t-il notre réputation ? Déshonore-t-il nos Églises ? Si ceux qu'il estime tels, veulent introduire un nouveau culte dans la religion, comme certaines recluses du pays de Liége qui en introduisirent un dans l'Église romaine, il y a quelques siècles, crions-leur anathème. S'ils veulent souffler aux oreilles de nos peuples qu'il faut se défaire d'un tel et d'un tel, qu'on regarde pour ennemi, comme on dit que la chose s'est pratiquée au commencement du siècle, crions encore anathème; poursuivons le fourbe comme séducteur. Si notre député entre dans de pareils systèmes, s'il adopte de pareils sentiments, s'il n'est le premier lui-même à crier contre l'imposture, j'y consens, dépouillons-le de son caractère, poursuivons-le par nos censures; mais s'il n'entre que dans des systèmes orthodoxes, s'il n'adopte pour ses sentiments que ceux qui lui paraissent conformes à l'Évangile ou du moins que l'Évangile ne combat pas; s'il n'écoute pour Inspirés que ceux qui lui parlent conformément à l'Évangile, cessons de crier qu'il nous déshonore. Ce qui nous déshonore, mes frères, c'est de tolérer le crime, c'est d'épargner certains pécheurs dignes des censures les plus sévères, c'est de nous relâcher dans l'exercice de la discipline; ce qui nous déshonore, c'est de négliger de secourir nos pauvres, de ne pourvoir pas aux besoins de nos confesseurs; ce qui nous déshonore, c'est de tolérer dans les assemblées certaines voix élevées qui ne tendent qu'à brouiller nos affaires. Il faut imposer silence à ces montagnes sourcilleuses qui, semblables à celle de la fable, font le plus horrible de tous les tintamarres pour enfanter une souris; ce qui nous déshonore, c'est d'avoir manqué à nos engagements, c'est d'avoir dénié jusques ici la plus juste de toutes les récompenses, c'est d'avoir refusé à notre député les sommes qui lui ont été solennellement promises; ce qui nous déshonore, c'est d'avoir osé mettre en délibération, sur la simple voix d'un savetier ou de gens sans aveu, notre député, de le dépouiller du caractère dont il fut revêtu dans une assemblée semblable à celle-ci, et confirmé par une plus célèbre encore.

« Oserons-nous nous persuader que ce que nous venons de dire soit suffisant pour justifier dans l'esprit de cette assemblée notre député ? Oui; en soupçonnant le contraire, nous craindrions vous offenser trop sensiblement. Souffrez cependant, très-chers et très-vénérables frères, souffrez qu'à notre apologie nous ajoutions les motifs qui nous obligent indispensablement à maintenir notre député dans sa députation.

« Premier motif : La nécessité d'un député dans les pays étrangers. Cette nécessité est sensible ; on ne connaît dans ces pays-là que fort imparfaitement l'état de nos affaires et ce que nous sommes ; nous avons besoin d'y avoir une personne de confiance, qui leur en fasse un portrait d'après nature ; nous avons besoin d'y avoir une personne éclairée pour solliciter en faveur de nos Églises la protection des puissances protestantes et pour engager ces puissances à s'intéresser pour notre liberté auprès de notre auguste monarque. Voilà notre besoin, voilà notre premier motif.

« Second motif : Les qualités du sieur du Plan. Nous ne saurions mieux nous adresser qu'en la personne du sieur du Plan. Il a toutes les qualités requises à cet emploi. Il a les qualités intérieures et extérieures ; il a de la naissance, de l'éducation ; il est d'un génie élevé, d'un esprit solide, d'un sens rassis. Il parle bien, il écrit mieux. Toutes ces qualités sont heureusement accompagnées en lui d'un naturel docile, de beaucoup de piété, de sagesse et d'un zèle au-dessus de toutes expressions ; pressant motif.

« Troisième motif : La justice de nos engagements, la fidélité de nos promesses. Nous ne saurions dépouiller notre frère de la qualité de député sans violer la justice, sans rompre nos promesses.

« Quatrième motif : Notre propre honneur. Dépouiller notre député de son caractère, marquerait notre ignorance ou notre légèreté : notre ignorance, parce que ce ne pourrait qu'être une preuve que nous ne sommes pas capables de faire un juste choix, et que notre étourdissement est si extrême qu'il nous fait si tôt recevoir ou rejeter un homme indigne qu'un sujet accompli. Notre légèreté, car supposez que notre choix fût légitime, notre changement ne pourrait être qu'une marque de notre faiblesse et ne pourrait que faire sonner fort haut que nous ne sommes pas capables de nous maintenir dans un juste choix ; tellement que, de quelque côté que nous fussions envisagés, nous ne pourrions qu'être tournés en ridicule et nous n'aurions pas à nous plaindre si, en parlant de nous, on disait : Voilà des ignorants ou des volages.

« Je pourrais faire un cinquième motif de notre intérêt ; car si nous étions capables d'en agir de même avec notre député, qui voudrait plus s'employer pour nous ?

« J'en pourrais faire un sixième des avantages qu'il nous a procurés et vous faire comprendre que de si heureux préludes doivent être de sûrs garants de ceux qui doivent suivre ; mais je me hâte d'arriver au dernier motif.

« Dernier motif : L'insuffisance de notre autorité quand bien même nous aurions été assez injustes d'avoir conçu le dessein de dépouiller notre député de son caractère et de passer au-dessus de toutes les raisons qui nous engagent à le maintenir. Nous ne l'aurions pu faire que du consentement unanime de toutes les Églises confédérées et dans un Synode national, car il n'aurait pas convenu que nous, qui ne faisons plus présentement qu'une partie des Églises confédérées, eussions entrepris de dépouiller, sans leur participation, d'un caractère, un homme qu'elles ont toutes approuvé.

« Mais pourquoi insister ici si longtemps ? Ne vous vois-je pas déjà tous revenus de votre prévention ? Ne vois-je pas déjà toute cette assemblée prête à s'élancer pour donner de nouveau les mains à notre député. Finissons donc ici son apologie. Cessons de presser les motifs, les pressants motifs qui nous engagent à le maintenir dans sa députation, en attendant qu'il se prépare à la faire réussir. Voyons ce qu'il faut qu'il fasse ; prions Dieu qu'il l'accompagne dans tous ses voyages, qu'il fasse tourner toutes nos délibérations à sa gloire et au bonheur de toutes nos chères Églises. Amen. Amen (1). »

Après cet éloquent et véhément discours, l'assemblée se déclara convaincue et satisfaite ; quelques amis prirent chaleureusement la défense du député

_____

(1) N° 7, t. II, p. 453 (26 avril 1726).

absent. Quant à ses violents adversaires, ils gardèrent le silence, mais ne désarmèrent pas.

En apprenant l'heureuse issue de cette grave affaire, du Plan s'empressa de remercier le Synode et lui donna de son côté de sérieux gages de soumission en prenant l'engagement de ne plus fréquenter les Inspirés :

« Puisque quelques personnes, écrivit-il à Court, zélées, mais d'ailleurs très-mal informées de mes sentiments, ont écrit contre moi et que les Églises se scandalisent de ma conduite quoique je leur envoie des attestations signées du vénérable Consistoire de cette ville, je veux bien, pour l'amour de la paix et pour l'édification de nos Églises, cesser absolument de me trouver dans aucune assemblée d'Inspirés et fuir même leur commerce autant que la charité le peut permettre et cela pendant tout le temps de ma députation.

« Et comme les Églises sont pauvres et hors d'état de me payer la pension qu'elles m'avaient accordée, je ne leur demande rien du passé ni pour l'avenir, espérant qu'avec le secours de Dieu et de mes parents ou amis, je leur rendrai des meilleurs services que je n'ai encore fait à cause des accidents qui sont arrivés (1). »

Il écrivit au Synode la lettre pastorale suivante :

« Messieurs, mes très-chers et honorés frères en notre Seigneur Jésus-Christ. La grâce et la paix de Dieu le Père, et de Jésus-Christ son fils, soient avec vous.

« Quoique j'aie été exact à marquer à notre cher et bien-aimé frère, M. Court, avec qui je suis en relations, tout ce qui regarde les intérêts de nos Églises et que je ne doute pas qu'il ne vous ait informé de tout ce qu'il est à propos que vous sachiez, j'ai cru qu'il était de mon devoir d'ajouter cette lettre ici pour vous assurer en esprit et en vérité au milieu de votre

(1) N° 12, p. 185 (28 mai 1727).

pieuse et vénérable assemblée, de mon affection la plus pure et
de mon dévouement le plus parfait. Ce n'est point la chair, ni
le sang, ni aucun intérêt temporel qui m'a attaché à votre service; c'est Dieu seul par sa miséricorde infinie et rien ne sera
capable de me faire abandonner votre service que la mort ou
un concours unanime de suffrages à retirer les attestations que
vous m'avez fait l'honneur de m'accorder et de me confirmer
en qualité de votre député. Il n'y a personne qui n'ait ses
ennemis. Les rois avec toute leur puissance, les saints avec
toute leur sagesse, n'ont pas été à l'abri des mauvaises langues;
ainsi, moi qui suis un pauvre pécheur, presque sans pouvoir,
appelé par ma vocation à attaquer l'empire du Démon et de
l'antéchrist, oserais-je me flatter d'être à l'abri de la haine,
de l'envie et des faux rapports? Non, non, je ne suis pas assez
aveugle ou stupide que de me croire ni sans ennemi, ni sans
erreur, ni sans défaut; mais je sais que j'ai, grâce au Seigneur,
des intentions droites et que mes amis sont plus nombreux et
plus puissants et plus gens de bien que mes ennemis. Vous en
avez eu, mes très-chers et bien-aimés frères, une preuve
authentique dans les attestations honorables que le vénérable
consistoire de cette ville m'a accordées et que notre très-cher
frère, M. Court, à présentées en plein Synode. Je pourrais
encore, s'il était nécessaire, vous envoyer d'autres pièces justificatives de ma bonne conduite et de la dignité avec laquelle
j'ai soutenu le glorieux emploi dont il vous a plu de me
revêtir malgré mes faiblesses et la malignité de mes ennemis.

« Peut-être que si les Églises eussent été attentives à me
donner un collègue comme j'ai demandé plus d'une fois, et à
nous fournir à tous deux de quoi voyager, du moins comme
des pèlerins, j'aurais procuré à ces Églises beaucoup plus
d'avantages que je n'ai fait. Ceux que j'ai procurés ou que je
suis à la veille de procurer ne sont pourtant pas à mépriser
malgré l'accident qui est arrivé au pauvre Genoulhac qui a
causé une perte très-considérable aux Églises, outre ce qu'il
m'en a coûté en mon particulier pour soutenir pendant quel-

que temps sa pauvre femme et ses trois jeunes enfants qui sont en quelque manière la victime du zèle que leur père a témoigné pour le service de nos Églises. En vérité, il y aurait eu de l'ingratitude et même de la barbarie, si je n'avais fait toutes choses au monde, soit par moi-même, soit par mes amis, pour empêcher de souffrir cette pauvre famille désolée qui reçoit à présent sa subsistance en partie de la bourse française. Ce n'est pas, mes très-chers et bien-aimés frères, pour vous faire des reproches, ni pour me procurer la pension de 500 livres par an que vous m'aviez accordée et dont je n'ai retiré de deux ans passés de service que 250 livres, que je vous dis ici que j'ai été obligé d'emprunter une somme assez considérable pour fournir aux dépenses nécessaires pour exercer ma charge ; Dieu qui y a pourvu y pourvoira encore. s'il lui plait ; mais c'est afin que si on me donne un collègue qui pourrait manquer du crédit que j'ai eu, on ait soin de lui fournir son nécessaire et afin aussi que mes ennemis ne me reprochent pas que je mange inutilement l'argent des Églises. Je ne suis pas né pour être à charge aux Églises, mais pour leur être utile ; j'aimerais mieux verser mon sang jusqu'à la dernière goutte que de sucer inutilement la substance des membres de Jésus-Christ, mon Sauveur. J'ai écrit plusieurs fois à MM. Corteiz et Court que je ne prétendais retirer ma pension qu'après que tous les prédicateurs seraient payés. Je voudrais être en état de les entretenir tous, on verrait avec évidence de quelle affection je suis porté envers ma chère patrie, mes chers amis et collègues, en l'œuvre de notre Seigneur. Tout ce que je vous demande, mes très-chers frères, c'est que vous n'écoutiez pas avec trop de facilité les calomnies, que vous fassiez attention à mes attestations accordées par un des plus vénérables consistoires du monde ; que vous vous souveniez que nous avons tous nos erreurs et nos faiblesses, que personne n'est sans ennemis, que je ne vous demande point votre or ni argent, mais seulement votre amour et vos prières ; vous me les devez puisque je vous aime d'un cœur très-sincère, que je me suis employé depuis longtemps à votre service, que j'ai tout exposé et tout abandonné pour cela, et que je suis prêt à sacrifier tout ce qui me reste pour l'édification de l'Église.

« Quoique selon le monde votre état soit triste, que vous ne soyez, s'il faut ainsi dire, qu'un petit troupeau de brebis au milieu d'une infinité de loups prêts à vous dévorer, je suis persuadé que Dieu fera des miracles en votre faveur pour votre délivrance si vous avez soin de vous humilier devant Dieu et de vous corriger tous les jours de vos défauts pour avancer dans la sanctification. Je ne dois pas vous cacher ici que le cardinal qui gouverne aujourd'hui la France est dévoué au Pape et aux Jésuites, et qu'il n'attend que d'avoir pacifié l'Europe qui est en armes pour achever de détruire notre religion dans notre patrie ; à juger humainement, la paix se va conclure et il sera très-facile à ce cardinal d'abolir notre religion puisqu'il a toute l'autorité en main et une quantité effroyable de troupes dont il peut inonder notre province. Ne vous flattez donc pas sur le calme dont vous jouissez ; ne soyez pas semblables à Jonas qui dormait dans son vaisseau pendant qu'il était prêt de faire naufrage. Hâtez-vous, hâtez-vous, mes chers frères, de faire votre paix avec Dieu avant que le décret de votre ruine enfante. Je vois beaucoup plus clair que vous sur votre état à cause des relations où je suis, de tout ce qui se passe en Europe. Vous ne pouvez absolument pas éviter votre perte si Dieu ne prend votre cause en mains. Votre état est aussi triste que celui des Israélites, lorsqu'ils étaient poursuivis par les Égyptiens et que la mer fermait leur passage ; je vous le répète encore, si vous ne mettez Dieu de votre côté, vous êtes entièrement perdus ; je le vois, je le sens beaucoup mieux que je ne le saurais exprimer. Ouvrez les yeux, réveillez-vous ; ne cessez point de crier à l'Éternel qu'il ait pitié de vous ; pourquoi attendriez-vous, mes chers frères, que vos ennemis vous fissent sentir les effets de leur zèle aveugle et cruel pour vous humilier extraordinairement ? ne l'avez-vous pas assez senti par le passé et ne voyez-vous pas que vous êtes encore comme des prisonniers, des esclaves, des brebis destinées à la boucherie, des victimes qu'on ne manquera pas de sacrifier à la superstition dès que la paix qu'on travaille à faire sera assurée ? Je suis fâché, mes très-chers frères, de vous prédire des malheurs ; mais c'est afin que vous les évitiez que je vous les annonce. Dieu a suspendu jusqu'ici les flots de la mer qui vous allaient engloutir. Il a calmé les vents et les orages qui commençaient à gronder sur vos têtes ; on n'a pas exécuté la terrible Déclaration qu'on avait publiée pour vous exterminer, mais c'est à Dieu seul et aux prières de quelques bonnes âmes que vous devez votre conservation, conservation que vous ne devez regarder que comme un délai que la miséricorde et la patience de Dieu vous accorde pour vous repentir. Que chacun s'épluche, s'examine exactement pour connaître ses péchés et pour ôter, du milieu de son cœur, tout interdit qui embraserait la colère de l'Éternel. En vous exhortant, mes très-chers frères, à la repentance et à la sanctification, je me parle à moi-même et je forme une sincère et ferme résolution de me dépouiller entièrement, avec le secours de Dieu, de tous les haillons du vieil homme pour me revêtir de notre Seigneur Jésus. Je confesse que jusqu'ici, je n'ai pas rempli mes devoirs ; c'est pourquoi Dieu n'a pas béni toutes mes entreprises et mes soins ; mais j'espère, avec le secours de Dieu et de vos prières, de vous être plus utile à l'avenir que je n'ai jamais été ; faites seulement que vos prières partent d'un cœur pur, plein de foi, d'amour et de zèle, autrement vos prières seraient inutiles et votre perte assurée. Il n'y a que la prière du juste qui soit de grande efficace ; soyez justes dans toute votre conduite et vous obtiendrez de l'Éternel tout ce que vous voudrez et au delà de vos pensées. Dieu n'attend que votre repentance pour faire éclater ses merveilles en votre faveur : le bras de la justice et celui de la miséricorde sont levés pour exercer vengeance d'un côté et pour répandre des bénédictions de l'autre. Sortez de Babylone, mes très-chers frères, quittez, abandonnez le péché si vous voulez éviter les plaies qui lui sont destinées ;

entrez dans la nouvelle Jérusalem, pratiquez toutes les vertus chrétiennes, si vous voulez être participants de la paix et du salut que Dieu a préparés à ses enfants.

« Je finis ici, mes très-chers frères, en redoublant mes vœux au ciel en votre faveur. Dieu veuille, par sa grâce toute puissante, donner efficace à mes paroles ; Dieu veuille vous inspirer à tous des sentiments dignes de son amour. Dieu veuille vous délivrer de la main de tous nos ennemis visibles et invisibles et me rendre un instrument puissant pour votre bonheur que je souhaite comme le mien propre. Je suis avec ces sentiments, mes très-chers et bien aimés frères, en notre Seigneur Jésus-Christ, votre très-humble et très-obéissant serviteur (1).

« BENJAMIM DU PLAN. »

---

# CHAPITRE XV

## Le Synode de 1727 confirme du Plan dans sa charge

1727

Les ennemis de Benjamin du Plan, vaincus par Antoine Court dans le Synode de 1726, ne se découragèrent pas et demandèrent de nouveau sa destitution devant un autre Synode qui se tint l'année suivante, dans le Vivarais. Peut-être espéraient-ils profiter de l'absence d'Antoine Court pour avoir plus facilement gain de cause ; mais ils avaient compté sans Jacques Roger, modérateur du Synode et grand admirateur de Benjamin du Plan. Ils ne pouvaient ignorer cependant les sentiments d'estime et d'affection que l'intré-

(1) N° 12, p. 181 (10 mai 1727).

pide et infatigable pasteur du Dauphiné avait pour le député des Églises. Il en avait donné des preuves, en 1726, à la veille du Synode, en prenant courageusement la défense de l'accusé. Voici la belle lettre pastorale qu'il écrivit, à cette occasion, aux pasteurs, proposants et anciens des Synodes et Églises du Languedoc et des Cévennes :

« Je ne saurais vous exprimer, leur disait-il, la satisfaction que les Consistoriaux de nos dix petits corps d'Églises, soumises à l'ordre, ont fait tous les jours paraître de votre charitable sommation, et de l'acte solennel de l'union traité avec vous (1). Mais cette satisfaction, qui augmentait tous les jours par la vue des lettres de M. du Plan et d'autres personnes distinguées, que je leur communiquai, se trouve sur le point d'être troublée puisque j'apprends, par une lettre de lui-même, et d'une autre personne distinguée par son rang et par sa piété, que l'on a répandu des calomnies sur son compte, comme s'il favorisait le fanatisme, et que sur cela on parle de lui retirer les témoignages qu'on lui a envoyés, et de lui refuser les 500 livres qu'on lui avait adjugées au dernier Synode des Cévennes, ce qui m'a extrêmement surpris, et ce que je n'ai pas jugé à propos de communiquer à nos Consistoires.

« En effet, comme il n'y a rien de plus certain que M. du Plan, par son esprit éclairé et par ses soins, a mis notre justice en évidence, nous a fait un très-grand nombre de bons amis, et obtenu des secours bien considérables, nous ne pouvons que fonder une grande espérance pour le soulagement et même l'entière délivrance de nos Églises, si Dieu continue, par sa grâce, à répandre ses bénédictions sur sa députation. Quelle douleur de voir que l'ennemi du repos de l'Église vienne traverser une entreprise d'une aussi grande importance, qui avançait à vue d'œil la grande gloire de Dieu et le salut de tant de pauvres âmes ! Quoi ! parce que M. du Plan reconnaît, avec tous les savants, qu'il faut que Dieu seconde extraordinairement les faibles instruments dont il se sert pour conserver la pureté chrétienne dans ce royaume, faut-il le traiter de fanatique ? Parce que, selon les exemples et les principes de Jésus-Christ et des apôtres, il soutient qu'on doit ramener les égarés par la douceur, ce dont tous les savants conviennent, qu'on doit éprouver toutes choses et retenir ce qui est bon, faut-il l'accuser de favoriser le fanatisme ? Il faudrait, pour cela, renverser entièrement l'essentiel et trahir sa conscience, étant certain que ces maximes se trouvent gravées dans le cœur de tout homme de bien, aussi bien que clairement enseignées par Jésus-Christ et les apôtres.

« D'ailleurs, M. du Plan vous était parfaitement connu avant sa députation, et nous, persuadés que vous n'aviez rien fait témérairement, avons suivi votre exemple. Quelle douleur et mortification pour nous, si nous avions le malheur de vous voir révoquer cette nomination sur des prétextes si injustes, et surtout après que tout le monde réformé se trouve convaincu des merveilleux effets de ses soins ! Non ! cela ne peut entrer en aucune manière dans ma pensée, et je m'assure qu'il se trouve parmi vous un assez grand nombre de pasteurs, de proposants et d'anciens éclairés qui ont la bonne cause à cœur, et que tous, unanimement, voudrez soutenir ce que vous avez si dignement fait, et que vous ne voudrez pas vous exposer ni faire exposer tous vos corps synodaux à une semblable honte qui ne pourrait qu'être fatale à toutes nos Églises. »

Roger, après avoir rappelé qu'une telle conduite ne pourrait qu'irriter Dieu, qui les abandonnerait à leur malheureux sort, ajoute :

« Je ne sais d'où sont venues ces funestes calomnies, ni quels sont ceux qui ont formé le dessein de nous frustrer des douces espérances que nous avions justement conçues de cette députation, par les fruits qu'elle avait déjà produits ; mais nous vous conjurons, par les compassions du Seigneur Jésus, par l'intérêt que vous devez avoir à avancer le règne de Dieu et à rappeler le repos de nos chères Églises, et les égards que vous devez avoir de l'honneur de nos corps synodaux, de confirmer M. du Plan dans sa députation, et de remplir les engagements que vous avez pris à son égard, et en reconnaissant qu'il est une personne véritablement pieuse et sincère, pénétrée d'une sincère charité et d'un cœur pur, éclairé, nous vous conjurons de faire sentir à ceux qui le calomnient l'horreur de leur crime, et à ceux qui s'opposent à sa députation, combien leur procédé est préjudiciable au repos tant désiré de nos pauvres Églises. »

Le pasteur parle ensuite des difficultés pécuniaires qui pesaient sur les Églises du Dauphiné. La régie réclamait les arrérages de 23 ans, et menaçait les biens de ceux qui s'étaient mariés au Désert ou qui avaient fui à l'étranger. Néanmoins, ces églises ne se refusaient pas à contribuer aux frais du député.

« Nonobstant un si grand inconvénient, ajoute Roger, j'ose vous assurer que nous faisons selon nos petits pouvoirs, promettant encore que si Dieu nous fait la grâce de voir augmenter nos frères, nous augmenterons aussi, dans une juste proportion, ce que nous nous flattons de faire infailliblement toucher au sieur du Plan ; car nous devons tous reconnaître qu'il ne peut que faire des dépenses beaucoup au-dessus de ses moyens. »

Puis il termine par ces considérations élevées :

« Il ne demande que ce qu'on lui a adjugé selon nos faiblesses. Pourquoi le lui contesterions-nous encore, contre notre honneur et nos propres intérêts ? Non, mes très-chers frères, je m'assure tellement au Seigneur, que, comme l'exemple de votre piété que nous proposons tous les jours à nos Églises, en fait revenir un très-grand nombre, vous vous produirez encore comme exemple d'émulation à cette bonne œuvre, et que, passant par-dessus tout ce que quelques malintentionnés pourraient avoir suggéré, vous demeurerez fermes dans vos sentiments et mûres délibérations, en sorte que Dieu, secondant nos faibles efforts des uns et des autres, nous fera la grâce de nous féliciter en pleine liberté de nous être attiré l'admiration de tous ceux qui aiment le Seigneur Jésus (1) ! »

Benjamin du Plan avait donc trouvé en Roger un digne remplaçant d'Antoine Court et un éloquent défenseur de sa cause. Corteiz et ses acolytes perdirent de nouveaux leur procès et le député des Synodes fut maintenu dans sa charge.

Voici les nouvelles instructions que le Synode donna au député général des Églises du Languedoc, des Cévennes, du Vivarais et du Dauphiné :

« 1° Que ledit Monsieur, nommé député-général, aura soin d'observer religieusement de ne rien faire, dire, écrire, ni favoriser contre les puissances souveraines et en particulier contre notre Roi et son légitime gouvernement, ni qui puisse en aucune manière exciter des troubles aux Églises, ni dans et entre les États : se contentant seulement de représenter ou faire représenter respectueusement et toujours d'une manière humble et soumise, la justice et l'équité qu'il y aurait de nous accorder, faire accorder ou procurer à l'amiable le libre exercice de notre communion selon la Parole de Dieu et le mouvement de nos consciences. Pour cet effet, ledit Monsieur, nommé député, ne pourra s'adresser qu'à notre souverain et à des puissances amies et alliées avec la couronne de France; que s'il agissait, parlait, écrivait ou favorisait au contraire, il serait d'abord censé déchu et dégradé de sa charge, agissant, parlant, écrivant ou favorisant en cela contre l'intention et le

(1) *Jacques Roger,* par Daniel Benoit, p. 101 et suiv.

but de la députation et par là s'attirerait l'indignation de Dieu et la peine infligée par nos Églises et Synodes qui auraient le droit de le poursuivre par toutes voies ecclésiastiques;

« 2° Qu'entre les représentations qu'il fera de notre état aux puissances protestantes, il ne négligera pas de faire connaître à ces puissances amies et alliées de cet État, le pressant besoin que nous avons de leurs dons et de leurs présents pour entretenir le ministère, soit en faisant quelques fonds pour l'instruction de ceux qui voudraient se consacrer au ministère, soit pour entretenir ceux qui sont en charge, au moins jusqu'à ce qu'il ait plu à Dieu nous faire mettre les choses en meilleur état qu'elles ne sont;

« 3° Il soutiendra avec tout le zèle dont il sera capable, de vive voix et par écrit, les intérêts des Églises dont il est député;

« 4° Il défendra avec chaleur, dans les occasions, les saintes assemblées qui se convoquent sous la Croix pour le service divin, contre les injustes attaques de ceux qui en combattent l'utilité, la nécessité et l'importance;

« 5° Il s'abstiendra avec la plus exacte circonspection de tout commerce particulier ou public avec tous ceux que, dans les derniers temps, on appelait Inspirés ou Prophètes; non-seulement parce que la gloire de Dieu le demande, l'édification de l'Église, mais aussi la promesse qu'il en a faite lui-même dans une lettre qui sera conservée dans les documents de nos Églises;

« 6° Il n'entreprendra rien de tant soit peu important, soit dans les négociations, soit dans les voyages, soit dans les distributions des présents qu'il pourra obtenir en faveur ou en particulier des prédicateurs, ou en général pour les Églises ou pour lui-même, sans au préalable, en avoir consulté Messieurs, choisis par les assemblées Synodales, que par leur avis et leur consentement;·

« 7° Que nos Églises ne pouvant, pour le présent, fournir à son entretien, il se servira des secours qu'il pourra puiser de son propre bien, jusqu'à ce qu'il y aura d'autres moyens à lui fournir une pension convenable à son caractère qui sera réglée par ceux qui ont été établis pour cela ou par une assemblée Synodale;

« 8° Qu'il conformera et sa vie et sa conduite à la discipline établie pour cela dans nos Églises, qu'il sera soumis aux censures et qu'il promettra de ne s'écarter jamais de nos principes et de nos maximes;

« 9° Enfin qu'il rendra un compte exact de tout ce qu'on lui donnera ou fera pour le bien de nos Églises.

« Fait dans notre Synode national tenu en Dauphiné, ce onzième octobre mil sept cent vingt-sept.

> « ROGER, pasteur et modérateur; — DURAND, pasteur, député pour le Vivarais et modérateur-adjoint; — BOYER, prédicateur, député-général des Églises du Haut et Bas-Languedoc, Cévennes et Guyenne et secrétaire; — FAURIEL, prédicateur, député des Églises du Vivarais et secrétaire-adjoint (1). »

Dès que Benjamin du Plan eut reçu cette délibération, il s'empressa d'écrire au Synode pour lui faire des observations sur quelques articles particuliers qui le visaient personnellement et pour adresser en même temps à ses frères quelques avertissements salutaires :

« Aux pasteurs, prédicateurs et anciens des Églises réformées de France qui gémissent sous la croix (2).

> « Messieurs, mes très-chers et très-honorés frères en notre Seigneur Jésus-Christ.

« La grâce, la paix et l'amour de Dieu soient avec vous.

« Il y a quelque temps que je n'ai point adressé ma voix au

(1) Tiré mot à mot de l'original que nous avons au pouvoir de nos Églises, par moi, Vouland, pasteur des Églises du Dauphiné.

(2) N° 12, p. 195 (2 janvier 1728).

corps de nos Églises, pour rendre compte de ma conduite et leur donner des marques de mon amour. J'attendais pour cela d'être de retour d'un voyage que j'ai fait en leur faveur ; à présent que je me trouve en repos, il est juste que je satisfasse autant qu'il me sera possible ceux qui m'ont honoré de la charge de leur député. — Je ne sais par quelle espèce de fatalité un esprit de jalousie, de méfiance et de division s'est glissé parmi nous. J'ai en vain envoyé des attestations de la pureté de ma foi et bonne conduite à l'égard du culte religieux sur lequel on m'avait attaqué ; le témoignage de quelques particuliers, peu instruits des faits, a prévalu sur celui d'un nombre considérable de pasteurs sages, pieux, désintéressés, sous les yeux desquels je vis et avec lesquels je suis en commerce. Il est vrai que j'ai eu quelques sentiments particuliers ; mais ceux-là même qui n'étaient pas de mon sentiment ont reconnu qu'ils n'étaient pas dangereux, attendu que je renvoie tout à l'examen de la raison et à l'épreuve de la Parole de Dieu. Toutes mes justifications à cet égard n'ont servi de rien, on a continué de me faire la guerre ; plusieurs ont même fait leurs efforts pour m'ôter ma commission sous divers prétextes, dont les principaux étaient qu'on attribuerait mes sentiments particuliers à tout le corps, ce qui le rendrait méprisable et suspect de fanatisme ; d'autres disaient que les Églises n'étaient pas en état d'entretenir un député ; d'autres enfin disaient qu'un député était inutile. J'ai tâché de lever tous ces obstacles contraires à ma députation et aux services que je souhaite de rendre à ma patrie ;

« Premièrement, en envoyant des attestations de ma foi et de ma conduite qu'on ne m'aurait pas accordés si mes sentiments étaient dangereux ;

« Secondement, en écrivant une lettre qui a été insérée dans les règlements de nos Églises, où je promets, pour le bien de la paix, de ne me trouver plus dans aucune assemblée d'Inspirés et même d'éviter tout commerce avec eux pendant le temps de ma députation autant que la charité le peut permettre ;

« Je promets aussi de ne demander aucun secours aux Églises, quelque bon service que je leur rende à présent ou à l'avenir, et je laisse à l'expérience à justifier si un député est inutile.

« Si jusques ici on n'a pas éprouvé autant que je l'aurais souhaité les fruits de mes soins, nous le devons attribuer à nos péchés communs, qui ont été cause que la plupart des secours qui vous étaient destinés sont tombés entre les mains de nos ennemis. Je pourrais dire encore que le défaut d'argent m'a empêché de faire des voyages de longs cours dans les pays où les richesses abondent. Peut-être j'aurais réussi, peut-être non, Dieu le sait, mais il est tout vraisemblable que si j'ai trouvé une pistole en Suisse, j'en aurais trouvé dix, vingt et trente en Allemagne, en Hollande et en Angleterre.

« Je finis ici ma justification sur ma conduite passée, pour répondre aux instructions que le Synode du Dauphiné où les députés du Languedoc ont assisté, a envoyé. J'ai trouvé quelques-uns des articles qui les composent obscurs et d'autres impraticables. C'est pourquoi je les ai remis à quelques personnes sages, pieuses qui s'intéressent charitablement au bien et à l'édification de nos Églises, afin qu'elles les éclaircissent et les rectifient, je leur promets et je vous promets, foi de chrétien, de m'y conformer exactement et fidèlement aussitôt qu'ils auront été dressés d'une manière conforme à la raison et à la justice, afin de prévenir tout soupçon qu'on pourrait avoir, que je veux faire mon profit particulier de la commission qui m'a été accordée. J'ai été attentif et je le serai encore mieux à l'avenir, de ne toucher aucun denier accordé, me contentant de solliciter la charité des autres et d'indiquer des personnes d'un caractère respectable et d'une probité reconnue qui recevront et employeront tout ce qui sera donné. Je rendrai compte à ces Messieurs de tous mes desseins et de toute ma conduite à l'égard de ma commission, et ces Messieurs ou moi, vous informerons de tout ce qui sera convenable que vous sachiez pour votre satisfaction.

« Si cela ne vous accommode pas, je crains que vous ne preniez un mauvais parti en voulant exiger des choses au-delà de la raison. Vous devez faire attention que vous vivez sous la croix, et que ne subsistant au milieu de vos ennemis que comme par une espèce de miracle, vous devez témoigner en toute chose un esprit d'humilité, de douceur et de charité qui seul peut vous attirer la faveur et protection divine. Si vous prenez un esprit de hauteur, d'empire et de contradiction, vous êtes perdus dans très-peu de temps. Dieu retirera sa protection de dessus vous, vous serez vraisemblablement engloutis dans moins d'un an par de violentes persécutions que la Providence a suspendues par des affaires importantes qui ont occupé la cour de France jusqu'ici, et une guerre qui menaçait toute l'Europe. La paix est à la veille d'être conclue et M. le cardinal de Fleury, dévoué à la cour de Rome et intime ami des jésuites, se prépare vraisemblablement à éteindre entièrement la religion protestante en France, après avoir poussé à bout les jansénistes qu'on ne ménage point quoique beaucoup plus puissants et accrédités que nos réformés du royaume. Il n'est pas nécessaire d'être prophète ou inspiré, pour vous annoncer ces choses ; l'expérience du passé et l'état présent du gouvernement, le fait craindre à tous ceux qui ont des yeux. Si vous ne me voulez pas croire, parlez à des personnes sages, qui entendent les affaires et vous verrez ce qu'elles vous diront. Je souhaiterais de toute mon âme n'avoir que de bonnes choses à vous annoncer. Mais si les uns et les autres ne devenons pas meilleurs que nous avons été, si nous ne faisons pas plus d'attention à observer les commandements de Dieu et si la charité ne nous anime pas davantage, c'est en vain que nous nous flattons. Il me semble que les jugements de Dieu vont fondre sur nous de toutes parts. Au nom de Dieu, mes très-chers et très-honorés frères, humilions-nous tous ensemble ; unis d'esprit quoique séparés de corps, fléchissons la colère de Dieu, demandons-lui notre conversion, celle de nos ennemis afin que nous jouissions tous de la précieuse liberté de servir Dieu selon sa Parole. Dieu est prêt de faire éclater sa justice ou sa miséricorde, selon le bon ou le mauvais usage que nous ferons de son support et de ses faveurs ; n'abusons plus des bontés de Dieu, convertissons-nous à lui de tout notre cœur ; alors, loin de retirer sa protection de dessus nous, il redoublera sa grâce en notre faveur ; il ouvrira les yeux de nos ennemis ; il leur fera connaître leurs erreurs et leurs injustices et, au lieu de nous persécuter, ils nous exciteront eux-mêmes à servir Dieu en esprit et en vérité. On n'entendra plus crier : ôte, ôte, crucifie ! Mais les hosannas retentiront de toutes parts ; béni soit celui qui vient au nom du Seigneur ! Gloire soit à Dieu aux lieux très-hauts et paix aux hommes de bonne volonté !

« Cette nouvelle année dans laquelle nous venons d'entrer me donne occasion, Messieurs et très-chers frères, de renouveler mes vœux les plus ardents et les plus sincères en votre faveur. Dieu veuille, par sa grâce, vous donner les marques les plus sensibles et les plus éclatantes de sa protection. Dieu veuille vous accorder la précieuse bonté de le servir dans la sainteté et la justice sans crainte de vos ennemis. Dieu veuille enfin vous accorder dans le ciel, la félicité éternelle après vous avoir comblés, pendant longtemps en ce monde, des prospérités spirituelles et temporelles.

« Je me recommande à votre amitié et à vos prières et je vous prie d'être assurés que personne n'est avec plus d'estime et d'affection. Messieurs, mes très-chers et bien-aimés frères, en notre Seigneur Jésus-Christ, votre très-humble et très-obéissant serviteur.

« Caila DU PLAN.

« A Genève, le 2 de janvier 1728.

« Je prie Messieurs les pasteurs de lire cette lettre en Synode et que tous les chefs en soient informés. »

Conformément au désir de du Plan, cette belle lettre

fut lue dans le Synode provincial du dernier avril 1728, qui lui envoya, en réponse, l'attestation suivante :

« Nous, pasteurs et amis, députés des Églises réformées du Dauphiné, assemblées en Synode provincial, attestons par ces présentes que M. Benjamin du Plan, gentilhomme du lieu et ville d'Alais dans le Languedoc, après avoir été nommé par des Synodes provinciaux du Languedoc et du Vivarais, a aussi été reconnu et nommé par les pasteurs et anciens, députés de nos Églises, assemblés en Synode national avec les députés des Synodes du Languedoc, des Cévennes et du Vivarais, le 19ᵉ août de l'année 1725, et approuvé par le national tenu dans le Vivarais, le 29ᵉ août et par le national des Cévennes, du 13ᵉ septembre même année, qui sont les trois nationaux de l'année 1725, par lesquels toutes les Églises de ce royaume soumises à nos règlements, ont traité union. La nomination de M. du Plan se trouve en l'article 24 et que du depuis, ledit M. du Plan a été confirmé par tous nos Synodes provinciaux et nationaux dans la charge de député-général des Églises réformées du Languedoc, des Cévennes, du Vivarais et du Dauphiné, auprès des puissances protestantes qui sont amies et alliées de notre souverain monarque, pour prier et solliciter ces augustes puissances d'avoir la bonté de représenter à notre bon et gracieux Roi, la justice qu'il y aurait de nous accorder le libre exercice de notre sainte religion, afin que nous puissions servir Dieu selon les lumières de son Évangile et les mouvements de notre conscience, et pour implorer leurs libéralités et bénéficence, afin que le saint ministère puisse être entretenu au milieu de nous; que les pasteurs qui nous servent actuellement aient de quoi subsister et que l'on puisse faire étudier ceux d'entre nos jeunes gens qui auraient le courage de se destiner au service de nos Églises persécutées, conformément aux instructions que notre dernier national du 11ᵉ octobre 1727, art. 7, a envoyé à M. du Plan et dans les mêmes formes qu'il les a acceptées et signées, nous déclarons et certifions que

depuis la première nomination dudit M. du Plan dans la
charge de député-général, nous avons aperçu avec joie et
actions de grâces que Dieu a répandu sa bénédiction d'une
manière merveilleuse sur toutes nos Églises renaissantes et par
égard aux causes secondes, regardant les bienfaits du ciel
comme un fruit des secours efficaces des prières et des livres
que M. du Plan a déjà obtenus pour nous, des amis pieux et
vénérables qu'il nous a faits et des soins continuels qu'il prend ;
dans les sentiments du respect le plus profond, nous prenons
la liberté de prier et supplier très-humblement les Cours souveraines auxquelles M. du Plan s'adressera en notre nom et
pour le bien de nos Églises, et leurs Sénats ecclésiastiques,
d'avoir la bonté de le regarder et lui donner accès en cette
qualité de député-général de toutes nos Églises, nous ayant
donné toutes les marques et les preuves les plus convaincantes
qu'il remplit les devoirs de son emploi avec un attachement
véritablement chrétien ; d'ajouter foi à tout ce qu'il dira de
notre part et de croire que si M. du Plan peut continuer les
fonctions de sa charge de député avec la même faveur de Dieu,
avec la même bienveillance des personnes sacrées auprès desquelles nos Églises l'ont député, nous avons cette espérance
pleine de consolation de voir refleurir les Églises réformées de
ce royaume, qu'on regardait avant la persécution comme une
merveille de la Providence, et en priant Dieu continuellement
pour l'heureux maintien et salutaire conservation des puissances protestantes et pour la tranquillité de leurs peuples, de
même que pour notre Roi et pour tout son royaume, en priant
aussi pour le repos et propagation de toutes les Églises qui,
par la grâce de Dieu, jouissent de la liberté et pour la délivrance de celles qui sont dans l'oppression, pour la conservation de la personne de notre très-digne et zélé député, afin
que Dieu le couvre de sa protection dans tous ses voyages et
qu'il bénisse ses soins ; nous avons unanimement jugé à propos
dans notre présent Synode, d'envoyer à M. du Plan les présentes attestations après qu'elles ont été signées par nos pas-

teurs et scellées du sceau de nos Églises pour autoriser sa commission et lui servir de lettre de créance partout où besoin sera.

« Fait en notre assemblée Synodale, ce dernier avril mil sept cent vingt-huit.

« Jacques ROGER, pasteur et modérateur ; — Jean VIL-LEVAIRE, pasteur ; — Paul FAURE, pasteur ; — Jacques BADON, pasteur et secrétaire (1). »

Tandis qu'en France s'engageaient ces vifs débats sur la personne de du Plan, celui-ci continuait son œuvre de dévouement en faveur des Églises. Accompagné du jeune étudiant Bétrine, il parcourait les principales villes de la Suisse.

Dans la seule année de 1728, le député des Synodes recueillait 1900 livres à Berne, 776 à Schaffouse, 880 à Zurich et 500 à Bâle. L'année suivante, il envoya en France 200 livres qui devaient servir à payer le traitement des pasteurs (2).

A Berne, il obtint de L.L. E.E., une pension à vie pour un réfugié, nommé Martel, victime des persécutions. Dans cette même Église, quelques amis lui offrirent d'entretenir à leurs frais deux proposants de plus dans l'école de Lausanne, n'exigeant qu'une seule chose, en retour, mais l'exigeant d'une manière péremptoire, le secret. L.L. E.E. de Berne n'eussent jamais souffert qu'ouvertement, publiquement, au vu et au su de la France, un séminaire se fondât où viendraient étudier de jeunes hommes auxquels l'accès d'un pays allié était interdit et qui n'en pouvaient franchir la frontière sans s'exposer aux rigueurs des édits.

(1) Copié de l'original.
(2) N° 12, p. 243 (1729).

Le nombre des étudiants s'éleva dès lors à trois, ce nombre s'accrut progressivement d'année en année, et, en 1730, nous trouvons six proposants du Dauphiné, du Languedoc ou des Cévennes : Roux, Jacques Boyer, Foriel, Jean Combes, Paul Faure, Barthélemy Claris, Maroger.

Benjamin du Plan portait le plus vif intérêt à ce séminaire naissant. Il aimait à aller à Lausanne visiter ces jeunes gens pour stimuler leur foi et parler avec eux de la patrie absente ; il s'intéressait particulièrement à leurs études et déplorait qu'il ne leur fut pas possible de les prolonger au-delà d'une année :

« Bétrine, écrit-il à Court, fait des progrès dans les sciences ; tout le monde trouve que ce serait faire tort aux Églises aussi bien qu'à lui de ne lui prolonger pas le temps de son congé de quelques mois (1).

« Il faut, écrivait-il encore, qu'il prolonge son temps, si l'on veut qu'il soit digne de recevoir l'imposition des mains. D'ailleurs, plusieurs de nos amis et des plus prudents seraient d'avis qu'on le reçût dans ce pays, afin de fermer la bouche à nos calomniateurs et pour lever aussi le scrupule de certains esprits faibles et ignorants que nous devons ménager. Vous savez qu'on fait passer nos prédicateurs pour des ignorants, des batteurs de pavé, sans aveu, sans vocation. C'est pourquoi, il est expédient qu'il y en ait parmi nous qui aient reçu leur ordination par des Églises étrangères (2). »

Dès que le séminaire devint important et que les sommes recueillies par le député des Églises furent un peu considérables, il se forma à Genève un Comité,

(1) N° 12, p. 135 (15 août 1726).
(2) N° 1, t. IV, p. 80 (1726).

composé des bienfaiteurs de l'œuvre; la mission de ce
Comité fut non-seulement de recevoir et de répartir
les sommes collectées, mais encore de surveiller à
Lausanne les études des jeunes gens qui s'y trouvaient. Du Plan nous apprend lui-même la création
de ce Comité, dans une lettre en date du 19 mai 1729 :

« Il y a des personnes hors de tout soupçon d'imprudence
et d'infidélité, que nos bienfaiteurs ont choisies et que leur
charité seule a engagé à accepter cet emploi de recevoir et de
distribuer les deniers accordés (1). »

Antoine Court et Corteiz auraient voulu que le
député leur rendît compte de sa mission et qu'il leur
fît connaître exactement l'origine, l'étendue et l'emploi
de ses collectes. Du Plan s'y refusa péremptoirement.

« Je ne me suis réservé que les soins de demander et non
ceux de recevoir, d'employer et d'en rendre compte. Tout ce
que je puis vous dire là-dessus, c'est que nos revenus sont
petits et qu'à mesure qu'on reçoit on distribue, soit pour
l'entretien des proposants, soit pour le secours des galériens,
des prisonnières, des misérables, soit pour l'achat de la mar-
chandise que vous recevez de temps en temps. Quant à l'origine de nos ressources, il n'est ni juste, ni possible, ni convenable que je vous nomme nos bienfaiteurs, ni que je rende
compte de ce qui est donné. Comme c'est ici une affaire de
charité, on doit être satisfait que les choses soient bien admi-
nistrées d'où elles viennent et à quoi elles montent. Si je tenais
les livres ou reçusse l'argent, je serais obligé d'en rendre compte
à ceux qui m'ont choisi et à nos bienfaiteurs, s'ils le souhaitaient; mais, grâce au Seigneur, je suis hors de cet embarras;

(1) N° 12, p. 261 (19 mai 1729).

toutefois en qualité d'ami, je vous informerai de tout ce que je pourrai (1). »

Deux étudiants du séminaire de Lausanne, Roux et Boyer, ayant voulu se faire consacrer à Zurich avant de retourner en France, Antoine Court et Corteiz s'y opposèrent au nom de la discipline. Ceux-ci furent surtout irrités lorsqu'ils apprirent que Benjamin du Plan n'avait pas découragé ces jeunes gens dans leur dessein ; de là une correspondance des plus vives dans laquelle Corteiz apporta toute sa passion et ses rancunes. Ils se rendirent toutefois aux observations judicieuses du député qui, pour justifier la démarche de ces jeunes gens, n'avait eu qu'à rappeler à Corteiz qu'il n'avait pas agi autrement (2).

« Je viens, leur écrit-il, au second article qui regarde l'installation de MM. Roux et Boyer. C'est là-dessus surtout que vous déployez tous deux votre éloquence pour m'attaquer et blâmer ma conduite.

« Si vous n'étiez pas mes amis, je me fâcherais un peu de votre style vif et piquant, mais connaissant votre bon cœur et votre amitié pour moi, je dois me contenter de vous dire mes raisons sans employer aucun terme qui vous puisse choquer en aucune manière. En premier lieu, je n'ai point vu, dans notre discipline, qu'il y eût aucun article contre ceux qui voudraient se faire installer dans le pays étranger et aucun Synode ne m'en a pas donné avis. Tout ce que je sais est que la plupart des Églises du Bas Languedoc et des Cévennes ont sollicité instamment le retour de M. Roux, à quoi j'ai joint mes sollicitations par écrit et de vive voix, quoique ceux qui dirigeaient ses études trouvassent à propos qu'on prolongeât

(1) Idem.
(2) Voir sur cette affaire, Edmond Hugues, t. II, p. 49.

son congé pour ne pas rendre son voyage presque infructueux.
A l'égard de son installation, je n'ignore pas que plusieurs,
parmi vous, souhaitaient que la chose se fît dans le pays que
vous servez; mais plusieurs autres trouvaient à propos qu'elle
se fît ici. On ne vous conteste pas le droit de donner l'imposition à nos Pasteurs; vous l'avez fait, on l'a approuvé; la
chose, outre cela, a son utilité, on en convient; mais il faut
que vous conveniez aussi que la réception de quelques-uns de
nos proposants chez nos frères étrangers a son utilité. Cela
fait voir l'union et la correspondance qu'il y a entre nos
Églises et nos Pasteurs et les Églises et les Pasteurs de notre
communion; cela édifie, console, réjouit quantité de bonnes
âmes, soit qu'elles soient déjà instruites de notre état, soit
qu'elles ne le soient pas encore. Cela ferme la bouche en quelque manière aux contredisants qui se disent de notre religion et
qui, pour justifier leur lâcheté ou leur mauvaise conduite
traitent avec un très-grand mépris nos assemblées et ceux qui
prêchent dans le désert, disant que ce sont des ignorants, sans
vocation et sans l'aveu des personnes intelligentes et caracté-
risées.

« Je ne veux pas faire sonner trop haut que les accadémies
ou les Pasteurs qui ont instruit nos proposants sont, pour le
moins, aussi capables d'examiner la capacité et le mérite de
nos proposants que nos frères, et que c'est l'ordinaire de se
faire recevoir dans le lieu où on a étudié. Je ne veux pas
parler au long non plus de l'affection plus intime que les
académies et les pasteurs conçoivent pour les personnes qu'ils
ont instruites et reçues, et du bien qu'il en peut résulter dans
la suite, non-seulement à l'égard de ces membres, mais encore
à l'égard du corps dont ils sont membres. Je veux me hâter
de justifier ma conduite sur la réception de MM. R. et B. Vous
m'accusez d'avoir accompagné et autorisé ce qu'ils ont fait. Je
crois que j'aurais pu le faire sans agir contre ma commission,
tandis que j'ignorais qu'il y eût un article de discipline là-
dessus et que je n'avais point d'ordre d'aucun Synode de m'y

opposer, connaissant seulement qu'il y avait plusieurs particuliers, parmi lesquels j'avais de mes bons amis, qui souhaitaient beaucoup que cette réception se fît dans nos Églises,
j'ai fait tout ce que j'ai pu pour engager MM. Roux et Boyer
à ne se faire point recevoir ici. Je croyais même de les avoir
gagnés, lorsque tout-à-coup ils déclarèrent qu'ils voulaient
absolument partir pour Zurich. Je n'avais aucun droit ni pouvoir de m'y opposer, mais prévoyant que cela pourrait causer
des disputes et des troubles, je voulus rester neutre pour être
médiateur en cas de besoin; je fis le vovage de Berne avec
eux, parce que j'y avais affaire pour le bien de nos Églises;
mais je me gardai bien d'aller jusqu'à Zurich afin d'agir
ensuite selon que la prudence et la charité le dicteraient. Il ne
faut pas oublier que, par un excès de précaution, je me fis
faire une déclaration à MM. Roux et Boyer, que ce n'était
point par mes avis ni conseils qu'ils avaient pris le parti de se
faire recevoir ici. Messieurs de Zurich ayant jugé à propos de les
recevoir, je jugeai à propos de les joindre à leur retour, dans
dans un certain lieu à côté de Berne, pour les féliciter, leur
faire part de mes avis touchant leur conduite à votre égard et
leur souhaiter la bénédiction du Seigneur. Pouvais-je moins
faire à l'égard de personnes que je connais depuis longtemps,
qui se confient en moi, et qui se vont dévouer au service des
Églises que je sers moi-même et pour lesquelles je suis prêt,
avec la grâce de Dieu, de sacrifier tout ce que j'ai de plus
cher au monde? Prenez garde, mes chers amis, prenez garde
que, sous prétexte de faire valoir une discipline qui ne nous a
pas été connue et qui, outre cela, doit être utile et avoir des
fondements justes et raisonnables pour être reçue de tous les
corps, vous ne troubliez la paix et ne rompiez l'union qui est
absolument nécessaire pour notre subsistance. C'est manquer
de jugement, c'est petitesse d'esprit lorsque, pour des minuties
ou des choses indifférentes, on crie, on s'échauffe, on se met
en colère, comme s'il s'agissait de quelque chose d'important
ou d'essentiel. Les dogmes et la morale de notre religion ne

doivent jamais varier. Il n'en est pas de même de la discipline. Comme ce sont des choses purement humaines, nos règles peuvent être fautives; alors il faut les corriger; elles peuvent aussi être bonnes dans un temps et mauvaises dans d'autres; alors il faut les changer en s'accommodant au temps, aux lieux et aux personnes. Nous sommes sous la croix, nous n'avons, à proprement parler, que les lois de l'Évangile que nous soyons en droit de nous représenter les uns aux autres; tout le reste est arbitraire, nous pouvons nous y soumettre si nous voulons et le rejeter de même sans encourir les jugements divins ni humains (je parle dans nos Églises). Si MM. Roux et Boyer n'ont pas connu ou consenti au règlement contre leur réception dans ce pays, ils peuvent se dispenser d'obéir aux ordres et aux censures, et porter le fruit de leur ministère ailleurs. Je crains même que si on les pousse, ils ne forment des partis et ne causent plus de troubles que Vesson et Mazelet n'ont jamais fait; alors ils ne seraient pas les seuls coupables. Ceux qui les auraient poussés auraient beaucoup à se reprocher. Je souhaiterais de toute mon âme, prévoyant les funestes effets de la discorde, je souhaiterais, si on le juge à propos, que ces Messieurs voulussent subir quelque censure s'ils l'ont méritée; mais qu'on prenne bien garde de n'employer de remède pire que le mal. Il faut savoir 1° s'il y a du mal; 2° si le mal mérite de forte médecine; 3° il faut connaître les dispositions du malade de peur qu'en le violentant ou le prenant mal à propos, il ne jette la médecine au nez de ceux qui lui voudraient faire prendre. Vous connaissez le caractère de ces Messieurs, si vous êtes plus doux, plus sages, plus charitables, vous devez le faire voir par votre conduite. On croit que vous êtes les plus intéressés dans cette affaire ici, parce que l'un a été reçu au pays et l'autre y sera apparemment reçu bientôt, et que quelques personnes ignorantes ou malintentionnées pourraient dire ou croire que votre vocation n'est pas aussi valide que la leur; mais vous pouvez et vous devez vous mettre facilement au-dessus de tout cela. La meilleure de toutes les vocations étant l'onction divine, l'approbation des troupeaux que vous servez et le fruit de votre ministère, sans cela, tout le reste n'est rien ou très-peu de chose.

« Je ne vous cacherai pas encore qu'on craint ici qu'il se veuille glisser dans ceux qui dirigent les affaires de nos Églises, un petit esprit d'orgueil et de domination ; le cœur est trompeur et désespérément malin ; défions-nous de notre amour-propre ; les passions les plus injustes et les plus fortes se cachent ordinairement sous de beaux prétextes, et il arrive ordinairement que ceux qui ont les plus beaux talents et font de plus belles actions sont en danger de tomber plus facilement dans l'orgueil. Les apôtres n'étaient pas exempts de la vaine ambition et Dieu jugea à propos de donner une écharde à saint Paul pour le préserver contre l'orgueil. Vous ne manquez pas d'échardes, si vous y faites attention, et vous vous devez regarder à tous moments, s'il faut ainsi dire, comme des victimes prêtes à être immolées par les ministres de la superstition au Seigneur de gloire ; si la victime n'était arrosée du sang de l'Agneau sans tâche et animée de son esprit, elle ne saurait être agréable au Dieu de charité. Je vous parle comme à des frères et à des amis avec confiance et ouverture de cœur, et je suis persuadé que, si vous donnez tous les soins pour pacifier les choses, vous réussirez puisque je ne connais guère de personnes qui puissent ou qui veuillent faire beaucoup de peine à MM. Roux et Boyer. Si vous prenez leur parti autant que la raison et l'amour de la paix le demandent, Dieu approuvera votre conduite et vos amis d'ici, qui apprendront votre union, ne seront pas scandalisés et refroidis à votre égard ; au contraire, ils augmenteront leur estime, leur affection et leurs bienfaits (1). »

Les observations de du Plan, appuyées par les professeurs Turretin et Maurice, de Genève, Vial de Beau-

(1) N° 12, p. 247 (Berne, 19 mai 1729).

mont, ancien pasteur de Grenoble, apaisèrent ce conflit : Court et Corteiz consentirent à donner la main d'association à leurs jeunes frères; ils voulurent seulement obtenir l'approbation de leurs collègues du Dauphiné et du Vivarais, Roger et Durand : Roger, qui avait été un des opposants les plus décidés, ne persista pas dans son opposition et un colloque accorda l'approbation demandée.

## CHAPITRE XVI

### Persécution du Cardinal Fleury. — Court quitte la France malgré du Plan

#### 1726-1729

La Déclaration de 1724, quelque cruelle qu'elle fût contre les protestants, n'avait pas sensiblement aggravé la situation de l'Église réformée. Il semblait que la Cour, occupée par les questions politiques et le mariage de Louis XV, se fût détournée de la question religieuse.

Mais en 1726, tout changea. L'évêque de Fréjus, devenu le cardinal de Fleury, n'avait désigné au roi le duc de Bourbon, que pour pouvoir, au moment favorable, prendre sa place. L'occasion s'étant présentée, le duc fut remercié de ses services et la persécution recommença.

Du Plan, qui, par ses relations en Suisse, était informé de ce qui se tramait à Paris, avait prévenu plusieurs fois Antoine Court de ces évènements; mais on ne voulait pas le croire, on le traitait de visionnaire. Malheureusement, du Plan ne se trompait pas. A peine Fleury fut-il au pouvoir, qu'il fut accablé de demandes, de mémoires, de prières de la part du clergé contre le protestantisme. Bientôt après, parut un nouvel édit de Louis XV, ordonnant de sévir contre toute personne qui aurait assisté ou qui aurait même été « soupçonnée » d'avoir assisté aux assemblées. Les hommes devaient être envoyés aux galères, les femmes enfermées à perpétuité dans les prisons habituelles (1).

La première victime de Fleury fut un jeune pasteur du Désert, Alexandre Roussel. Il était né vers 1701, à Uzès, d'une famille honorable; bercé au bruit de la fusillade, il avait grandi au milieu des périls de la terrible guerre des Camisards ; sa pieuse mère l'avait élevé dans la crainte de Dieu et le jeune homme s'était senti appelé de bonne heure au pastorat : la vue des nombreuses potences de Bâville ne l'effraya pas. Il avait 25 ans, lorsque Antoine Court, touché de sa piété, lui imposa les mains. Pendant deux ans, le jeune ministre parcourut les Cévennes dans tous les sens. Le 10 octobre 1728, un traître ayant désigné sa retraite, il fut arrêté à la côte d'Aulas et enfermé dans la citadelle de Montpellier. La mère de Roussel, en apprenant l'arrestation de son fils, courut se jeter aux pieds du duc d'Uzès dont elle avait été la nourrice. Le duc essaya de sauver le jeune homme et lui conseilla de faire le fou. « Monseigneur, lui répondit Roussel, je vous suis très-obligé de vos bonnes intentions en ma faveur, mais permettez-moi de dire à Votre Grandeur que je

(1) Nº 7, t. III, p. 61 (11 septembre 1726).

n'ai jamais été de meilleur sens que je suis présentement, et que ma conscience ne me permet pas de contrefaire le fol. » Il fut condamné à être pendu et l'exécution suivit de près le jugement. A l'heure suprême, le jeune martyr marcha au supplice avec calme et sérénité. Il parut sur la place du Pérou la corde au cou, la tête et les pieds nus, chantant le psaume LI. Lorsqu'il fut arrivé au pied de la potence, il se mit à genoux, et fit une prière ; après quoi, il gravit l'échelle avec beaucoup de courage et de fermeté, et mourut comme Étienne dans un ravissement, en voyant les cieux ouverts. Antoine Court alla consoler la mère du martyr ; cette femme, qui avait versé tant de larmes, lui répondit : « Si mon fils eût montré quelque faiblesse, je ne m'en fusse jamais consolée ; mais puisqu'il est mort constant et ferme dans la foi, toute ma douleur se change en actions de grâces pour bénir à jamais mon Dieu, qui m'a si puissamment consolée (1). »

Cette nouvelle émut profondément Benjamin du Plan et il éprouva le besoin d'écrire à ses frères pour les engager à la persévérance, car de plus grands malheurs les menaçaient :

« J'espère, mon cher ami, écrit-il à Court, que la mort édifiante de notre cher frère M. Roussel, au lieu d'avoir intimidé nos autres frères qui prêchent sous la croix, n'aura fait qu'enflammer leur zèle soit pour implorer le secours de Dieu, soit pour exhorter vivement leurs auditeurs à remplir leurs devoirs, puisque ce n'est que par le secours de Dieu et une conduite chrétienne que nous pouvons subsister et triompher de la fureur de nos ennemis. Nous voyons par une triste expérience

_______________

(1) Manuscrit de Court, N° 39.

que la grande Babylone n'est pas encore rassasiée de notre sang et nous ne devons pas douter que la cour, gouvernée par un cardinal dévoué aux Jésuites et à la Cour de Rome, ne médite des projets pour éteindre le nom de Réformé en France. Ainsi, mon cher ami, comme un des principaux chefs que Dieu a suscité par sa miséricorde infinie pour établir son pur Évangile en France, vous devez en quelque manière ranimer tous les autres, faire une revue exacte de tous les troupeaux et préparer vos collègues et les anciens et toutes les Églises à soutenir courageusement tous les assauts que Satan, le monde et les suppôts de l'antéchrist sont prêts à nous livrer. Vous sentez vous-même que ce n'est que par un miracle de la Providence et de la miséricorde divine que le chandelier de la Parole divine s'est rallumé dans nos provinces et que vous-même avez été conservé plusieurs fois de la main de vos ennemis. Il faut que Dieu continue ce miracle pour notre conservation; à moins de cela nous ne pourrions pas subsister vu notre faiblesse, la puissance et la rage de nos ennemis qui ne perdent point de vue notre perte. Je vous l'ai écrit et à nos Églises aussi plus d'une fois et peut-être on n'y a pas fait toute l'attention nécessaire parce que plusieurs croient que ce que j'en dis est fondé sur les prétendues inspirations de quelque femme. Il n'est nullement nécessaire d'inspirations extraordinaires pour prévoir le danger éminent qui nous menace; il ne faut qu'avoir des yeux et les ouvrir pour voir que nous sommes comme quelques troupeaux d'agneaux environnés d'une infinité de loups, et qu'à moins que le berger qui a mis sa vie pour ses brebis ne retienne ces loups, nous allons être déchirés et engloutis dans très-peu de temps. Cette espèce de calme dont nous avons joui pendant quelque temps ne nous doit pas endormir; nous devons nous rappeler ce qui est arrivé à nos pères. Ils se flattaient toujours que l'orage ne viendrait pas si fort, qu'il se calmerait. Ils s'endormirent en quelque manière sous les espérances, lorsque les orages fondirent de toutes parts avec tant de force que la plupart suc-

combèrent à la persécution et abjurèrent lâchement et honteuse-
ment notre sainte religion. Je ne sais ce qui arriverait de
notre temps si nos ennemis employaient les mêmes moyens
pour nous faire abandonner la profession de la vérité. Il n'y a
qu'une sainteté de vie, une pureté de mœurs, un zèle ardent
pour la gloire de Dieu et une charité cordiale pour le prochain qui doivent nous faire espérer que nous ne verrons pas
une grande multitude d'apostasies. Au nom de Dieu, mon cher
ami, mon cher frère, mon cher compagnon de service, n'attendons pas que les Philistins soient sur nous ; ne nous endormons
pas dans le sein de la volupté qui, comme une traîtresse
Dalila, nous priverait de l'onction divine qui seule nous peut
faire triompher de nos ennemis ; éveillons-nous, éveillons-nous ;
prenons toutes les armes spirituelles pour combattre généreusement ; l'heure de la bataille semble s'approcher ; la paix de
l'Europe a été funeste à nos pères lorsque nos ennemis ont
médité leur perte ; la prise de quantité de papiers sur
M. Roussel et en Dauphiné aussi, selon que M. Roger m'a
marqué, découvrent toutes nos affaires, et le ministère d'un
cardinal qui a fait publier un arrêt des plus foudroyants pouvait nous perdre si la Providence n'en avait suspendu les
effets pour nous donner le temps de nous repentir et de faire
notre paix avec Dieu, de qui seul nous tenons notre subsistance et par qui seul, nous et nos Églises, pouvons subsister au
milieu de tant de dangers qui nous menacent de toutes parts.
Je vous le dis avec regret et avec douleur, à la retenue de
quelques petits secours des particuliers qui ont une véritable
piété, nous ne devons pas nous appuyer sur les Puissances
protestantes ; ce sont des roseaux cassés qui nous perceraient
la main à moins que Dieu ne les anime d'un nouveau zèle. Les
princes protestants sont presque tous froids, livrés à leurs
passions ou occupés de leurs seuls intérêts temporels. Ainsi,
ils ont plus besoin qu'on implore le secours de Dieu pour
eux qu'ils ne sont en état de nous en donner ; tournons donc
toutes nos espérances du côté du ciel ; fléchissons la colère de

Dieu par notre repentance et nos humiliations. Si nous imitons Moïse sur la montagne, lorsque Josué combattait dans la plaine, si nous luttons comme Jacob avec l'Ange et que nous ne quittions pas le Seigneur jusqu'à ce qu'il nous ait béni, il est certain que Dieu viendra à notre secours; il nous fortifiera extraordinairement, et si la persécution continue ou augmente, nous nous estimerons heureux de souffrir pour le nom de Jésus, notre divin Maître. Peut-être aussi que Dieu convertira nos ennemis et qu'il donnera gloire à la vérité qui se soutient par elle-même; peut-être aussi que si nos ennemis endurcissent leur cœur comme Pharaon, Dieu versera ses plus terribles plaies sur toute l'Égypte qui tient dans son pays le nouveau Israël esclave; faisons seulement notre devoir et laissons à la Providence le soin de diriger les évènements.

« Comme cette année va s'écouler pour donner commencement à une nouvelle, j'ai voulu anticiper les vœux que tout le monde a coutume de se faire le premier de l'an : Dieu veuille la marquer par les plus éclatants effets de son amour à l'égard de son Église; Dieu veuille conserver et bénir tous ceux qu'il a choisis pour l'instruire, la consoler, l'assister et la protéger; Dieu veuille soutenir et animer par son bon esprit ceux qui souffrent pour son nom; Dieu veuille, mon très-cher ami, vous faire la grâce de fournir glorieusement votre course, et après que vous aurez longtemps, comme saint Paul, combattu le bon combat et gardé la foi, vous remportiez la couronne de justice que Jésus-Christ nous a acquise par son précieux sang. Je fais bien des vœux aussi pour votre chère Rachel et toute votre chère famille; faites-leur à tous une brassade et un baiser pour moi. Vous pouvez être assuré que je me ferai un plaisir et un devoir de vous témoigner dans toutes les occasions avec combien d'estime et d'affection cordiale je suis, Monsieur, mon cher ami, votre très-humble et très-obéissant serviteur (1).

« C. B. Du Plan. »

(1) N° 12, p. 229 (25 décembre 1728).

Depuis le supplice de Roussel, les prédicants et Court, en particulier, étaient traqués de près; celui-ci fut dénoncé par des espions, et dans la nuit du 1er mars 1729, on fit des perquisitions dans la maison où il était caché, mais sans parvenir à le trouver. Sa tête était mise au prix de dix mille livres et ce n'est que par des ruses et une vigilance incessante, qu'il parvint à se soustraire aux poursuites. Les protestants étaient inquiets; chacun comprenait la valeur et l'importance de cet homme qui avait relevé le protestantisme abattu. Quelques-uns lui conseillaient de quitter la France et d'attendre à l'étranger que l'orage fût passé. Il ne voulut pas abandonner son troupeau et resta. Ses ennemis seuls trouvèrent le défaut de sa cuirasse invulnérable, et ce jour-là, malgré les remontrances de ses meilleurs amis, malgré la voix de l'Église qui retentit haut et ferme, cet homme, qui avait mille fois bravé la mort, fléchit, abandonna dis-crètement son champ de travail, passa la frontière et quitta à jamais la France.

Quel fut donc le moyen infernal imaginé par les persécuteurs pour avoir raison de cette haute nature? L'un d'eux nous l'a révélé après coup. « Voulez-vous, écrivait-il à l'Intendant, ruiner en peu de temps le protestantisme? Chassez du royaume les ministres et les proposants de la secte. — Comment? — Enfermez dans un couvent les femmes de ceux qui sont mariés, dans une citadelle les pères de ceux qui ne le sont pas, et publiez bien haut que vous ne les rendrez à la liberté que lorsque fils et mari auront passé la fron-tière. L'expérience prouve l'efficacité de ce moyen. Le ministre Court serait encore en France, si sa femme n'avait pas été menacée du couvent, et le ministre

Maroger, si la sienne n'avait pas été internée au monastère de Lodève. Ayez le courage de cette mesure : le succès n'est point douteux. Plus de pasteurs, plus de baptêmes, ni de mariages au Désert (1). »

Antoine Court s'était marié en 1722, à son retour de Genève, avec une jeune fille d'Uzès qu'il avait connue probablement dans ses courses missionnaires et qu'il aimait avec tendresse. On la nommait Etiennette Pagès, mais lui et ses amis l'appelaient simplement Rachel. Elle avait quelque fortune, mais surtout une ferme piété. De ce mariage, Court avait eu deux filles. Du Plan était le parrain de la seconde, qu'il appelait sa *bénonisse*. Dès 1725, Court se préoccupait déjà de préparer, au besoin, à sa femme un refuge à l'étranger.

« Je suis surpris, écrivait-il à du Plan, que vous ne me parliez pas de ma Rachel. Cherchez vite le petit billet inclus dans ma précédente; lisez-le avec attention et mandez-moi incessamment votre sentiment au sujet de cette chère enfant; tous les moments sont précieux. Il n'y a pourtant rien de nouveau; elle jouit d'une parfaite tranquillité, grâce à tes miséricordes, ô mon Dieu, mais il faut penser aux suites. Si le billet était perdu, il faut se souvenir que c'est pour savoir comment on pourrait assurer quelque somme dans le pays étranger, à Genève, où la petite pourra aller un jour; mais en attendant, on y voudrait envoyer quelque argent (2). »

Du Plan lui répondait aussitôt :

« J'assure votre Rachel de mes respects et de mon amitié en la remerciant de son bon souvenir. Je vous prie qu'elle me

(1) Voir Bullet., t. VII, p. 39, la note d'un traître fournissant à l'Intendant des indications sur les ministres du Désert et leurs familles.

(2) N° 7, t. II, p. 311 (3 novembre 1725).

donne ou donnez-moi des nouvelles de ma filleule sans oublier pourtant sa chère petite sœur. Voyez à quoi je puis vous être utile dans ce pays; vous pouvez compter, s'il plaît à Dieu, que vous aurez toujours en moi un zélé et fidèle ami en tout ce qui dépendra de moi, et qu'il ne tiendra pas à moi que nous fassions revivre une amitié rare, savoir celle qui était entre David et Jonathan (1). »

Dans cette même lettre, du Plan, connaissant la tendresse d'Antoine Court pour sa femme, s'efforçait de le préparer à une séparation prochaine, en lui signalant les dangers qu'elle courait auprès de lui. Il savait la place qu'occupait Rachel dans son cœur et il craignait qu'elle ne devint pour lui une idole.

« Il n'y a point de communion, lui écrivait-il, entre Christ et le monde; il faut chasser le monde de nos âmes si nous voulons que Christ y habite par son Esprit. Rentrons dans nos âmes, cherchons, fouillons dans tous les replis de notre cœur pour voir s'il y a quelque idole cachée. Défions-nous de nos propres enfants, de nos propres pensées, de nos propres sentiments; notre Rachel, notre amour-propre cache souvent ses divinités sous des prétextes si plausibles que les Labans y sont trompés; disons souvent avec David : Sonde-moi, éprouve-moi, ô Éternel, et incline mon cœur à tes témoignages. Si nous examinons souvent nos cœurs, si nous persévérons à prier avec ardeur que Dieu nous accorde son Saint-Esprit, si nous faisons un bon usage des talents que nous avons déjà reçus, ne doutons pas que Dieu ne se communique de plus en plus à nos âmes; Dieu nous transformera à son image par la vertu efficace de son Esprit. Il achèvera de dissiper les ténèbres de notre entendement, il arrachera de nos cœurs toutes les racines du vice. Il nous embrasera du feu de son amour; nous connaîtrons Dieu tel qu'il est autant qu'il peut et veut être connu

(1) N° 12, p. 123 (5 juin 1726).

sur la terre. Et cette connaissance claire et distincte de la divinité, jointe à son amour pur et ardent, seront pour nous des gages et des arrhes assurés de la possession de l'éternité bienheureuse. O éternité, ô éternité bienheureuse, que tu as de charmes pour les âmes pures, constantes, fidèles. Tous les travaux, toutes les misères, toutes les croix ne sont pas capables de ravir la paix, la joie qui habitent chez un vrai chrétien; il n'y a pas de vrai chrétien qui ne puisse s'écrier avec saint Paul : Qui est-ce qui me séparera de l'amour de Christ ? Sera-ce l'affliction, ou la misère, ou la persécution, ou la famine, ou la nudité, ou le péril, ou l'épée ? Au contraire, en toutes ces choses je suis plus que vainqueur par celui qui m'a aimé, car je suis assuré que ni la mort, ni la vie, ni les anges, ni les principautés, ni les puissances, ni les choses présentes, ni les choses à venir, ni la hauteur, ni la profondeur, ni aucune créature ne me pourra séparer de l'amour de Dieu en Jésus-Christ. Tâchons donc, faisons tous nos efforts pour allumer de plus en plus l'amour de Dieu dans nos âmes ; abstenons-nous, privons-nous de tout ce qui pourrait l'éteindre ou ralentir, fuyons les lieux, séparons-nous des personnes qui peuvent être des obstacles aux communications de la grâce. Dieu est jaloux de sa gloire ; il demande notre cœur et il le veut posséder sans partage ; s'il permet, s'il veut que nous aimions quelque autre chose que lui, il veut que nous l'aimions infiniment moins que lui, pour l'amour de lui et selon les règles qu'il nous a données dans sa Parole. Lorsque quelque créature est un obstacle, il faut s'en séparer ; il faut se priver des douceurs que cette créature nous pourrait procurer quelque légitime et raisonnable que notre union nous parût dans d'autres circonstances que celles où nous nous trouvons.

« Je ne doute pas, mon cher ami, que mon discours, qui regarde en général tous les chrétiens, ne s'adresse à vous maintenant en particulier. Je vous avoue que je crains pour votre Rachel et pour ses enfants ; je serais d'avis, pour l'amour de vous et de ces chers objets de votre tendresse, de prendre de justes mesures pour les mettre dans un lieu de sûreté. On ne doit pas se flatter toujours d'un certain calme qui peut être interrompu par mille accidents. Il faut prévenir les orages, il faut s'éloigner des bancs de sable et des rochers autant qu'on peut. Je sais bien que pour éviter le naufrage, le plus sûr moyen c'est de se mettre sous la conduite du souverain pilote de la nacelle de l'Église; ce pilote nous a donné une raison, mais il faut faire usage de cette raison autant que les lumières se peuvent étendre et abandonner ensuite à la Providence tout ce qui ne dépend pas de nous; il faut prier toujours Dieu qu'il bénisse nos soins, qu'il préside sur nos conseils et suivre toujours les mouvements que la grâce nous inspire (1). »

Antoine Court suivit les conseils de son ami; au mois de mai 1729, il lui écrivait :

« Je vous apprends que ma Rachel a enfin mis à la voile; elle est partie hier pour votre ville; elle y arrivera, s'il plaît à Dieu, le dernier de ce mois. Je ne vous demande pas de donner vos soins pour lui procurer les agréments qui dépendront de vous, bien persuadé que vous ne lui en refuserez aucun. Je me contente de vous prier de vous souvenir que c'est ma Rachel et ma Rachel de laquelle je n'ai pu me séparer qu'en faisant céder une passion tendre à un devoir encore plus pressant à son cher repos. Adieu, mon cher ami, je vous recommande ma Rachel (2). »

Du Plan se hâta d'apprendre à Court l'heureuse arrivée de sa femme; mais il ne tarda pas à s'apercevoir que son ami avait le secret désir de venir la rejoindre. C'est pour le retenir en France auprès de son troupeau, décimé par la persécution, qu'il lui écrivit deux mois après l'arrivée de Rachel à Genève :

(1) N° 12, p. 123 (5 juin 1726).
(2) N° 7, t. III, p. 403 (25 mars 1729).

« Je parle franchement, à mon ami M. Court en particulier. Je ne blâme pas votre tendresse et vos soins pour votre Rachel, mais je crains que vous ne portiez la chose un peu à l'excès. Votre Rachel est aimée ici et vous devez être tranquille sur son compte ; on lui rendra tous les services qui dépendront de nous et on pensera, en cas de besoin, à des choses sur lesquelles vous n'avez peut-être pas compté. Il s'agit seulement que vous poursuiviez la glorieuse carrière que la Providence vous a ouverte et qu'après avoir commencé par l'esprit, vous ne veniez à quitter votre place à une autre pour vous attacher trop à la créature. Je ne vous conseille point de venir ici ou de rester au pays, la chose est trop délicate pour décider de ce qui convient le mieux. Je vous exhorterai seulement de consulter votre conscience, la loi évangélique, les besoins de nos Églises et la situation des affaires. Il faut éviter la témérité et la timidité ; il faut aussi examiner si c'est la gloire de Dieu ou l'amour des créatures qui sont le principe de notre conduite et de nos actions. L'amour que Marc Antoine avait pour Cléopâtre, lui fit perdre la bataille d'Actium et l'empire du monde. Vous avez des ennemis à combattre et un empire à gagner infiniment plus glorieux et plus solide que l'empire romain dans toute sa splendeur ; vous pouvez le perdre, si vous préférez la créature au Créateur. Souvenez-vous du sacrifice d'Abraham, souvenez-vous surtout du sacrifice de notre Seigneur Jésus-Christ et des paroles qu'il a prononcées à ses disciples : « Celui qui ne m'aime pas plus que père, mère, femme, enfant, n'est pas digne de moi. » Vous avez joui heureusement de la présence de votre Rachel pendant plusieurs années par une providence admirable qui doit vous être un sujet de bénir continuellement le Seigneur. Dieu a béni votre amour par une postérité qui n'est pas des plus petites ; votre Rachel est en sûreté parmi de bons amis et amies ; que pouvez-vous souhaiter davantage dans l'état où se trouvent présentement nos affaires ? Combattez généreusement contre les ennemis de l'Éternel et souvenez-vous surtout que les ennemis les plus dangereux ne sont guère à craindre si nous sommes les maîtres de ceux du dedans (1). »

Quelques mois après, en octobre, Antoine Court apprenant que sa femme était malade, n'hésita plus; déjà il avait beaucoup souffert dans son cœur de cette séparation; malgré la gravité des circonstances où se trouvait l'Église, il partit et arriva à Lausanne où sa Rachel s'était définitivement installée. Les deux amis eurent l'occasion de se voir plusieurs fois; quels doux épanchements, quels souvenirs bénis ne durent-ils pas évoquer ensemble! Quelles longues conversations sur les malheurs de la religion dans leur patrie!

Rachel venait de donner un nouvel enfant à Antoine Court; du Plan ne doutait pas qu'après qu'elle serait complètement rétablie, son ami ne revînt reprendre sa tâche auprès de ses frères persécutés. Cependant quelques détails dans la conduite de Court commençaient à lui donner l'éveil. Le 7 février 1730, il apprit que son ami avait fait venir de France son manteau noir.

« On est surpris, lui écrivit-il, que vous fassiez venir votre manteau noir puisqu'il ne convient du tout pas que vous paraissiez sous l'habit de ministre à moins que vous ne vouliez abandonner le service des Églises de France ou que vous ne vouliez causer beaucoup de rumeur sur votre conduite à cet égard, qu'on regarde comme dangereuse en vous faisant remarquer plus que jamais. Vous êtes le maître d'agir comme vous le jugerez à propos, mais l'amitié tendre et sincère qui est entre nous, m'oblige à vous dire ce qui se passe sur votre sujet (2). »

(1) N° 12 (mai 1729).
(2) N° 12, p. 295 (7 février 1730).

Les jours, les mois s'écoulaient; les Églises, étonnées de l'absence prolongée de leur pasteur, commençaient à se plaindre et à murmurer.

Le 1er juin, du Plan lui écrivit de nouveau à l'occasion d'une maladie de Rachel :

« Je prie Dieu, monsieur et cher ami, qu'il redonne la santé à votre chère Rachel, mais surtout je le prie qu'il lui donne toutes les dispositions agréables à ses yeux. Je ne doute pas que cette maladie ne soit envoyée pour vous détacher l'un et l'autre de la créature, pour vous dévouer au Créateur. Dieu qui connaît tout ce qui se passe dans nos cœurs, emploie les moyens les plus propres et les plus efficaces pour nous rappeler à lui lorsque des affections trop tendres nous empêchent de suivre généreusement notre vocation.

« Je viens de recevoir une lettre de M. Corteiz qui m'exhorte fortement à ne vous point retenir davantage. Dieu sait ce qui en est et il ne me sera pas difficile de me justifier. Je vous ai envoyé à Dieu et à votre conscience et je vous y renvoyerai toujours. D'un côté, vos compagnons d'œuvre vous appellent et les Églises vous désirent, et de l'autre, une femme et des enfants vous retiennent; c'est à vous à voir, à examiner ce qui vous doit tenir le plus à cœur. Je crains bien que si vous préférez votre femme et vos enfants aux Églises, Dieu ne vous prive de cette femme et peut-être de ces enfants, pour vous faire sentir que celui qui aime quelque chose plus que lui, il le perdra; au lieu que s'il était prêt à le sacrifier, il le conservera. J'ai ouï dire plus d'une fois que M. Corteiz avait voulu quitter le service des Églises de France, mais qu'il ne s'en trouva pas bien. Je vous laisse faire vos réflexions là-dessus et je vous prie de ne consulter jamais la chair ni le sang sur ce sujet. Autrement vous prendrez un très-mauvais parti (1). »

Enfin, au mois d'août 1730, les Églises, émues d'une

(1) N° 12, p. 323 (1er juin 1730).

si longue absence, que rien n'autorisait et n'expliquait, mandèrent à leur ancien pasteur de revenir au milieu d'elles ; cette longue lettre, où on lui rappelait ses engagements, le besoin de son ministère, fut signée par tous les pasteurs et proposants de la province. Court n'écouta rien ; sa détermination était inébranlable, il refusa de quitter Rachel. On comprend que cette conduite irritât les Églises : celles-ci refusèrent aussitôt de lui rendre, malgré ses vives instances, les livres qu'il avait laissés en France. Dès lors, Du Plan n'hésita plus à lui dire franchement sa pensée :

« Je suis persuadé, Monsieur et cher ami, de vos bonnes intentions et de votre charité, mais je vous avoue que je crains, de même que plusieurs autres, que votre zèle ne s'éteigne et que votre charité ne se refroidisse insensiblement et, qu'oubliant les devoirs de votre vocation, Dieu ne retire son Esprit de dessus vous et ne donne votre couronne à quelque autre.

« M. S. m'a écrit qu'on craignait à Zurich que le repos de la Suisse ne fit le même effet sur vous que les délices de Capoue sur Annibal. Quoique cet exemple soit parlant, j'aime mieux vous mettre devant les yeux les exemples de Samson, de David et de Salomon ; vous savez que la force du premier, la piété du second et la sagesse du troisième se laissèrent corrompre par les femmes. C'est en vain que vous m'allégueriez que vous donnez votre amour à une femme légitime, puisqu'il n'y a rien de légitime lorsqu'on oublie son devoir et qu'on préfère la créature au Créateur. L'amour d'Abraham pour son fils Isaac était aussi légitime que celui que vous devez avoir pour votre Rachel ; il est certain pourtant que si Abraham avait refusé de le lui sacrifier lorsque Dieu lui commanda, il se serait rendu indigne de l'amour de Dieu. Voici donc toute la difficulté, savoir si Dieu vous appelle à rentrer en France pour aller consoler et fortifier vos frères qui sont dans l'affliction et en danger de succomber. Il ne m'a pas paru que vous croyiez aux révélations extraordinaires; vous vous êtes moqué de celles de notre temps et vous pensez sans doute qu'elles ne sont pas nécessaires, attendu qu'il suffit que Dieu vous ait orné de talents et qu'il vous présente des occasions de les exercer pour regarder cela comme une vocation de la Providence. Avant que fussiez marié, vous n'avez pas tant cherché de façons pour quitter Marseille et aller prêcher en Languedoc sur une simple lettre de M. Corteiz. Peut-être que les lettres de tout un Synode et d'une multitude d'Églises qui vous désirent n'auront pas la même efficace. Dieu le sait, car je ne prétends pas de juger de rien avant le temps; je ne veux pas même vous conseiller de rentrer en France. Je m'en tiens et je m'en veux tenir à mon premier conseil qui est que vous devez consulter Dieu et votre conscience dans une affaire de cette nature. Je vous avoue que je souhaite avec ardeur l'édification de ces Églises et qu'il me semble, comme à quantité d'autres, que votre présence y serait très-utile; mais je suis persuadé que si Dieu aime ces Églises, il ne les abandonnera jamais et que, supposé que vous vinssiez à lâcher le pied, Dieu en suscitera plusieurs autres qui lui seront fidèles. En ce cas-là, vous seriez le seul à plaindre, et si je versais des larmes, ce ne serait que sur les misères d'un ami que j'ai chéri et que je chéris tendrement. Vous penserez sérieusement à toutes ces choses et je prierai cependant Dieu qu'il vous fasse la grâce de connaître et d'exécuter sa volonté sans écouter ni la chair ni le sang, ni aucune créature, fût-elle la plus accomplie de la terre, puisque les plus belles Rachels ne sont devant Dieu que des vers de terre, des sacs d'ordure et des cloaques d'infirmités et de misères. Quel aveuglement! quelle honte! quel crime ne serait-ce donc pas si nous venions à abandonner les intérêts de Dieu de peur de leur déplaire! Encore un coup, mon cher ami, je ne vous juge pas; je ne fais que vous donner des avis et vous représenter les choses; vous pouvez vous aveugler, vous endormir et périr, et nous sommes obligés de vous exhorter et de nous réveiller les uns les autres. J'ai besoin autant ou plus que vous qu'on m'exhorte, qu'on me donne des avis et qu'on m'empêche de m'endormir, parce que je sens que la chair qui enveloppe notre esprit est comme une traîtresse Dalila qui nous flatte et nous endort si nous ne veillons et prions continuellement (1). »

Malgré ces sollicitations, Court ne voulut point quitter la Suisse et rentrer en France. Les Synodes, irrités de sa conduite, après avoir refusé de lui expédier ses livres, lui supprimèrent son traitement. Court, qui avait gardé jusque là un silence inexplicable, se plaignit enfin de ce qu'on attentait à sa liberté, de ce qu'on lui voulait faire violence. Du Plan ne se lassa pas de le rappeler fermement au devoir.

« Si j'étais le maître des Synodes, lui écrivit-il, je sais bien ce que j'aurais fait de vos livres et de la pension qu'on vous fait en France; je vous aurais renvoyé régulièrement votre pension et je vous aurais payé vos livres jusqu'à ce que votre charité pour les Églises se fût rallumée ou refroidie entièrement; mais chacun pense à sa manière. Ces Messieurs qui servent là-bas sont bien aise de vous voir soumis à la loi des livres et que votre pension serve à entretenir ceux qui labourent le champ du Seigneur, et cela d'autant mieux que les amendes ont apauvri le pays, que le nombre des pasteurs est multiplié, que vous avez une pension ailleurs et que vous ne daignez pas répondre aux lettres qu'on vous a écrites et aux sollicitations qu'on vous a faites par ma bouche. Il ne faut pas dire que vous n'avez pas eu le temps, puisque vous avez eu plus d'un an pour y penser et qu'il s'est tenu un Synode national et des colloques à qui vous auriez pu faire savoir votre volonté, sans compter que M. Corteiz ayant été établ

(1) N° 12, p. 345 (30 juin 1730).

doyen pour recevoir les avis qui sont donnés à tout le corps, vous pouviez lui écrire votre volonté avec toutes les modifications qu'il vous aurait plu.

« Vous dites qu'on vante la liberté, qu'on blâme la violence, mais qu'on n'oublie rien pour contraindre. Vous me faites souvenir d'une dame qui avait promis de faire du bien à nos Églises et qui me dit que je la tourmentais lorsque je la faisais souvenir de ses promesses; ainsi mourut la charitable dame. Vous avez ses bonnes intentions, vous témoignez un amour ardent pour nos Églises qui soupirent après vous, et qui sont dans des circonstances où votre présence paraît très-nécessaire, et vous ne daignez point leur répondre pour les satisfaire ni pour leur donner quelque consolation. Voilà pourtant déjà quinze mois ou plus d'écoulés depuis votre départ de ce pays. Il faut que vous aimiez terriblement les longs examens pour consulter certaines choses; encore un peu de ployement de bras et nous déciderons la chose. A Dieu ne plaise que je vous veuille contraindre ni forcer d'entrer en France! Je vous ai envoyé à Dieu et à votre conscience pour suivre votre vocation, mais je ne pouvais moins faire que de m'acquitter des ordres des Synodes qui m'ont choisi pour leur député et vous donner en même temps avis de ce qui se dit et passe sur votre compte.

« Quoique vous ne vous conduisiez pas par des exemples, la Providence peut bien vous en mettre devant les yeux, ou pour vous encourager ou pour vous faire honte selon que vous serez fidèle ou paresseux à suivre votre vocation. Vous avez reçu plus de talents que ces deux Messieurs (1) qui se dévouent au service de nos Églises, et vous êtes d'un âge et d'un tempérament plus vigoureux; la différence est que l'un ne s'est pas voulu embarrasser de femme et que l'autre n'est pas si attaché à sa Rachel que vous; vous n'empêcherez pas de penser et de dire ces choses et peut-être même que votre Rachel ne

(1) Roux et Corteiz.

fut pas un motif inutile dont la Providence se servit pour vous faire rentrer en France lorsque feu M. Pictet vous voulait retenir. Du moins votre long séjour auprès d'elle malgré les vœux des Églises le fait soupçonner.

« Je crois bien que Dieu vous appela pour servir nos Églises et qu'il vous fit surmonter les obstacles qui s'y opposaient; mais plusieurs autres ont servi et souffert plus longtemps que vous et la Providence n'a pas attendu à l'autre monde pour vous récompenser de vos travaux. Il y a une infinité de personnes qui ont sacrifié et souffert plus que vous pour des intérêts infiniments plus petits. Je ne veux pas pour cela diminuer votre mérite, ni la récompense que Dieu vous prépare. Je voudrais, au contraire, de tout mon cœur, que votre mérite augmentât aussi bien que la gloire que Dieu prépare à ceux qui le servent fidèlement. Dieu vous appelle; si vous faites la sourde oreille, toutes vos justices et vos services précédents ne vous serviront de rien, car il n'y a que ceux qui sont fidèles jusqu'à la fin qui seront sauvés. Souvenez-vous, au moins, que je vous renvoie toujours à Dieu et à votre conscience.

« Je ne réponds de rien quelque parti que vous preniez et quoi qu'il vous arrive. Je ne fais que représenter les choses ; ma vocation m'y oblige; traitez-moi d'indiscret, d'importun, de cavalier, de dragon, si vous voulez. Il faut que je m'acquitte de ce que je crois de mon devoir. Je suis bien aise d'ajouter que, quoiqu'il semble que votre personne soit très-utile aux Églises, si vous refusez d'y aller, Dieu a une infinité d'autres moyens pour les instruire et consoler, et si vous y allez par contrainte ou par des mauvais motifs, vous y périrez sans fruit, à moins que Dieu ne fasse éclater sa miséricorde infinie en votre faveur, d'une manière toute particulière (1). »

Il fallut en prendre son parti, Court était perdu, comme pasteur, pour l'Église de France.

(1) N° 12, p. 381 (décembre 1730).

Toutefois, une nature aussi active ne pouvait rester longtemps inoccupée. Malgré les reproches de ses amis et des Églises, il employa tout le reste de sa vie au service de ses frères. Il leur consacra ses longs loisirs ; « surchargé d'affaires, presque toujours la plume à la main, souvent en courses et en marches, écrivant des apologies, recourant aux uns et aux autres, multipliant les conseils, recueillant les réfugiés, écrivant l'histoire des Églises, leur cherchant des protecteurs, — il passa quinze ans de sa retraite de Lausanne n'ayant d'autre pensée que pour ses frères sous la Croix, d'autre but que le soulagement de leurs misères (1). »

---

## CHAPITRE XVII

### Voyages de Benjamin du Plan

1731-1745

Depuis quatre ans, du Plan parcourait la Suisse en tous sens comme député général des Églises de France : Genève, Lausanne, Neuchâtel, Berne, Zurich l'avaient accueilli avec une généreuse bienveillance. L'ambition du député était plus grande : il aurait voulu pouvoir exécuter les desseins du Synode de 1727 et aller à l'étranger, en Allemagne, en Hollande, en Angleterre : le défaut d'argent l'avait constamment arrêté. Les Synodes lui avaient voté, il est vrai, cinq cents livres pour ses frais de déplacement, mais il ne les

---

(1) Ed. Hugues, déjà cité, t. II, p. 11.

avait jamais touchées. Quant à ses ressources personnelles dont il avait fait le sacrifice en faveur de ses
frères, elles étaient limitées; son père et quelquefois
un de ses oncles, Lèches, pourvoyaient à ses dépenses
courantes, mais non à ses frais de voyage, et ces
ressources modestes lui suffisaient à peine.

Un Synode national, ému de son inaction forcée,
se réunit le 27 septembre 1730, renouvela ses pouvoirs
et l'autorisa à prélever sur ses collectes tous ses frais
de voyage jusqu'à ce que les ressources qu'on en
espérait, pussent permettre aux Églises de donner à
leur député une pension proportionnée à ses services.

Voici l'attestation par laquelle le Synode de 1730 confirma de nouveau le mandat du député.

« Nous, les pasteurs et prédicateurs de l'Église qui sont
sous la croix en France, à tous les Princes et Puissances protestantes réformées, salut.

« Étant assemblés en Synode national dans le Vivarais,
après avoir parlé de nos Églises et des règlements qu'on doit
observer pour conserver la vérité au milieu de nous et consoler les fidèles au milieu de leurs maux, nous sommes entrés
dans la misère de nos troupeaux accablés par la persécution
que nos ennemis excitent tous les jours contre ceux qui ne
veulent adhérer à leur culte, ruinant et désolant entièrement
les familles par les amendes qu'on fait sévèrement payer à
ceux qui ne font devoir d'envoyer leurs enfants aux maîtres
et instructions de l'Église romaine; nos Églises se trouvant dans
une extrême misère, nous trouvant sans moyens et sans
secours, nous avons cru être obligés d'avoir recours à
M. Benjamin du Plan, notre député, pour le prier de s'adresser
à vos Majestés Hautes-Puissances et Excellences et à tous les
autres fidèles qui sont sensibles aux maux de l'Église et touchés de nos tristes misères et de vous représenter le pitoyable

et lamentable état de nos Églises gémissantes sous la croix, vous suppliant très-humblement de nous accorder quelques secours pour le soulagement et l'encouragement tant des pasteurs que des troupeaux désolés ;

« Des troupeaux, ruinés par les fréquentes et exhorbitantes amendes qu'on fait payer sans pitié et sans miséricorde ; que si nous achetons et recevons quelques livres, nos ennemis cherchent de nous les enlever et brûler, comme chacun sait qu'il est arrivé à Nimes et aux environs d'Alais ;

« Et des pasteurs, puisque nos fidèles se trouvent réduits à l'indigence et les pasteurs n'ayant pas de leur propre fonds de quoi se soutenir, notre bien se trouvant pris et confisqué par la régie et par là hors d'état de nous pouvoir soutenir dans les fonctions de notre ministère ;

« Nous vous supplions très-humblement de nous faire sentir, dans ce pressant besoin, les effets de votre compassion et de votre protection.

« Nous vous supplions aussi de prier et intercéder en notre faveur notre Roi, de retirer la verge qui nous frappe.

« Mais surtout nous supplions toutes les bonnes âmes de prier le bon Dieu, père de miséricorde, qu'il ait pitié de nous, qu'il élargisse nos prisonniers, qu'il console nos affligés, qu'il rétablisse nos Églises et qu'il nous tire de la triste nécessité où nous sommes d'importuner nos frères qui sont en liberté.

« Il n'est pas nécessaire de marquer ici le nombre considérable qu'il y a encore dans ce royaume, puisque vous en êtes déjà informés et que Monsieur' notre député pourra le faire lui-même.

« Nous vous disons cependant que depuis peu, bien des âmes tièdes auparavant se sont réveillées et même des familles papistes se sont unies à nos Églises.

« Nous supplions humblement le Seigneur de conserver éternellement au milieu de vous le flambeau de sa Parole et qu'il vous donne toujours le moyen de secourir les misérables.

« Du Désert de notre assemblée synodale, le vingt-septième septembre dix-sept cent trente.

> « Signé : P. Durand, pasteur et modérateur; — Corteiz, pasteur et modérateur-adjoint; — Joui, député des Églises du Languedoc; — Roger, pasteur et député du Dauphiné; — Bétrines, prédicateur et député; — Fauriel, dit Lassagne, pasteur et secrétaire; — Maroger, prédicateur et secrétaire-adjoint. »

Voici la lettre d'envoi que le Synode écrivit en même temps à du Plan :

« Nous, les pasteurs et prédicateurs assemblés en Synode national dans le Vivarais, à notre très-honoré et bien-aimé frère Monsieur du Plan, notre député général.

« Nous renouvelons, Monsieur, par les motifs marqués dans les présentes instructions, la prière que nous vous avons faite plus d'une fois d'exécuter votre députation vers les augustes et bénignes Puissances protestantes.

« Nous ajoutons encore que vous ayez la bonté de ne différer plus longtemps cette affaire autant pressante qu'intéressante. Il nous paraît, Monsieur, que de la renvoyer, ce serait une négligence condamnable vu les diverses nécessités de nos Églises affligées.

« Il est à espérer qu'un tel voyage nous serait d'un secours très-considérable, puisque les fruits de vos sollicitations auprès de quelques-uns de nos illustres et gracieux amis, nous sont presque un sûr garant, de celles que nous vous prions de faire.

« Quel plaisir ne nous serait-ce pas, Monsieur, si par la grâce de Dieu, la réussite de votre voyage arrêtait bientôt les maux qui nous consument, et qui, si Dieu n'y remédie pas, nous vont bientôt mettre à deux doigts de notre ruine. Quel bonheur ne serait-ce point pour nos chers frères sous la croix, si, outre le soulagement de leurs maux, vous veniez, par vos soins assidus et vos justes intercessions, à obtenir la bienheureuse délivrance après laquelle nous soupirons depuis un si long temps !

« Notre dessein, Monsieur, dans cette lettre, serait que vous sollicitassiez les moyens de faire un fonds qui pût nous soulager dans une partie de nos nécessités, principalement à celles où nos Églises se trouvent d'entretenir leurs pasteurs ; secondement, que vous travailliassiez à obtenir l'intercession des Puissances protestantes auprès de notre roi en faveur de nos saintes et justes libertés.

« Enfin, Monsieur, agréez de prier de notre part nos chers et précieux amis, d'examiner les instructions que nous vous envoyons à ce sujet, en sorte que, s'ils les trouvaient défec_tueuses, nous leur serons sensiblement obligés d'en dresser d'autres plus convenables à votre députation et s'ils le jugent à propos, vous aurez la bonté de nous les envoyer et nous les signerons.

« Nous continuons d'adresser nos vœux au ciel pour tout ce qui les intéresse le plus, et nous prions le Seigneur de bénir de ses bénédictions les plus salutaires les soins que vous vous donnez et votre pieuse personne.

« De notre assemblée synodale, ce 27ᵐᵉ septembre 1730.

> « Signé : CORTEIZ, pasteur et modérateur ; — A. JOUI, député ; — ROGER, pasteur et député du Dauphiné ; — BÉTRINE, prédicateur et député ; — FAURIEL, dit LASSAGNE, pasteur et secrétaire ; — MAROGER, prédicateur et secrétaire-adjoint. »

Avant de quitter Genève, le député se fit délivrer le présent certificat par la Vénérable Compagnie des pasteurs de cette Église :

« Nous, pasteurs de l'Église de Genève, attestons que M. Benjamin du Plan, gentilhomme d'Alais en Languedoc, d'une taille au-dessus de la médiocre, cheveux longs, âgé d'environ 40 ans, est d'une famille de notre religion ; qu'étant sorti du royaume de France pour en faire une profession publique, il a demeuré près de sept ans au milieu de nous, pendant lesquels il nous a extrêmement édifiés par ses mœurs pures et par son zèle pour l'avancement du règne de Jésus-Christ; il a fréquenté fort soigneusement nos assemblées de piété et il a célébré la sainte Cène avec nous toutes les fois que l'occasion s'en est présentée. C'est pourquoi, le voyant partir pour la Hollande où il va faire un voyage, nous le recommandons à la grâce de Dieu et à la bienveillance de nos frères.

« Fait à Genève, ce 12 avril 1731.

« Signé : VIAL de BEAUMONT, pasteur; — TURRETIN, pasteur; — MAURICE, pasteur; — L. TRONCHIN, pasteur; — J. BESSONNET, pasteur; — de ROCHE, pasteur; — de la RIVE, pasteur; — J. SARRASIN, pasteur; — LÉGER, pasteur: — DENTAND, pasteur. »

### DERNIER VOYAGE EN SUISSE (1731)

Muni de ces attestations, le député préluda à son grand voyage par une dernière tournée en Suisse. Ce voyage, qui ne devait durer qu'un an, en dura quatorze. Ce n'est pas sans rencontrer une vive opposition de la part de ses amis que du Plan se mit en route. « Vous prendrez beaucoup de peine, lui disaient-ils, vous dépenserez beaucoup d'argent, et vous obtiendrez peu de chose. » Ils se trompaient; par les ressources nouvelles qu'il créa, soit au séminaire de Lausanne, soit aux Églises, on peut dire que du Plan assura l'existence même du protestantisme. N'écoutant que son zèle et son dévouement, il partit, voyageant tantôt à pied, tantôt à cheval, toujours de la manière la plus économique. Il proposa à Antoine Court de l'accompagner :

« Si vous avez envie de parcourir la Suisse, lui écrivit-il, je vous offre de partager ce que j'ai; je vous ai montré ma bourse, vous savez le but que je me suis proposé d'aller en Hollande et en Angleterre, s'il plaît au Seigneur. Si vous avez le courage d'affronter les risques, d'aller souvent à pied et de faire quelquefois maigre chère, vous serez mon homme, vous partagerez mes peines et mes plaisirs. »

A Zurich, du Plan fit la connaissance de M. de Wateville, riche seigneur allemand, qui fut vivement touché de tout ce que le député lui raconta sur les protestants persécutés de France. Ce seigneur désira voir Antoine Court auprès duquel du Plan lui donna une lettre d'introduction :

« Ce Monsieur de Wateville, lui écrivait-il, fait sa résidence eu Allemagne auprès d'un seigneur très-distingué par sa piété; il s'appelle le comte de Zinzendorf et il a de bonnes dispositions pour ceux qui abandonnent leur pays pour l'amour de la vérité. Vous verrez avec M. de Wateville, si les offres de M. le comte de Zinzendorf peuvent convenir à quelqu'un de nos réfugiés (1). »

Ces offres avaient pour but de proposer l'hospitalité à ceux que la persécution avaient chassés de France.

Du Plan ne fit que traverser Zurich quoiqu'on lui assurât qu'un séjour prolongé dans cette ville pourrait lui être fructueux. Mais ayant appris l'arrivée du roi de Suède, à Cassel, il avait hâte de commencer auprès de lui l'exercice de sa délégation à l'étranger. De Saint-Gall, il écrivit à Court pour le prier d'obtenir de M. le professeur Polier une lettre de recommandation auprès du roi de Suède. D'étape en étape, du Plan arriva à Francfort, et, avant de partir pour Cassel, il fit part à son ami de ses impressions de voyage.

(1) N° 12, p. 49 (juillet 1731).

« Je vous dirai que je me porte bien, Dieu merci, quoique j'aie souffert tantôt du chaud, tantôt de la pluie et d'autres fatigues qui sont inséparables des voyages. J'ai trouvé dans ma route différents personnages ; les uns m'ont bien régalé et les autres bien étrillé ; les uns m'ont offert de l'argent après m'avoir fait faire bonne chère et les autres m'ont écorché après m'avoir très-mal régalé : toutes ces choses sont dispensées par la Providence. Il faut profiter de tout, user du bien avec modération et avec reconnaissance, souffrir le mal avec patience et soumission.

« J'ai visité tous nos amis de la Suisse qui m'ont promis de continuer leurs charités envers nos frères sous la croix. Il y a lieu d'espérer qu'ils exécuteront leurs promesses en temps et lieu. Il faut prier Dieu qu'il leur inspire toujours de bons sentiments et qu'il les bénisse.

« Je compte partir demain pour Cassel où on m'a fait espérer que j'obtiendrais quelque chose. Je m'y en vais à la garde de Dieu, quoique je m'enfonce dans un pays barbare. Si j'avais suivi le Rhin j'aurais été bientôt en Hollande et même d'une manière assez agréable avec des personnes qui m'auraient fait plaisir, mais je n'ai pas entrepris ce voyage pour mon plaisir, mais pour procurer des secours à mes frères. A vous parler franchement, je n'ai pas lieu de me flatter d'obtenir grand chose en Allemagne ; l'argent y est rare et les personnes sont mal disposées. On me dit bien que la Hollande est un pays de ressources, mais la collecte considérable qu'on vient de faire en faveur des Vaudois ne me permet pas d'espérer grand chose de quelque temps. C'est pourquoi, étant presque inutile en Hollande, je pourrais bien passer cet hiver en Angleterre, aux risques de ma poitrine. Si je réussis en Angleterre, il y aura beaucoup de personnes qui seront bien surprises, car on m'a fait une description de ces insulaires, tant Anglais que Français, qui ne leur est pas fort avantageuse : on me les a dépeints comme des personnes extrêmement dures, avares, livrées à leurs plaisirs ou à leur négoce. Ainsi ce n'est ni sur mon habileté, ni sur leur charité que je fonde mon espérance d'obtenir des secours en faveur de nos compatriotes ; c'est uniquement sur la grâce de Dieu qui fait fondre les rochers en eau et les cailloux en huile quand il lui plaît (1). »

Enfin du Plan arriva à Cassel ; il fut présenté au roi de Suède qui le reçut d'une manière cordiale et lui fit un présent de 800 livres environ, en faveur des Églises. Il ne s'arrêta pas davantage en Allemagne et pour les raisons qu'il avait données à Court, il se dirigea directement vers l'Angleterre sans passer par la Hollande. Il arriva à Londres, vers la fin de 1731.

### PREMIER SÉJOUR A LONDRES (1731-1733)

Les épreuves et les fatigues du voyage, le climat froid et brumeux du Nord, ne tardèrent pas à altérer la santé déjà délicate de du Plan. Néanmoins, le zélé député ne s'épargna point, il se traîna comme il put pour solliciter soit auprès de ses coréligionnaires réfugiés, soit auprès de la Cour. Hélas ! il n'avait pas été trompé sur la réception qu'on lui avait prédite : l'accueil fut partout froid et peu bienveillant.

Voici ce qu'il écrivait à Court peu de temps après son arrivée :

« Je ne puis encore vous donner aucune bonne nouvelle. Je suis toujours dans l'attente. Je mets toute ma confiance en Dieu de peur d'être confus dans mes espérances. La foi est si petite dans ce pays, la charité si refroidie et les pauvres si multipliés, qu'à moins que Dieu n'opère d'une manière extra-

(1) N° 12, (29 septembre 1731).

ordinaire, il y a toute apparence que je ferai une misérable récolte (1). »

Les uns lui refusaient tout secours sous prétexte que les protestants de France souffraient par leur faute, soit parce qu'ils persistaient à tenir des assemblées illicites, soit parce qu'ils s'obstinaient à préférer la persécution à l'exil. Les autres renvoyaient parfois grossièrement le collecteur importun. Écoutons du Plan nous raconter lui-même ses premiers essais de collecte en Angleterre :

« Je fus rendre visite à des personnes de chez nous qui sont fort riches et que je croyais animées du zèle de la maison de Dieu. Je crus qu'elles embrasseraient avec joie l'occasion de répandre la lumière de l'Évangile dans notre patrie sur laquelle Dieu a commencé à jeter des yeux de compassion. Après que j'eus étalé l'état de nos Églises et leurs besoins de la manière la plus pathétique qu'il me fut possible, on me répondit clair et net que les quêteurs mangeaient ordinairement presque toutes les collectes. Je ne m'attendais pas à une réponse si sèche. Je ne sais si j'en rougis, mais je sentis remuer un peu ma bile et je répondis d'un ton assez ferme que j'avais embrassé les intérêts de nos Églises par charité et non par nécessité, que j'avais encore assez, Dieu merci, pour me passer du secours d'autrui et qu'il m'était indifférent de manger mon argent en Angleterre ou à Genève où j'étais resté longtemps sans incommoder personne. Ces paroles firent changer de ton et de langage mes richards peu polis, peu gracieux, et il y en a eu un qui, pour réparer sa faute, a donné des témoignages de sa charité dans toutes les occasions que je lui ai procurées ; et moi, de mon côté, pour soutenir ma noble et généreuse gasconnade et faire voir que je n'avais besoin de personne, j'ai dépensé

(1) N° 12, p. 517 (27 novembre 1732).

une partie considérable d'un capital que mes parents m'ont envoyé; je n'ai reçu aucun présent que je n'aie rendu au double d'une manière ou d'autre, ce qui a produit un très-bon effet pour la cause que je m'intéresse et m'a fait en même temps honneur. Je me suis accrédité d'une manière que je pourrai servir plus utilement nos Églises et mes amis aussi, en temps et lieu. Je dis en temps et lieu, car il faut savoir prendre son temps, autrement on gâte tout, comme ceux qui veulent moissonner avant que le grain soit mûr ou même qu'on ait semé et labouré avec peine (1). »

Hâtons-nous de dire qu'il eut cependant quelques encouragements vers la fin de son séjour à Londres. C'est lui-même qui nous l'apprend :

« Je ne crois pas à présent de faire un long séjour dans cette ville. Après avoir bien couru et bien sollicité pendant quinze ou seize mois fort inutilement, Dieu a touché le cœur de quelques personnes de considération qui m'ont assuré que mon voyage ne serait pas infructueux; j'ai tout sujet de croire ce qu'ils ont dit; je me suis contenté de leur indiquer les personnes à qui on devait s'adresser pour recevoir leurs bienfaits et de les remercier de leur bonne volonté que je prie le Seigneur de leur continuer. J'ai tenté une autre ressource, mais je trouve des contredisants qui crient contre les assemblées et qui prêchent misère. J'espère cependant que j'arracherai pied ou aile (2). »

Enfin, après vingt mois de pressantes sollicitations et de prières à la Cour, Dieu exauça les vœux de du Plan et toucha le cœur du roi d'Angleterre. Il avait déjà gagné à ses intérêts la reine et le chevalier Schaub

(1) N° 12, p. 523 (janvier 1734).
(2) N° 12, p. 579 (avril 1733).

qui devint un de ses amis les plus dévoués. Le roi lui donna une audience, écouta avec bienveillance le récit des malheurs des protestants français et voulut bien faire au délégué un présent de mille pièces d'or. Il promit même de le répéter chaque année et la reine nomma l'évêque de Londres pour réclamer ce don royal.

Tout en s'occupant des intérêts généraux de l'Église, du Plan ne négligea pas ceux de ses amis. Il se donna, en particulier, beaucoup de peine, mais pas toujours avec succès, pour ramasser des matériaux pour Antoine Court qui s'occupait en ce moment d'écrire l'histoire des Églises réformées.

Il sollicita aussi en faveur des réfugiés qui avaient fui leur patrie et qui débarquaient à Londres misérables, dénués de tout. Un jour, il vit arriver un ancien de l'Église qu'il avait connu dans le Midi et dont la maison hospitalière avait été ouverte à tous les prédicants; il se nommait Gas. Sa femme s'était sauvée à Genève, et lui, en traversant la Savoie, avait eu le malheur de perdre ses deux chevaux. Il arriva à Londres « sans habit, sans chemise et sans argent. » Du Plan le reçut chez lui et écrivit à Genève pour qu'on y prit soin de sa femme.

« Elle vient de m'écrire de Genève où elle s'est sauvée, qu'elle a vendu ses hardes pour vivre et que souvent elle manque de pain et que sa fille aînée qui s'est sauvée avec elle, est malade. M. Vial leur fait avoir trois florins par semaine, mais cela ne suffit pas pour les soutenir. Si vous pouviez les faire recevoir à Lausanne pour quelque temps, nous verrions ensuite de les placer à Berne ou à Zurich, ou ici, si le mari peut y faire ses affaires. Je vous aurai en mon particulier obligation de leur rendre tous les services qui dépendront de vous (1). »

Nous avons cité cet exemple comme une preuve de la bienveillance et de la générosité avec lesquelles le gentilhomme accueillait les plus obscures infortunes.

C'est au milieu de cette vie active et dévouée que du Plan apprit tout-à-coup la mort de son père et celle de son oncle Lèches. L'un et l'autre n'avaient cessé de lui témoigner de l'affection et de l'intérêt depuis qu'il avait quitté la France.

Cette mort renversa complètement les espérances d'avenir de Benjamin du Plan ; le fait qu'il était exilé, le privait de tout ses droits d'héritage. Il avait bien prévu ce malheur et avait essayé plusieurs fois de le prévenir. En 1731, il avait fait légitimer le mariage de son père qui n'avait pas été célébré légalement à cause des malheurs des temps. Il espérait que celui-ci léguerait ses biens au baron d'Alais, l'intime ami de la famille, lequel les transmettrait plus tard à l'héritier légitime ; mais la mort vint surprendre M. du Plan avant qu'il eût eu le temps d'exécuter ses bons desseins à l'égard de son fils.

Il est touchant de voir avec quel calme et quelle résignation chrétienne le fils déshérité accepta cette grande épreuve :

« Dieu a permis ou voulu toutes ces choses, écrit-il à Court, pour me détacher du monde : je lui demande la grâce de répondre à ses desseins et de me dévouer entièrement à toutes ses volontés. Je suis étranger, voyageur sur la terre ; je ne

(1) N° 12, p. 517 (novembre 1732).

dois désirer que mon nécessaire, d'autant mieux qu'étant venu nu dans ce monde, je n'en dois rien remporter à l'autre vie. Ma principale et presque unique attention doit être de plaire à mon père qui ne meurt point et qui me veut donner un héritage que la puissance ou la ruse de mes ennemis ne sauraient me ravir et j'espère que Dieu ne permettra pas que je sois assez malheureux d'y consentir par mon infidélité à son service (1). »

Grâce au dévouement de quelques parents et amis, en particulier de MM. Fabre et Trélis d'Alais, du Plan parvint à recueillir quelques épaves de sa fortune; M. de Lencizole, son cousin, qui venait d'hériter à sa place, lui offrit avec empressement ses services que plus tard du Plan fut obligé d'accepter. Privé des ressources paternelles, le gentilhomme déshérité commença à entamer un petit capital de quatre mille francs déposé chez un banquier de Genève, M. Gaussen, son excellent ami.

Il quitta Londres, après y avoir séjourné environ deux ans. Ce séjour se termina mieux qu'il n'avait commencé.

« J'ai bien souffert en Angleterre et pris de peine avant que de voir aucun fruit de mes soins; mais enfin Dieu soit loué, mon voyage n'a pas été inutile. Il ne m'est pas permis de vous dire par écrit ce que j'espère vous dire de bouche (2). »

### VOYAGE EN HOLLANDE ( 1733 - 1735 )

Après une traversée périlleuse, du Plan débarqua à la Haye vers la fin d'octobre 1733. Il fut obligé de

(1) N° 12, p. 453 (mai 1732).
(2) N° 12, p. 521 (novembre 1733).

garder la chambre pendant les trois premiers mois de son séjour afin de se reposer de ses fatigues et de refaire sa santé altérée. Le climat du Nord lui avait causé de vives douleurs à la poitrine et à la gorge.

Dès que sa santé lui permit de sortir, le délégué des Églises se mit en rapport avec plusieurs familles réfugiées et en particulier avec les demoiselles de Dangeau, filles du marquis de Dangeau, auquel Boileau avait dédié sa fameuse satire sur la Noblesse. Ses efforts furent plus fructueux qu'en Angleterre; il obtint des États un don de deux mille florins payables chaque année pendant cinq ans et recueillit des secours en faveur des prisonnières de la Tour de Constance et des galériens de Marseille. Grâce à ses sollicitations, les États firent des démarches auprès de Louis XV et obtinrent la délivrance de vingt de ces malheureux qui allèrent se fixer en Hollande où ils obtinrent une pension.

Le prince de Prusse et la princesse d'Orange ayant traversé la Haye, du Plan se fit présenter aux illustres voyageurs et obtint de leur munificence mille florins.

Voici, résumé par du Plan lui-même, les secours qu'il obtint, en Hollande pendant les deux années qu'il y séjourna :

1º Une pension annuelle de deux mille florins pour cinq ans ;

2º Une autre de cinq cents florins ;

3º Encore une de trois cents florins ;

4º Le relâchement de vingt galériens avec une pension de trois cents florins pour dix et une de deux cent cinquante pour les dix autres (1).

(1) **Mémoire aux arbitres.**

Il refusa toujours les présents qui lui étaient offerts à lui personnellement; c'est ce qu'il avait déjà fait en Suisse, en Angleterre et partout ailleurs. Ce n'est pas que sa position pécuniaire fût brillante, loin de là, mais il le faisait par délicatesse de conscience. Depuis la perte de son héritage, le député vivait avec la plus stricte économie.

« Je suis comme un vaisseau qui a échoué sur le sable; s'il ne vient quelque marée et un vent favorable, je risque de rester encore ici et de faire jeûner mes deux hommes (1) qui font depuis longtemps une maigre chère, ce qui n'empêche pas qu'ils ne me soient fidèles car ils ne savent pas où donner de la tête. Pour moi, j'ai quitté le vin depuis longtemps et me suis réduit à la bière. Tout est cher ici; ma chambre me coûte environ dix francs de Genève par mois et le reste à proportion (2). »

Parfois il tente le sort; il persiste à mettre à la loterie, mais il n'est pas plus heureux en Hollande qu'à Genève.

« La fortune du hasard ne m'est pas favorable; il faut que j'en cherche une plus solide qui ait son fondement sur la sagesse et la vertu et c'est Dieu seul qui, par sa grâce, veut et peut nous communiquer cette sagesse et cette vertu qui peuvent nous rendre heureux indépendamment des richesses et des grandeurs de la terre (3). »

### VOYAGE EN ALLEMAGNE ( 1735 - 1737 )

Du Plan quitta la Hollande en octobre 1735, et vint en Prusse où il fut loin de trouver la même générosité.

(1) Gas et le prédicant Chapel.
(2) N° 12, p. 533 (juillet 1734).
(3) N° 12, p. 533 (juillet 1734).

« Il y a comme deux mois que je suis ici, écrivait-il à son ami, et quelques soins que je me sois donnés, je ne vois encore aucun fruit de mes peines. Comme je ne mets point ma confiance sur les moyens humains qu'autant que Dieu les veut bénir, je ne serai point confus dans mon attente (1). »

Ces courses commençaient à le fatiguer.

« Je désire de retourner en Suisse le plus tôt qu'il me sera possible. Je suis las de courir le monde et je souhaite fort de revoir mes anciens amis ! »

Il essaya d'obtenir une entrevue du roi de Prusse, Frédéric-Guillaume ; mais celui-ci, tout entier à ses soldats, ne prêta qu'une médiocre attention aux doléances du député ; Guillaume était d'ailleurs l'allié de Louis XV et ne pouvait secourir des hommes que la Cour traitait en rebelles.

Du Plan ne se découragea point, il revint à la charge, écrivit de nouveau au roi. Cette fois, celui-ci promit d'intercéder pour les galériens de France et offrit de recevoir dans ses États ceux qui voudraient encore s'y réfugier. Voici en quels termes il répondit aux sollicitations du délégué des Synodes :

« Monsieur du Plan,

« Votre lettre du 31 mai m'est bien parvenue. Pour y répondre, je vous dirai que si vous êtes en état de m'indiquer un certain nombre de familles de la France qui voulussent s'établir ici, j'y donnerais volontiers la main et je leur accorderais tout ce qu'ils sauraient demander raisonnablement, mais quant

(1) N° 12, p. 555 (6 décembre 1735).

aux propositions que vos méditez de me faire, vous pouvez être assuré que j'ai des raisons pour n'y pas entrer.

« Votre bien affectionné,

« F. GUILLAUME.

« Postdam, ce 8 juin 1736. »

Désespérant de rien obtenir de la Cour, du Plan alla quêter chez les particuliers. Cette œuvre délicate et pénible lui fut facilitée par des amis et des compatriotes qu'il retrouva établis à Berlin.

C'est vers cette époque qu'il apprit l'arrivée de sa tante Lèches et de sa sœur à Genève. Il leur écrivit aussitôt :

« Berlin, le 1er mai 1736.

« Mesdemoiselles, mes très-honorées et chères mère et sœur,

« Loué soit le Seigneur ; je viens d'apprendre par une lettre que notre bon ami, M le pasteur Vial, a eu la bonté de m'écrire que vous êtes heureusement arrivées à Genève. La seule chose qui a ralenti un peu ma joie, c'est que ma chère mère se trouve incommodée ; mais j'espère, s'il plaît à Dieu, que cela n'aura pas de suites. Vous me ferez plaisir de me donner de vos nouvelles, le plus tôt que vous pourrez. Je serais inquiet si je n'en recevais pas. Si mon devoir et même mes intérêts temporels, comme notre bon ami vous pourra mieux expliquer, ne me retenaient encore dans ce pays, je ne différerais pas de vous venir joindre à Genève ; mais il est nécessaire que je diffère cette satisfaction afin qu'elle ne soit pas accompagnée des reproches de ma conscience et du dérangement de mes affaires que j'espère, avec l'aide de Dieu, de mettre dans une situation à pouvoir vivre de nos rentes sans toucher à notre petit capital. Je prie M. Vial de vous remettre les billets que je lui ai confiés en votre absence ; je lui ai mille obligations dont je ne perdrai jamais la mémoire. Il aura

la bonté de vous faire part de ses conseils ; je crois que ce
sont les meilleurs que vous puissiez suivre. A présent que
vous êtes dans un pays libre, je vous donnerai de mes nouvelles aussi souvent que vous le souhaiterez ; donnez-moi
seulement votre adresse car il n'est pas juste de causer ni
peine ni dépense à nos amis lorsqu'on peut les épargner. J'ai
reçu tant de marques d'amitié de M^me Dumas (1), notre chère
compatriote, que je regarde et regarderai toujours comme
une mère. Je suis ravi que vous logiez chez elle et que vous
ne vous quittiez pas. Elle a voulu me faire son héritier, et
tout ce que j'ai est à son service. Vivez ensemble et ne vous
épargnez rien de ce qui pourra contribuer à votre santé et à
votre agrément. Vous ne me feriez pas plaisir de vous plaindre
rien en ma faveur ; au contraire, je serais fâché. Je me porte à
présent fort bien, Dieu merci ; je suis presque entièrement
délivré d'un mal de gorge que j'ai gardé près de trois ans.
L'air de Berlin m'a été favorable. Je vois souvent la famille
de M. Meynadier qui sont des personnes de mérite et me font
beaucoup d'amitié. Ils me chargent de vous saluer de même
que M. de la Motte, M. de Lamelouse, M^lle de Baudan et
M. de Lancizole, vénérable vieillard, oncle de celui qui a
hérité du bien de mon père, mais qui a beaucoup de mérite.
J'ai de la joie de voir toutes ces personnes de notre pays,
comme vous en aurez de voir à Genève celles qui en sont
aussi, comme les dames de Lavabre, les Baudan, MM. Meynadier et leurs épouses, M. Gasc, Icarde et Felinesse, que je
vous prie de saluer quand vous les verrez. Je me recommande
toujours à l'amitié et aux prières de vous trois que j'estime et
que j'aime tendrement et auxquelles je serai toujours avec
respect et reconnaissance votre très-humble et affectionné frère
et serviteur.

« Du Plan. »

(1) C'était sa mère nourrice pour laquelle du Plan avait l'affection d'un fils ; elle était réfugiée à Genève avant qu'il y vînt.

Avant de quitter Berlin, du Plan dressa pour les ministres d'État une liste de tous les galériens et de toutes les prisonnières, pour solliciter avec une nouvelle insistance leur liberté. Son dessein était d'engager quelque autre Cour à se joindre à celle de Prusse pour agir avec plus d'efficace.

« Après avoir fait tout ce qui dépend de nous, il faut remettre toutes choses à la sage et bonne Providence qui dispose de tous les cœurs et de tous les événements comme il lui plaît. Je suis du moins comme assuré que je leur procurerai quelque petit secours pour les soulager dans leur misère. Si les affaires n'étaient pas mauvaises dans ce pays et qu'il n'y eût pas une si grande quantité de pauvres, j'aurais trouvé de plus grandes ressources, mais la misère se trouve partout, le commerce va mal, et il y a eu de grandes inondations qui ont ruiné une grande multitude de monde; il y a eu des villages entiers emportés. Vous avez pu entendre ces nouvelles qui ont fait du bruit; le roi de Prusse perd en son particulier plusieurs millions (1). »

De Berlin, du Plan visita *Magdebourg* où il trouva des compatriotes de Nimes, *Francfort*, *Leipsick* et *Hambourg;* dans ces périgrinations il obtint quelques secours pour les galériens et les prisonnières. L'Église réformée de Hambourg lui donna environ cent cinquante écus.

### VOYAGE EN DANEMARCK ( 1737 )

Du Plan poursuivit sa course vers le Nord. En mai 1737, nous le retrouvons à Copenhague. De grandes joies lui étaient réservées dans cette Église :

(1) Lettre à sa tante (Magdebourg, 12 août 1736).

la cour et quelques fidèles lui donnèrent environ quinze cents écus. Ce fut là qu'il apprit le succès de ses démarches en faveur des galériens ; douze de ces malheureux venaient d'être délivrés, grâce aux sollicitations de la Prusse et de l'Angleterre. Toutefois ces succès ne furent obtenus qu'aux prix de beaucoup de fatigues.

« Je cours le monde chrétien protestant ; je visite toutes les Églises de notre communion ; je fais connaissance avec nos frères dispersés parmi les nations. Je m'adresse à ceux qui les ont reçus dans leurs États avec un esprit de charité pour leur offrir l'occasion d'exercer leur charité envers ceux qui gémissent encore sous la Croix et qui combattent pour la gloire de notre grand roi Jésus-Christ. Il y en a qui m'écoutent et qui témoignent prendre quelque part aux maux de leurs frères, mais il y en a d'autres qui se font toujours tirer l'oreille et ce n'est qu'à force d'importunité que j'en arrache quelque chose. Que ce soit faute de pouvoir ou de bonne volonté, je n'ai pas fait de grandes récoltes, mais j'ai eu au moins la consolation de faire partout ou j'ai passé, quelque grapillage qui n'est pas à mépriser. Je dois justifier les Églises et ceux qui les gouvernent ; s'ils ne répondent pas toujours à mes désirs, c'est qu'il fourmille parmi eux des pauvres qu'il faut nécessairement assister préférablement aux étrangers (1). »

Ayant appris que Court venait d'être éprouvé par des deuils de famille et par la saisie de ses biens en France, Du Plan lui en exprima toute sa sympathie, puis comparant sa position à celle de son ami, il ajoutait :

« Quant à moi, je n'ai été exposé jusqu'ici à perdre des enfants, parce que je n'en ai jamais eu et ne sais si le

(1) N° 12, p. 561 (Copenhague, 15 décembre 1736).

plaisir de les avoir eu pendant un temps ne surpasse pas l'affliction de les perdre. A l'égard des biens de la terre, je les abandonnai sans regret lorsque je sortis de France, ne sachant pas si j'en retirerais quelque chose. Dieu a voulu par sa grâce m'en faire retirer suffisamment pour n'être à charge à personne et pour pouvoir faire mes voyages d'une manière qui parût généreuse. Je suis très-content d'employer non-seulement les intérêts de ce petit capital, mais encore de sacrifier ce capital que j'ai fort écorné. Non-seulement mon argent est au service de Dieu et de son Église, mais ma personne toute entière, que je suis prêt à lui sacrifier si c'est sa volonté (1). »

Le seul espoir qui lui restât après qu'il aurait sacrifié toute sa fortune au service des Églises, était de recevoir un légitime dédommagement de ses peines. C'est ce qu'avait compris le Comité de Genève et ce qu'il lui exprimait par l'organe de Turretin, l'un de ses membres les plus distingués, qui lui disait en lui accusant réception de trois mille livres :

« Nous bénissons Dieu, mes collègues et moi, de l'heureux succès de votre négoce ; et nous prions ce bon Père qu'il lui plaise de vous conserver et de continuer à bénir vos soins, comme il l'a fait jusqu'à présent et comme il le fera encore par sa bonté infinie.... Je laisse à M. Vial à entrer dans de plus grands détails avec vous. Je me contente de vous assurer de la part que nous prenons, les uns et les autres, dans tout ce qui vous regarde, et *de la pensée où nous sommes, que les dépenses que vous faites ne doivent pas être à votre charge et que l'on doit vous en tenir compte* (2). »

(1) N° 12, p. 567 (Copenhague, 21 avril 1737).
(2) Lettre de Turretin (Genève, 3 décembre 1736).

## VOYAGE EN SUÈDE ( 1737 )

Du Plan passa en Suède et vint à Stockholm en 1737. Il y fut accueilli avec beaucoup de faveur par le roi et obtint de sa générosité une pension de deux cents écus. Le Sénat même de ce royaume lui accorda cinquante ducats (1).

Le délégué des Synodes était arrivé, semblait-il, au terme de ses longues pérégrinations : mille raisons le rappelaient à Genève ; sa tante et sa sœur qui ne cessaient de lui manifester le désir de le revoir; sa santé altérée par tant de fatigues; son désir enfin d'embrasser ses chers parents et ses amis et de goûter quelque repos. Dieu lui refusa cette douceur; tantôt l'inclémence du temps, tantôt les intérêts de l'Église retardèrent son départ et ne lui permirent pas de revenir à Genève.

« Quelque désir que j'aie de m'approcher de vous, écrit-il de Stoctkholm à sa tante et à sa sœur, je crains bien que je ne le puisse de cette année parce que la saison est avancée, que je suis fort éloigné, et qu'il faut que j'aille faire un tour en Hollande, si je ne veux pas laisser dépérir ce que j'ai heureusement commencé. On m'arrêtera aussi en passant dans quelques villes d'Allemagne où j'ai fait des connaissances qui sont utiles pour le soulagement de nos frères. Je vous supplie de ne le trouver pas mauvais à cause que c'est un devoir et une nécessité pour remplir ma commission; après viendra le repos (2).

« Je souhaite de voir la fin de mon pèlerinage plus que vous ne croyez, leur écrit-il encore, car je suis las de parcourir le monde. Il n'y a que mon devoir et une espèce de nécessité qui me fait surmonter les fatigues qu'on souffre en chemin (3). »

(1) N° 9, p. 159.
(2) Lettre à sa sœur et à sa tante (Stockholm, 24 août 1737).
(3) Aux mêmes, de Hambourg, novembre 1737.

RETOUR A LONDRES ( 1738 )

Vers la fin de 1737, du Plan quitta la Suède pour retourner en Hollande. Il visita pour la seconde fois Copenhague, Hambourg et affermit dans leurs charitables sentiments les bienfaiteurs qu'il avait déjà procurés aux Églises. Sur son passage, il adressa un mémoire au roi de Prusse, qui mit à sa disposition deux cents écus « pour soulager les pauvres opprimés (1). »

En janvier 1738, du Plan était à la Haye d'où il écrivait à son ami :

« Me voici arrivé à la Haye depuis quelques jours, après avoir visité le pays de Goths et des Vandales. Je crois vous avoir marqué comme Dieu m'a fait le grâce de grapiller partout, si je n'ai pas partout vendangé. Les commencements sont toujours les plus difficiles, mais avec le temps on se fait à la guerre. J'ai eu affaire à des gens qu'il a fallu harceler longtemps avant que de rien obtenir ; d'autres ont donné de bonne grâce ; quoi qu'il en soit, quoi qu'il en coûte, j'espère, s'il plaît à Dieu, avant que l'année courante soit finie, mettre les choses sur un pied qui subsistera et qui produira certains secours annuels, quoique peu considérables, parce que la charité est refroidie. »

---

# CHAPITRE XVIII

## Activité de du Plan à Londres

### 1738-1744

Du Plan se disposait à partir pour Genève, lorsqu'un événement imprévu vint tout-à-coup renverser ses

(1) Lettre signée Gram, Friedenburg, 4 octobre 1737.

projets et changer ses dispositions. En arrivant à la Haye, il apprit que la reine d'Angleterre, sa bienfaitrice, était morte, que la Société qu'il avait fondée s'était dissoute et que le roi, malgré ses promesses, n'avait point renouvelé sa rente annuelle. Ce n'était là qu'une partie des malheurs; il apprit encore que la cour d'Angleterre avait cessé même, depuis un an, de payer les huit mille pièces qu'elle donnait depuis la révocation aux réfugiés nécessiteux. Après avoir écrit, sollicité, n'obtenant pas de réponse favorable, du Plan n'hésita pas à sacrifier ses doux projets de retour en Suisse, et partit pour Londres, afin de rétablir son œuvre anéantie.

C'est de là qu'il écrit à sa tante et à sa sœur pour leur apprendre ces tristes nouvelles.

« Mesdemoiselles, mes très-honorées tante et ma chère sœur,

« Je ne doute pas que vous n'ayez appris, il y a quelque temps, la mort de la reine d'Angleterre; c'était par le moyen de cette illustre et pieuse princesse que j'avais obtenu du roi une espèce de pension qui devait être accordée chaque année. Je ne croyais pas qu'il fût nécessaire que je passasse la mer pour cela; c'est pourquoi j'ai différé autant que j'ai pu; mais voyant que mes lettres réitérées ne suffisaient pas et que j'avais perdu ma bonne protectrice et avocate auprès du roi, il y a environ deux mois que je suis venu ici pour tâcher de raccommoder les choses, ce qui sera très-difficile, pour ne pas dire impossible selon que plusieurs personnes m'ont dit.

« Je vous avoue que je suis dans une espèce de perplexité, car je me souviens parfaitement bien que je vous ai promis de vous venir joindre le plus tôt même qu'il me sera possible et je vois des retardements auxquels je ne m'attendais pas. S'il ne s'agissait que d'une bagatelle ou petite somme, je l'aurais bientôt sacrifiée au plaisir de vous revoir; mais la chose est trop considérable pour que je ne doive pas faire tous mes efforts pour la remettre sur son bon pied. Quelques difficultés que je trouve, j'emploierai tant de moyens que je me flatte de voir une définition assez prompte pour me donner le temps de venir encore cette année à Genève. Je suis si ennuyé et fatigué de tous ces voyages et tracas que si le motif et le grand intérêt qui m'ont mis en campagne ne m'avaient soutenu, il y a longtemps que j'aurais abandonné tout cela (1). »

De retour à Londres, du Plan ne tarda pas à s'assurer par lui-même que son œuvre était en effet ruinée et que tout était à refaire. Il ne perdit pas courage et recommença ses sollicitations auprès du roi et des riches familles. On se rappelle les difficultés qu'il avait rencontrées une première fois; celles qu'il eut encore à vaincre ne furent pas moindres. Après huit mois de courses infructueuses, il écrivait à son ami :

« Il y a plus de huit mois que je suis ici sans avoir encore rien fait que prendre beaucoup de peine et dépenser beaucoup d'argent. Si je ne regardais qu'aux causes secondes, j'aurais perdu toute espérance (2). »

Enfin, après d'incessantes démarches et de persévérantes sollicitations, il parvint à obtenir une audience du roi d'Angleterre, qui lui octroya de nouveau mille pièces d'or et s'engagea à donner chaque année une somme semblable.

Tout en se dépensant au dehors, du Plan ne suivait pas avec moins d'intérêt les diverses péripéties que traversait l'Église réformée de France.

(1) Papiers de famille (juin 1738).
(2) Nº 12, p. 583 (janvier 1739).

Sa correspondance avec les prédicants le mettait au courant des malheurs des fidèles. C'est sous cette impression qu'il prit la plume, traça un tableau palpitant de l'état de ses coréligionnaires et provoqua des souscriptions en leur faveur.

« Quoique Dieu pour éprouver son Église, disait-il dans un de ces appels, et pour punir l'abus de ses grâces spirituelles et temporelles, ait permis que l'édit de Nantes ait été révoqué, nos pasteurs exilés, nos temples démolis, nos troupeaux dispersés et la persécution exercée en mille manières contre nos frères de France ; le Seigneur n'a pas néanmoins permis que le flambeau de son Évangile ait été entièrement éteint dans ce royaume, il a toujours suscité depuis, des personnes remplies de zèle pour sa gloire, qui ont prêché sa Parole malgré les arrêts injustes et la violence des persécuteurs.

« Ces serviteurs de Dieu ont dressé quantité d'Églises dans quelques provinces, particulièrement dans le Bas-Languedoc, les Cévennes, le Vivarais et le Dauphiné : Églises qui ont des pasteurs et des anciens, qui tiennent toutes les années leurs colloques et leurs Synodes, mais qui, vivant sous un joug tyrannique, imitent les Églises des trois premiers siècles qui vivaient sous le règne des empereurs païens, et celles des premiers réformés qui n'avaient point de temple et qui étaient obligés, à cause de la persécution, de faire leurs assemblées dans des lieux secrets, dans des caves, dans des déserts, dans des bois, dans des cavernes, et le plus souvent de nuit.

« La plupart de ces prédicateurs, après avoir instruit, consolé et fortifié le peuple pendant un certain temps, ont scellé de leur sang, non-seulement avec constance, mais encore avec joie, notre sainte religion. Une grande multitude de leurs auditeurs ont confessé et plusieurs confessent encore la vérité sur les galères et dans les prisons avec une constance admirable.

« C'est en faveur de ces généreux confesseurs qui gémissent

dans les fers parmi toutes sortes de malfaiteurs et dans des
prisons affreuses, qu'on a entrepris une collecte parmi quelques
personnes charitables qui prennent part à la *froissure de Joseph*
et qui se souviennent des prisonniers pour l'Évangile, comme
s'ils étaient prisonniers avec eux, parce qu'ils les regardent
comme des membres du corps mystique de Jésus-Christ que
nous reconnaissons pour notre chef, notre roi, notre Sauveur
et notre Dieu, de qui nous attendons toute notre félicité.

« Le nombre des galériens est présentement de 18; celui
des prisonniers au fort de Brescou, situé dans la mer, est de
10; celui des prisonnières dans la tour de Constance, est de 22;
sans compter 17 femmes qui ont été arrêtées depuis peu, près
de Nimes, en revenant d'une assemblée religieuse et qu'on a
condamnées à une prison perpétuelle dans cette tour.

« Nous avons appris aussi, depuis peu, qu'on a tué à coups
de fusils deux ministres en Vivarais, l'un appelé Vernet,
l'autre Lassagne, fuyant un détachement; on a aussi arrêté,
dans ce quartier, sept femmes, parmi lesquelles se trouve
l'épouse de M. Lassagne, enceinte de six mois : toutes ces
victimes de la persécution subiront apparemment, selon les
arrêts, le sort d'une prison perpétuelle.

« Il faut noter que la Tour de Constance, qui est à Aigues-
mortes, ville du Bas-Languedoc, est une prison où l'on envoie
ceux qu'on veut faire périr peu à peu, sans éclat. La ville
d'Aigues-Mortes était autrefois un port de mer; mais depuis
que la mer s'est retirée, elle se trouve presque déserte, sans
fabriques et sans négoce; tous les environs sont remplis de
marécages qui causent la stérilité du terroir et la disette,
jusqu'à l'eau qu'il faut acheter parce qu'on va la chercher
jusqu'à deux lieues de la ville. L'air aussi y est si malsain
que les maladies y sont fréquentes et que la plupart des
habitants portent le deuil. Si la ville est pauvre et malsaine,
la prison l'est encore davantage, à cause d'une plus grande
misère et du peu d'air qu'on y respire à travers quelques
petites ouvertures de murailles qui sont extrêmement épaisses,

ce qui empêche que ces pauvres prisonnières jouissent jamais des rayons du soleil et fait qu'elles sont comme ensevelies dans un vaste tombeau où les ténèbres et le froid règnent presque pendant toute l'année; aussi sont-elles presque toujours malades, et ne recevant que très-peu de secours, il en meurt quantité.

« Malgré toutes ces misères, il y a quelques unes de ces captives qui subsistent dans cet horrible séjour depuis dix, quinze, vingt ans, soit par la force de leur tempérament, soit que Dieu les ait voulu conserver pour être des exemples vivants aux autres, de piété, de vertu et de constance. Parmi les galériens, les prisonniers et les prisonnières, il s'en trouve de tout âge, depuis 20 jusqu'à 84 ans, comme le père de M. Durand, ce fidèle ministre qui souffrit le martyre, il y a environ neuf ans.

« Il est certain, qu'à la réserve de quelques villes où il y a du commerce, le peuple, en France, est fort pauvre; mais les protestants, outre les peines corporelles, sont extraordinairement vexés depuis quelque temps, par des enlèvements d'enfants, par des impositions arbitraires, par des confiscations et des amendes qui épuisent les familles et les mettent hors d'état de secourir ceux qui sont captifs.

« On a mis 25 jeunes garçons dans un séminaire à Alais. On a enfermé 40 jeunes filles dans un couvent à Anduze, ville des Cévennes. Nous ne parlons pas des autres jeunes garçons et jeunes filles, ni des prisonniers et prisonnières qu'on a enlevés et qui sont captifs dans les autres provinces où le zèle persécuteur se réveille de temps en temps.

« Toutes ces choses, qu'on peut vérifier par plusieurs lettres et des attestations de personnes dignes de foi, émouvront sans doute le cœur des personnes pieuses et charitables et les porteront à contribuer quelque chose des biens dont Dieu les a bénis, pour le soulagement de leurs frères et sœurs en Christ, et ces fidèles confesseurs et confesseuses secourus et soulagés dans leurs souffrances, pénétrés d'une juste et vive reconnaissance, feront des vœux ardents à Dieu en faveur de leurs généreux bienfaiteurs.

« Or, nous savons que la prière des fidèles faite avec ardeur est d'une grande efficace pour attirer les bénédictions du ciel et pour détourner les jugements de Dieu qui nous menacent.

« Convaincu par plusieurs lettres et par le témoignage de personnes dignes de foi et disposées à contribuer au succès du louable dessein qu'on s'y propose, c'est avec plaisir que nous le signons.

« A Londres, ce      1739. »

L'appel fut entendu et du Plan eut la douceur de recueillir de l'argent qu'il se hâta de faire parvenir à ses frères sur les galères du roi et à ses sœurs dans la tour de Constance. Chapel, de retour en Angleterre, lui apporta deux lettres de remerciement des fidèles confesseurs.

En parcourant ces lettres jaunies par le temps, écrites derrière les épaisses murailles de la tour de Constance par deux femmes qui avaient vieilli en prison, ou sur la *Galère Héroïne* par deux héroïques forçats, nous avons senti les larmes mouiller nos paupières. L'écriture trahit une main inhabile, le style et l'orthographe des esprits peu cultivés, mais que les sentiments en sont élevés et dignes ! La première est signée de deux prisonnières originaires d'Alais, nommées Vigne et Soleyrol.

Jacquette Vigne était âgée de 45 ans lorsqu'elle fut arrêtée et enfermée le 22 septembre 1726, pour cause de religion ; Anne Soleyrol, fille d'un boulanger, était âgée de 23 ans lorsqu'elle fut enfermée, le 2 janvier 1738, pour avoir assisté à une assemblée. Sur le registre relatant la conduite des détenues, on lit à la date de 1745 :

*Jaquette Vigne.* Sa croyance toujours la même ;
*Anne Soleyrol.* Sa croyance toujours la même.

Ce sont des femmes de cette trempe, qui, seules, ont pu graver sur une dalle de la tour de Constance ce mot qu'on y lit encore, cri suprême, appel touchant destiné à raffermir les courages : *Régistez !*

Jaquette Vigne et Anne Soleyrol, reconnaissantes de l'intérêt que du Plan témoignait de loin aux pauvres captives, lui écrivaient le 27 mars 1740 :

« Monsieur,

« Nous avons eu l'honneur de recevoir la charitable vôtre et avons été vivement touchées des pieuses exhortations que vous avez eu la bonté de nous mander, que nous regardons comme une grâce descendue du ciel. Nous voyons bien que Dieu ne nous abandonne point, puisqu'il nous suscite des personnes aussi vénérables que vous, pour nous être pour appui, nonobstant la furie de nos ennemis qui nous regardent comme la balayure et la raclure de la terre ; non-seulement, disons-nous, de nos adversaires, mais encore de la plupart de ceux qui nous devraient donner la main d'association ; c'est ce qui augmente de beaucoup notre captivité. Nous espérons, Monsieur, que par vos soins charitables, nous pourrons trouver quelques soulagements à nos maux, avec l'assistance de Dieu, tant par les ferventes prières que vous lui adressez en notre faveur ou par votre zèle ; plusieurs personnes pieuses comme vous, suivront votre exemple. Nous vous sommes, Monsieur, très-humblement obligées de tous vos soins charitables, vous suppliant en grâce de nous les continuer tant qu'il plaira au Seigneur de prolonger notre captivité. Les Messieurs d'Alais ont eu la bonté de nous écrire que vous nous aviez envoyé quelque secours, mais nous ne l'avons pas reçu. Nous sommes 31 prisonnières ; la plupart des veuves ou orphelines, et vous n'ignorez pas, Monsieur, nos nécessités. En nous recommandant à vos pieuses prières, nous vous prions de nous recommander à celles de l'Église. D'un autre côté, nous supplions l'Etre suprême de vous combler de ses plus précieuses grâces et bénédictions spirituelles et temporelles et une parfaite prospérité. Ce sont les souhaits de celles qui ont l'honneur de se dire, Monsieur, avec un profond respect et une parfaite considération, Monsieur, vos très humbles et très-obéissantes servantes, les prisonnières,

« VIGNE. »

« SOLEYROLE. »

« A la tour de Constance d'Aiguesmortes, ce 27<sup>me</sup> mars 1740. »

Voici la lettre des deux galériens de Marseille. L'un d'eux, Villevaire, avait été pendant vingt-cinq ans, un des compagnons d'œuvre les plus dévoués de Roger. Il avait rempli longtemps les fonctions de lecteur dans les assemblées, puis celles de catéchiste et de proposant et plusieurs Synodes provinciaux l'avaient nommé secrétaire. Il fut arrêté le 15 juin 1735 et condamné à vie aux galères (1).

« Pour Messieurs la Plaine et du Plan.

« Messieurs et très-honorés frères en Jésus-Christ notre Seigneur,

« J'ai reçu la lettre dont il vous a plu m'honorer, datée du 25 octobre 1739, laquelle m'a fait un singulier plaisir, d'y apprendre surtout que vous tous jouissez de la santé; Dieu

(1) Voir sur sa vie et son arrestation d'intéressants détails dans *Jacques Roger,* par D. Benoit, p. 149, 152 et suiv.

veuille que la présente vous trouve de même; tous les confesseurs nous portons bien aussi; Dieu soit loué, nous remercions à tous des soins charitables qu'il vous plait vous donner pour nous tous; Dieu veuille opérer dans vos travaux et récompenser vos peines; il peut faire l'un et l'autre, car tout dépend de lui, le néant même lui obéit et la lumière sort des ténèbres à sa Parole. Il faut espérer de lui que vos peines ne seront pas sans fruit, car d'un côté, en représentant notre captivité et la cause pour laquelle nous souffrons, aux personnes qui pourraient ne le savoir pas, pourra émouvoir leur compassion et prendre occasion d'exercer leur charité en s'employant pour nous; d'autre part, Dieu nous ayant humiliés jusque à ne pouvoir pas refuser les bons offices de nos bienfaiteurs, nous nous trouverons soulagés dans nos souffrances par leurs bienfaits et peut-être délivrés, ce que nous souhaitons bien. Mais c'est toujours avec soumission à la volonté de Dieu, car, étant chrétiens, par la grâce de Dieu, nous sommes enrôlés dans la milice spirituelle de Dieu. Il nous faut faire office de fidèles soldats, les chaînes sont le lieu qu'il nous a placés, et y devons souffrir patiemment les peines qu'on y éprouve, en soutenant la vérité évangélique; ainsi, garder notre poste jusqu'à ce qu'il plaise à Dieu de nous en relever. Que savons-nous, si Dieu a permis que dans cette longue persécution, il y ait toujours eu plusieurs personnes aux chaînes dans ces lieux, qui y ont souffert en soutenant la vérité et quand il en a tiré les uns, il a permis que d'autres soient venus prendre la place, qui confessent et suivent la même foi. Je ne doute pas que leur constance ne soit une censure continuelle aux tièdes, timides, mondains et lâches temporiseurs qui ont tourné le dos au jour de la bataille en abandonnant la vérité. La sapience des hommes est confondue par celle de Dieu; Dieu pense autrement que les hommes : nos persécuteurs s'imaginent de nous déshonorer et flétrir en nous mettant au rang des malfaiteurs, en nous faisant porter les mêmes peines, mais Dieu nous honore et nous donne lieu de nous réjouir en souffrant opprobre pour le nom de Jésus. Dieu nous a prédestinés à nous rendre conformes à son Fils, afin que souffrant avec lui, nous soyons aussi glorifiés avec lui ; or, nous avons vu par écrit que Jésus-Christ, en souffrant les choses qui avaient été prédites de lui par les prophètes, est entré dans sa gloire ; or, nous ont aussi été prédites par Jésus-Christ, que nous serions haïs et persécutés à cause de son nom. Je pense aussi que notre bonheur n'est pas marqué d'en jouir pendant cette vie, il est réservé pour la vie à venir ; notre vie est cachée avec Christ en Dieu, mais lorsque Jésus-Christ qui est notre vie apparaîtra, alors nous apparaîtrons avec lui en gloire. Contentons-nous pour le présent d'avoir les promesses de Dieu pour gage de l'héritage éternel de bonheur, et de voir accomplir, de notre temps, en nous, les persécutions dont les vrais chrétiens doivent éprouver. Étant plus, cela nous doit affermir, à persévérer, à confesser la vraie foi, et nous espérons de la miséricorde de Dieu, que nous implorons, qu'il nous soutiendra à ce faire, jusqu'à la fin.

« Assurez, s'il vous plaît, de nos humbles respect M. de Vernon et Messieurs ses fils, lesquels, en passant ici à Marseille, nous donnèrent des preuves de leur charité. Dieu veuille leur récompenser leurs bienfaits.

« Assurez aussi de nos respectueuses affections M<sup>me</sup> d'Estampes et tous ceux qui lui appartiennent.

« Aussi Monsieur Ofrère et tous les autres Messieurs qui s'intéressent pour nous, tant pour nous tirer des fers que pour nous secourir dans notre triste situation, et soyez persuadé que je suis de cœur et d'affection, Messieurs et frères en Christ, votre très-humble et très-obéissant serviteur,

« VILLEVAIRE. »

Un autre confesseur ajouta à cette lettre les lignes suivantes :

« Monsieur,

« Je profite du restant du papier pour vous souhaiter une bonne et heureuse année suivie de nombre d'autres, suivie de toute sorte de bonheur et de prospérité dans cette basse terre, et la gloire de son saint paradis à la fin de votre carrière. Veuille ce grand Dieu, par sa bonté paternelle, vous combler de ses plus précieuses grâces et jeter un coup-d'œil favorable sur vos bonnes entreprises. J'espère de votre bonté que vous ne m'oublierez pas dans la triste situation où mes péchés m'ont réduit, non plus que dans vos prières et suis, avec un profond respect, Monsieur, votre très-humble et très-soumis serviteur.

« GLEIZE, sur la galère *Héroïne*.

« Si on a tant tardé à vous écrire, notre frère Villevaire a gardé la lettre de notre frère Chapel un mois et demi sans me la faire voir. J'assure de mes respects notre frère Chapel. Notre frère Martin vous assure l'un et l'autre de ses profonds respects et se recommande à vos tendres soins. »

Du Plan avait à peu près relevé son œuvre et se disposait enfin à répondre aux prières de sa tante et de sa sœur, lorsqu'au moment de s'embarquer et de partir pour Genève, un nouvel événement important, la mort du roi de Prusse, vint encore renverser ses projets.

Ce roi avait rendu des services aux Églises en obtenant de Louis XV, sur les instances de du Plan, la délivrance de plusieurs personnes récemment arrêtées; mais ses relations d'amitié avec la cour de France, l'empêchaient de se mêler davantage des affaires de religion. C'est ce qu'il avait écrit lui-même à du Plan (1). Son fils, disait-on, n'avait pas les mêmes ménagements à garder. Du Plan hésita s'il irait à Berlin pour y plaider sa cause, ou s'il retournerait à Genève. Il laissa à sa tante le soin de décider la question :

(1) Voir sa lettre, page 228.

« Si j'avais été jeune et libre, je n'aurais pas hésité à m'y transporter, lui écrit-il, aussitôt que j'ai appris la mort du roi, mais étant dans ma 53ᵉ année, d'une complexion délicate et dégoûté des longs voyages dans un pays où je n'entends pas la langue, j'ai résolu d'écrire par la première poste à Berlin, pour savoir s'il est nécessaire que je m'y transporte. Et à vous, ma chère tante et mère, je vous écris pour savoir si vous voulez qu'au cas qu'on me fasse réponse de Berlin qu'il est nécessaire que j'y aille, si vous voulez, dis-je, que je vienne à Genève vous voir auparavant, comme je vous ai promis, ou si vous consentez que j'aille à Berlin, pour aller ensuite me reposer, s'il plaît à Dieu, le reste de mes jours du côté de Genève. Je désire avec tant de sincérité et d'affection de vous voir et je suis si mortifié d'avoir été obligé de différer mon retour que je surmonterai, avec le secours de Dieu, les fatigues qu'il me faudra essuyer dans ce long circuit, qu'il me faudra faire en passant par Genève pour aller à Berlin, supposé qu'on m'écrive qu'il est nécessaire d'y aller. Au lieu de vous fâcher contre moi, je vous prie de me plaindre de ce que je suis forcé de contraindre mon inclination pour remplir mon devoir. J'attends votre réponse positive sur ce que vous souhaitez que je fasse (1). »

La bonne tante consentit encore une fois à voir différer le retour de du Plan ; toutefois dans sa réponse affectueuse, elle ne put s'empêcher d'accuser son neveu, quoiqu'il s'en défendît, d'avoir un goût trop prononcé pour les voyages.

Du moins ces fatigues et ces efforts persévérants n'étaient pas toujours perdus. Du Plan fut heureux de lui apprendre qu'il venait de gagner, en Angleterre, son procès en faveur des réfugiés. Ce procès, il est

_______________

(1) Londres, 18 juin 1840.

vrai, lui avait coûté beaucoup de soins et beaucoup d'argent.

« Mais aussi j'ai gagné le procès avec dépens, et supposé que j'aie sacrifié quelque chose de mes propres intérêts pour mes frères, *j'espère qu'ils y auront un jour égard, quand je les aurai mis en état de me témoigner leur reconnaissance ainsi que cela a bien commencé* (1). »

Du Plan allait donc partir pour Berlin, espérant réussir aussi heureusement qu'en Angleterre, lorsqu'il apprit que le roi de Prusse se mettait en campagne pour conquérir la Silésie : nouveaux retards, nouveaux renvois ; il en fut le premier désappointé. Si ces événements, indépendants de sa volonté, le tenaient éloigné de sa tante et de sa sœur, il ne cessait de s'intéresser à elles ; il se préoccupait de leur position, de leurs besoins et y suppléait dans la mesure de ses moyens.

« J'ai appris, leur écrit-il, que vous usiez beaucoup d'épargne, ce qui ne convient pas lorsqu'on est parvenu à un certain âge et qu'on a de quoi se servir. Je vous prie donc, s'il vous plaît, de vous procurer mieux vos aises que vous n'avez fait jusque ici. Je fais la même prière à ma chère sœur, à qui je renouvelle les assurances de mon affection cordiale. Quand vous n'auriez point de ressources en France ni à Genève, tout ce que j'ai ou que j'aurai au monde sera à votre service. Je puis même commencer à vous aider après avoir reçu tant de marques de votre amitié que je n'oublierai jamais (2) »

Cette lettre devait être une des dernières que M<sup>me</sup> Lèches recevait de son neveu : elle mourut dans le

(1) Lettre à sa tante, sept. 1740. (C'est nous qui soulignons.)
(2) Lettre du 26 février 1741.

courant de l'année 1741, sans avoir eu la douceur et la consolation d'embrasser une dernière fois celui qu'elle aimait comme son fils. Cet affection était partagée, comme on le voit par la correspondance de du Plan. Après la mort de sa tante, tout l'intérêt de celui-ci se porta sur sa sœur, isolée à Genève; il prévoyait de loin tous ses besoins et s'imposait pour elle des sacrifices, au point d'éveiller la sollicitude de son vieil ami, le pasteur Vial de Beaumont. Vial, qui connaissait la position précaire de du Plan et ses minces revenus, crut devoir prendre la liberté de lui écrire la lettre suivante pour lui dire de ménager davantage ses ressources et de songer à son avenir :

« Monsieur et très-cher ami,

« Vous êtes trop sensible aux petits services que j'ai rendus à feue M<sup>me</sup> Lèches, votre tante. Je voudrais avoir pu lui être beaucoup plus utile, il n'a tenu qu'à elle de profiter de ma bonne volonté, car je vous assure que j'avais les meilleures intentions du monde à son égard, non-seulement à cause de son mérite personnel, mais particulièrement à cause de l'affection et de l'estime particulières que j'ai pour vous. Je voudrais que M<sup>lle</sup> Suzon fût plus affranchie avec moi et plus portée à vouloir que je lui fisse plaisir, mais elle est trop réservée et trop discrète; elle m'a fait manquer la plupart des occasions qui se présentent de lui rendre service; à peine nous en laisse-t-elle paraître la moitié. Quoi qu'il en soit, elle est passablement bien, elle tire encore quelque chose du pays, lequel joint au petit capital qui lui reste, suffira pour la faire vivre tout doucement le reste de ses jours. N'en soyez donc plus en peine et ne vous piquez pas de lui envoyer de l'argent. Mais pensez à vous-même, s'il vous plait, mon cher ami; je ne sais ce qui vous reste en France, ni ce que vous pourrez en tirer; je sais seulement qu'il ne vous reste que très-peu de chose à Genève et que, si vous en exceptez vos meubles et les dettes de M. Joly, le boiteux, ou quelqu'autre ravauderie de cette nature, s'il y en a, vous n'avez guère plus de deux mille francs, argent courant; voilà à quoi vous en êtes réduit. Au nom de Dieu donc, mon cher ami, pensez à vous-même et travaillez à vous assurer du pain, si Dieu vous en fournit le moyen. Fages a reçu le louis d'or de quatorze livres que vous avez ordonné de lui compter; mais ne pensez plus à lui, plusieurs personnes m'ont assuré qu'il est à son aise. Ne continuez pas non plus à répandre votre bien aussi facilement que vous avez fait jusques ici; c'est un beau défaut que celui d'être trop libéral, mais c'est toujours un défaut, corrigez-vous-en, s'il vous plaît. Il est vrai que Dieu a commencé à bénir la bourse de nos Églises, mais il n'est pas sûr qu'il veuille continuer à le faire, ni que ses dépenses n'augmenteront, *ni que les administrateurs auront toujours, pour vos services, les égards qu'ils méritent* (1). J'ose vous dire que je vous serai toujours dévoué, et que je vous rendrai toujours tous les bons offices qui dépendront de moi; mais je suis vieux et infirme, le temps de mon délogement s'approche et ma santé se trouve en tel état, que si la mort ne vient pas me décharger au plus tôt de mes occupations, quelles qu'elles soient, je serai contraint de m'en faire débarrasser par ceux qui peuvent le faire. Mes collègues et moi, vous prions de ne vous laisser manquer de rien; il y a encore de l'argent libre entre les mains de notre ami Gaussen; servez-vous en bon chrétien et en bon administrateur.

« M^lle Suzon vient d'entrer dans mon cabinet; elle m'a produit la lettre que vous lui avez écrite dans une de M. Paul Gaussen, datée du 19 de ce mois. Elle vous remercie des témoignages d'amitié que vous lui donnez et vous prie d'être persuadé de sa reconnaissance et de son attachement inviola-

(1) C'est nous qui soulignons.

ble. Elle n'a pas vonlu accepter les dix guinées que vous aviez remises à M. Gaussen, il y a quelques semaines, parce qu'elle croit que vous en avez plus besoin qu'elle et qu'elle souhaite votre bonheur autant que le sien propre; elle vous prie, au nom de Dieu, aussi bien que moi, de vous mettre en état de n'avoir besoin de personne et de vous amasser quelque chose pour vos vieux jours. M<sup>lle</sup> Jalabert, d'Alais, loge dans la même maison qu'elle; cette demoiselle a une nièce qu'elle lui a donnée pour coucher avec elle, et vous pouvez compter que si la fille de M. Trélis vient, elle sera très-bien reçue. La pauvre Icarde vit toujours, elle est en bonne santé et se dispose à aller passer l'hiver en Suisse, à Yverdun, auprès d'une demoiselle de Genève qui y est mariée et qui souhaite de l'avoir auprès d'elle. M<sup>lle</sup> Suzon vous demande encore une grâce, qui est de lui apprendre si elle doit se flatter de vous voir encore une fois en sa vie, ou s'il en sera d'elle comme de votre tante. Tâchez de la contenter et regardez-moi toujours comme étant parfaitement, Monsieur et cher ami, votre très-humble et très-obéissant serviteur.

« VIAL DE BEAUMONT.

« A Genève, le 30 octobre 1741. »

Du Plan dut se résigner à passer l'hiver de 1741 à Londres. Il en profita pour collecter une somme importante qu'il fit parvenir à M. Vial de Beaumont pour les captifs et les captives de France. C'est ainsi qu'il répondait à ceux qui déjà commençaient à lui reprocher son long séjour en Angleterre, sous prétexte que sa présence y était inutile et plutôt à charge aux Églises. L'un d'eux, en particulier, se faisait remarquer par son peu de bienveillance; c'était M. Serces, pasteur de la chapelle française de Saint James :

« Mon ami, M. Serces, écrit du Plan vers la fin de 1741, m'a voulu chasser cordialement plusieurs fois de ce pays, croyant que je perdrais mes peines et consumerais inutilement mon argent; il s'est trompé, Dieu merci, et d'autres aussi. Bienheureux sont ceux qui mettent leur confiance en Dieu; ils ne seront jamais confus dans leur attente. Je me réserve de vous informer une autre fois plus particulièrement de certaines choses et cela d'autant plus que notre ami M. Serces vous répond (1). »

A partir de cette époque, les lettres de du Plan deviennent plus rares, mais son *Mémoire aux Arbitres* supplée suffisamment à cette lacune pour nous faire connaître les causes qui prolongèrent son séjour en Angleterre. Nous avons dit que dès son retour à Londres, le député des Églises avait sollicité et enfin obtenu la pension annuelle de mille pièces d'or que le roi d'Angleterre lui avait octroyée, mais qui avait été suspendue pendant un certain temps. Du Plan attendit que l'année fut écoulée pour renouveler sa demande. Le roi partit pour l'Allemagne; ses ministres étant fort occupés et le trésor vide, l'affaire traîna en longueur et ce ne fut qu'à force de sollicitations, qu'en l'absence du roi, du Plan obtint ses mille pièces. Mais ces démarches réitérées, ces renvois perpétuels, ces longueurs interminables fatiguèrent à la fin le député; il proposa à milord Wilmington, qui avait succédé au chevalier Walpole dans la charge de trésorier, de réduire le don royal à cinq cents pièces, si toutefois on promettait de les payer régulièrement et d'assurer cette rente sur un fonds, en faveur des Églises. La proposition fut agréée, mais

(1) Lettre à M. Vial, 18 décembre 1741.

les cinq cents pièces ne furent pas comptées plus régulièrement que les mille ne l'avaient été. Du Plan résolut alors de s'adresser directement au roi et de réclamer la somme entière primitivement octroyée. Le roi fut surpris de ces retards et en blâma probablement son trésorier. Quoiqu'il en soit, mylord Wilmington parut mortifié et en fit des reproches au délégué comme s'il avait porté à Sa Majesté des plaintes contre lui. Du Plan se justifia en mettant sous les yeux du ministre la copie de sa requête au roi. Milord Wilmington parut apaisé, paya les cinq cents pièces d'or et promit d'être l'ami des Églises.

Mais lorsque l'année suivante, le député présenta de nouveau sa requête à la trésorerie, lord Wilmington éclata en reproches contre du Plan en présence de M. Serces. Le député fut extrêmement surpris de cette sortie qui n'était justifiée que par l'importunité de sa demande. Quant à M. Serces, il fit son profit de cette scène pour achever de discréditer le député auprès du Comité de Genève.

Pendant que du Plan était absorbé par cette affaire, il eut la douleur d'apprendre en 1743 la mort de sa sœur (1). Depuis sept ans, elle s'était réfugiée à Genève avec sa tante auprès de Jeanne Dumas, mère nourrice de du Plan. La mort leur avait enlevé, en 1740, cette précieuse amie; trois ans après M^me veuve Lèches était emportée à son tour. Suzanne de Ribot, accablée de douleur, trouva des protecteurs dévoués dans les amis

---

(1) Suzanne de Ribot avait neuf ans de plus que son frère. Elle était née le 6 novembre 1679 au château de la Favède et baptisée dans la paroisse de Soustelle par un pasteur du Désert.

de son frère. Ce qui l'aidait à supporter son malheur et son isolement, c'était l'espoir de le revoir bientôt. Hélas! cet espoir fut déçu. Elle lui laissa en mourant, un dernier témoignage de son affection, et lui légua sa modeste fortune. La position de du Plan en fut améliorée. Néanmoins, les dépenses auxquelles l'obligeait son séjour prolongé en Angleterre, et surtout ses libéralités, provoquèrent une seconde lettre de son vieil ami Vial de Beaumont :

« A Genève, le 19 avril 1743.

« Monsieur et très-cher ami,

« Mon âge, mes infirmités et la complaisance de mes amis m'ayant dispensé de me mêler plus longtemps des affaires de nos bons frères, il semble que je n'aurais pas dû vous en écrire davantage; aussi aurais-je gardé le silence, si l'affection cordiale et accompagnée d'une véritable estime ne m'avaient comme forcé à vous parler encore une fois de la petite somme que vous avez encore ici entre les mains de M. Gaussen. Considérez donc, je vous prie, 1º que cette somme est fort petite puisqu'elle ne va qu'à cinq ou six mille livres; 2º qu'elle fait pourtant le plus clair de votre bien; 3º qu'il vous importe extrèmement de la conserver et *que rien ne vous oblige à vous en dépouiller, parce que vous méritez que vos amis aient soin de vous, qu'ils le veulent et qu'ils le peuvent faire; que les choses peuvent changer, qu'il viendra peut-être un temps où l'on n'aura plus d'argent et qu'alors vous manquerez du nécessaire et ne recevrez plus que de bonnes paroles* (1) : que quand cela ne serait pas, vous trouverez toujours des gens qui accepteront vos libéralités, que vous pourrez toujours trouver les occasions de les faire parvenir en mourant à qui il vous plaira, et qu'en un mot, il y a une espèce de témérité à se mettre en danger de manquer du nécessaire, avant la fin de

_______
(1) Souligné par du Plan.

ses jours, pendant qu'on peut l'éviter. Comme je ne suis pas seul dans ces idées et qu'elles me sont communes avec tous mes amis, je vous parle au nom de tous et vous prie aussi au nom de tous, de ne pas tant écouter les importuns et l'espèce de gens qu'on appelle escrocs et écorniffleurs; tout en est plein dans le monde. Souffrez aussi que M. Paul Gaussen ne vous envoie pas sitôt votre petite somme; elle est à peu près toute logée et vous porte un intérêt dont il ne manquera pas de vous tenir compte; mais nous vous prions encore tous, de réfléchir bien sur ce que je viens de vous proposer et de nous mander ensuite votre dernière résolution afin que nous puissions nous y conformer, car enfin il est juste que vous disposiez à votre gré de ce qui est à vous, nous n'avons que des conseils à vous donner et non des ordres : et ces conseils se réduisent à dire que celui qui a servi l'autel doit vivre de l'autel, que vous devez prendre la pension que nos amis veulent et peuvent vous donner présentement et laisser la somme qui est entre les mains de M. Gaussen aux lieux et en l'état où elle se trouve, ou la placer avantageusement quelque part à fonds perdu ou sans fonds perdu. J'ai ouï dire plus d'une fois à M. Maurice qu'il avait reçu les cent écus que vous lui avez fait toucher aux vendanges passées par Messieurs Picot et Closière. Tous vos amis vous embrassent; embrassez aussi, s'il vous plaît, les nôtres, de Londres, surtout Messieurs Gaussen et Serces et croyez que je serai jusqu'à la fin de mes jours, Monsieur et très-cher ami, votre très-humble et très-obéissant serviteur,

« VIAL DE BEAUMONT. »

Les événements devaient justifier malheureusement toutes les craintes de Vial, et il restait à du Plan à faire l'expérience de l'ingratitude et de la méchanceté des hommes.

# CHAPITRE XIX

## Affaire du Plan

### 1744-1751

En 1744, un Comité fut organisé à Londres pour correspondre avec le Comité de Genève et lui envoyer directement les fonds collectés par le député. Ce Comité se composait de MM. Schaub, Vernon et du pasteur français, M. Serces, nommé par l'archevêque de Cantorbéry. A peine ce Comité fut-il constitué, que la lutte éclata entre le pasteur et le député des Synodes. L'hostilité personnelle de Serces s'était déjà manifestée dans plusieurs circonstances. Une lettre que nous avons citée de du Plan à son ami Vial de Beaumont nous apprend que cette hostilité remontait au moins à 1741 (1).

Lorsque Serces fut devenu membre du Comité, il crut avoir toute autorité sur le député; sa correspondance avec l'hoirie de Genève ne fut plus qu'une incessante délation. Après avoir vainement conseillé à du Plan de quitter Londres, il chercha à l'y obliger en provoquant son changement ou même sa destitution; peut-être, nourrissait-il le secret désir de le supplanter. Quoiqu'il en soit, Serces ne recula devant aucun moyen pour en arriver à ses fins.

Il accusa d'abord du Plan de fréquenter les Inspirés qui jouissaient de peu de sympathie et même de peu d'estime parmi les protestants de Londres, sur-

(1) Voir page 252.

tout parmi les membres du Consistoire de l'une des
Églises françaises qui les accusaient de fourberie et de
blasphème. Un grand nombre de libelles et de pam-
phlets avaient paru à leur sujet et l'évêque de Londres
avait dû même intervenir. Néanmoins, malgré cette
ardente persécution, les Inspirés s'étaient fait quelques
partisans ; la présence de du Plan leur donna plus de
relief et d'importance. Le député des Églises oublia
qu'il avait pris formellement l'engagement de ne plus
les fréquenter pendant toute la durée de son mandat. Ce
fait, plus que toutes les calomnies de son ennemi, suffit
pour le discréditer à Londres, à Genève et en France.

L'opposition que les Inspirés avaient soulevée, rejail-
lit en effet sur le député. Serces s'en prévalut pour se
plaindre à Genève ; par ces relations, disait-il, du Plan
ruinait son influence et compromettait les intérêts des
Églises.

D'ailleurs, continuait-il, la présence du député
n'était plus depuis longtemps nécessaire à Londres
où son œuvre était achevée et où il faisait des dépenses exhorbitantes. Car, sous prétexte de fréquenter la
Cour et les seigneurs, le député menait un grand train
de maison et avait une tenue qui contrastait avec l'aus-
térité de son caractère et la nature de sa mission.
Serces allait jusqu'à insinuer que ces dépenses extraordinaires se faisaient aux dépens des Églises, avec l'argent que le député recueillait en leur faveur.

Pour prouver le discrédit de du Plan, il raconta en
la dénaturant la scène dont il avait été témoin dans le
cabinet du ministre (1). Il tira même parti d'une pro-

_____

(1) Voir page 253.

phétie ridicule que des Inspirés avaient faite à du Plan, qu'il serait roi un jour ; et il se plut à répandre le bruit absurde que du Plan aspirait à la main de la fille du roi d'Angleterre.

Le Comité de Genève fut fort embarrassé par toutes ces délations. Évidemment, il connaissait trop du Plan pour le croire coupable, mais il se préoccupait aussi des intérêts des Églises, compromis à tort ou à raison par ce qu'on imputait au député. Depuis longtemps déjà, par l'intermédiaire de Court, on le sollicitait de mettre un terme à ses voyages. Il fut décidé qu'on le rappellerait définitivement.

D'ailleurs, un Synode de France, instruit de ce qui se passait à Londres, venait de remplacer du Plan par Antoine Court, dans les fonctions de député. Court avait été appelé en France pour y apaiser quelques conflits ecclésiastiques et il était présent au Synode qui prit cette grave détermination. Devant l'ardente opposition soulevée contre le député, il comprit qu'il était inutile, cette fois, de défendre une cause perdue d'avance ; il laissa sacrifier son ami, s'inclina devant la volonté du Synode et accepta le mandat que l'on venait de lui confier.

De retour à Genève, il écrivit lui-même à du Plan pour lui annoncer ces graves nouvelles :

« Monsieur et cher ami,

« Vous serez sans doute surpris d'apprendre par cette lettre que j'ai fait un voyage au Languedoc d'où je suis de retour par la grâce de Dieu depuis quelques jours, après y avoir fait un séjour de quatre mois.

« J'ai été sollicité à faire ce voyage par les prières réitérées

et très-pressantes des principaux des Églises pour travailler à
mettre fin aux divisions qui les déchirent depuis longtemps et
qui étaient parvenues à un si haut degré d'aigreur que les
Églises du Bas-Languedoc et Cévennes se trouvaient à deux
doigts de leur ruine totale.

« Le Seigneur a eu pitié d'elles et a béni mes travaux au-
delà de tout ce que j'avais osé en espérer, en sorte que, par un
effet de sa grande bonté, les malheureuses divisions qui les
déchiraient depuis si longtemps, ont cessé par un jugement
rendu par des médiateurs et arbitres réciproquement choisis, et
la paix si désirée a été rendue à l'Église.

« Le détail de cette importante affaire, les excès dans lesquels la discorde les avaient plongés, les malheurs qui pen-
daient sur leurs têtes, le précipice affreux sur le bord duquel
ils se trouvaient et où ils étaient prêts à tomber, toutes ces
choses, Monsieur et très-cher ami, sont trop difficiles à
dépeindre pour pouvoir vous être représentées dans l'espace
abrégé d'une lettre.

« Quelques autres objets ont encore servi de motifs à mon
voyage : entr'autres la nécessité de prendre toutes les précautions possibles pour affermir les protestants du royaume dans
la fidélité qu'ils doivent au roi et au gouvernement dans des
conjonctures aussi critiques que celles du temps présent;
celle d'établir la correspondance qu'il doit y avoir par une
uniformité de conduite entre toutes les Églises qui se sont
formées dans les diverses provinces du royaume pour le bien
de la religion et leurs avantages mutuels, et diverses autres
choses tendant au même but, dont je me réserve de vous
informer lorsque j'aurai le bonheur de vous voir.

« Je me contenterai donc, pour le présent, de vous dire que
le zèle pour la religion s'est si fortement réveillé dans le cœur
des protestants de France, que rien n'est plus beau ni plus
digne d'admiration, que celui qu'ils font paraître dans les
assemblées religieuses qui sont fréquentes et si nombreuses,
qu'aucune précaution que j'aie pu prendre pendant le séjour

que j'y ai fait, n'a pu empêcher qu'elles n'aient été de plusieurs milliers de personnes quoique faites en public et en
plein jour.

« J'y ai assisté à un Synode national composé des pasteurs
et députés des Églises de Normandie, Haut et Bas-Poitou,
pays d'Aunis, Saintonge, Comté de Foix, Agenois, Périgord,
Haute et Basse-Guyenne, Haut et Bas-Languedoc, Cévennes,
Vivarais, Dauphiné; qui a duré depuis le 18$^{me}$ d'août jusqu'au
24$^{me}$ dudit mois inclusivement, où cette vénérable assemblée a
fait des règlements rédigés en 26 articles, tendant tous à l'établissement du bon ordre, pour le soutien et l'affermissement
de la·religion et des Églises, dont quelques-uns entr'autres
défendent aux fidèles aussi bien qu'aux pasteurs et anciens
d'entrer dans aucune dispute de controverse avec les catholiques de vive voix ni par écrit, et, au contraire, les exhortent à
supporter patiemment les maux qu'ils pourront avoir à souffrir
pour la religion, à éviter de donner aucun scandale aux
catholiques en travaillant les jours de fête. Il y en a aussi
d'autres qui engagent les Églises qui ont le plus de pasteurs
d'en fournir à celles qui en manquent, en attendant qu'avec le
secours de Dieu elles puissent en être pourvues. Vous jugez
bien, Monsieur et très-cher ami, qu'il n'est pas possible de
vous donner dans cette lettre un détail de tous les articles et
de tout ce qui s'est passé dans ce Synode, le plus complet et
le plus respectable qui se soit tenu depuis la révocation de
l'édit de Nantes; tout ce que je puis vous en dire, pour le
présent, c'est que tout ce qui s'y est passé a été dirigé et
conduit avec tout le ménagement et toute la prudence imagi-
nable, de façon que la Cour en étant informée, comme je
ne doute pas qu'elle ne l'ait été exactement, n'en puisse prendre aucun ombrage, du moins qui soit fondé, et que le tout a
été fort approuvé de toutes les personnes des pays étrangers
qui prennent intérêt au bien de nos Églises.

« Mais, Monsieur et cher ami, je ne dois pas vous laisser
ignorer que les pasteurs et députés à ce Synode national,

m'ont paru souhaiter que vous fussiez plus à portée de vous instruire par vous même de ce qui les regarde, afin de pouvoir ensuite agir conséquemment selon que la situation des affaires et les circonstances le demanderaient. En un mot, il m'a paru que tous ceux qui dirigent les affaires de la religion, soit en France, soit dans ce pays, souhaitent, par des considérations très-fortes, que vous quittiez le pays où vous êtes pour venir dans celui-ci, la chose paraissant d'une absolue nécessité, dans ces conjonctures critiques où le roi se trouve en guerre ouverte avec l'Angleterre; ce qui ne manquerait pas de rendre les protestants de France suspects de mauvais desseins et de pernicieuses intentions contre le gouvernement, si l'on venait à savoir à la Cour, comme il n'est que trop à craindre, qu'ils tiennent en Angleterre une personne avec le titre de leur député.

« C'est vraisemblablement, Monsieur et cher ami, par de telles et semblables raisons, que les députés au Synode ont jugé à propos, sans que je m'en sois mêlé en aucune manière, ni que je l'aie recherché, de me charger du soin d'agir en leur nom auprès des amis des pays étrangers, pour ce qui regardera le bien des Églises : et dès que j'ai été de retour, quelques-uns des principaux d'entre ces amis de nos chères Églises m'ont fait entendre que, dans le cas présent de la guerre entre l'Angleterre et la France, il convenait indispensablement que vous ne restassiez pas en Angleterre pour ne pas rendre suspecte leur fidélité envers le roi et le gouvernement : qu'il était plutôt de la prudence et de l'intérêt desdits protestants que vous revinssiez dans ce pays pour y concerter et prendre ensemble les mesures que l'état présent et à venir pourrait exiger : et cet avis me paraît entièrement conforme aux vues, aux sentiments et aux intérêts de nos chères Églises. Ainsi, je ne doute pas que vous n'entriez dans les mêmes idées et qu'en conséquence vous ne vous rendiez incessamment dans ce pays, où, étant arrivé, vous serez exactement et plus amplement informé de toutes choses et où je me ferai toujours un plaisir et un devoir d'agir de concert avec vous et de vous y renouveler les assurances du parfait attachement, avec lequel j'ai l'honneur d'être, Monsieur et cher ami, votre très-humble et très-obéissant serviteur,

« A. COURT.

« Ce 12 décembre 1744. »

Cette lettre, habilement écrite, était destinée à ménager les susceptibilités du député; mais celui-ci devina sous le prétexte qu'on lui donnait, le vrai motif de son rappel; il soupçonna Antoine Court d'avoir voulu le supplanter, se crut trahi par son vieil ami, rompit avec lui et refusa de quitter Londres.

Les choses s'envenimèrent. Les deux anciens amis échangèrent des lettres qui sont pénibles à lire et qui contrastent douloureusement avec celles que nous connaissons déjà. Antoine Court, élu député, se fit le représentant des droits des Églises; Serces défendait à Londres les intérêts du Comité de Genève. Quant à du Plan, il saisit cette occasion de démasquer enfin son ennemi et de le convaincre de calomnie. Ce qui émut le plus le gentilhomme dans cette affaire, c'est qu'on eût osé attaquer l'honorabilité de son caractère. Il fit appel à tous ceux qui l'avait connu depuis long-temps à Londres, aux ministres de toutes les communions et il mit sous les yeux de ses accusateurs les pièces suivantes qui le lavaient de tout grossier soup-çon. Voici d'abord un certificat où les accusations de Serces sont résumées et rapportées par un témoin oculaire :

« Londres, 30 juillet 1751.

« Moi, soussigné, certifie que M. du Plan désirant de réta-blir, s'il était possible, la bonne intelligence entre lui et

M. Serces, ministre, pour agir ensemble de concert pour le bien commun des Églises de France, dont il est député, dans les cours protestantes étrangères, me pria, dans les fêtes de Noël 1748, de l'accompagner chez ledit sieur Serces pour être témoin de ce qui se passerait entre eux. Ayant consenti à faire cette démarche, nous allâmes ensemble chez M. Serces, où, après les compliments ordinaires, M. du Plan lui dit le motif de sa visite et lui demanda s'il n'y aurait pas moyen de s'accommoder afin d'agir ensemble de concert. A quoi le sieur Serces répondit avec indignation : Non, je ne peux ni ne veux avoir aucun commerce avec vous; vous avez dissipé le bien des Églises, vous êtes tombé dans le fanatisme et vous ne fréquentez presque que des fanatiques. Vous avez osé aspirer à la possession de la princesse Amélie, ce qui est, à ce que je crois, un crime de haute trahison; enfin vous n'avez plus rien à voir dans ce qui concerne les Églises de France, puisque vos constituants ont révoqué votre commission.

« De plus, je certifie que M. Serces, non content de se forger de telles accusations qui n'ont d'autres fondements que son imagination et de les renfermer dans son sein, les a débitées en public, non comme de simples soupçons mais comme des vérités certaines; aussi ai-je eu beaucoup de peine de ramener certaines personnes de l'erreur dans laquelle il les avait artificieusement jetées au sujet de M. du Plan.

« Signé : LAVAL. »

On se prévalait de l'élection de Court comme député; du Plan en appela à un autre Synode et provoqua des explications qui confondirent ses ennemis. Ce remplacement était-ce une destitution, et si c'était une destitution quels en étaient les motifs? Telle fut la question qu'un Synode réuni dans les Cévennes eut à examiner le 11 septembre 1749. Du Plan n'ignorait pas qu'il était inconnu à la plupart des pasteurs qui composaient cette assemblée; ses vieux amis, ceux qui l'avaient connu de près et pouvaient rendre hommage à son caractère, étaient morts ou exilés; il n'hésita pas néanmoins d'en appeler au Synode et en attendit la réponse avec le calme d'une bonne conscience. Son attente ne fut pas trompée. Un membre fut spécialement chargé de lui communiquer les délibérations dont la personne de député avait été l'objet :

« Ce 5 mai 1749, Bas-Languedoc.

« Monsieur et très-honoré frère en Jésus-Christ,

« Les députés des Églises réformées de ce royaume au Synode national assemblé en Cévennes depuis le 11ᵐᵉ septembre dernier jusqu'au 18ᵐᵉ de ce mois, après avoir fait une mention fort honorable de vous, Monsieur, et de vos travaux pour nos chères Églises, prirent quelques résolutions qui vous regardent, et me firent l'honneur de me charger de vous les envoyer. Mais n'ayant reçu aucune de vos adresses et ne sachant où vous écrire, j'ai été obligé de différer jusques à présent l'exécution de cette commission si flatteuse pour moi.

« Voici, Monsieur, ce que j'ai été chargé de vous mander de la part du Synode national susdit :

« 1° De très-humbles remerciements et des assurances de la plus vive reconnaissance pour les importants services que vous avez rendus aux Églises, et les soins utiles et continuels que vous avez pris depuis si longtemps et que vous prenez encore si généreusement pour elles;

« 2° Que vous étiez continué dans la charge de député général des Églises réformées de ce royaume;

« 3° Que par l'élection qui fut faite de M. Court à la même charge en 1744 et qui vient d'être confirmée en celui-ci, on n'entendit pas, comme on n'entend pas non plus à présent de vous nommer un successeur, mais seulement un adjoint et un collègue pour agir de concert avec vous et vous avec lui, en la même qualité et pour la même cause, savoir le bien des Églises;

« 4° Que pour ce qui vous concerne.... vous vous en remettiez à la décision de Messieurs les amis et économes de Genève ou de ceux qu'ils on commis ou commettront pour en connaître et d'agir de concert avec lesdits amis et économes.

« Voilà, Monsieur et très-honoré frère, la commission que j'avais été chargé de remplir auprès de vous. J'aurais souhaité qu'il m'eût été possible de m'en acquitter plus tôt; la raison du délai que j'ai alléguée ci-dessus, me fait prendre la liberté de joindre ici un cinquième article qui, pour n'avoir pas été écrit, n'en fut pas moins arrêté au Synode, c'était de vous prier et de vous exhorter d'écrire de temps en temps aux Églises et de les tenir informées de l'état de leurs affaires dans le pays où vous êtes, de ce que vous avez fait et faites encore pour elles. Tous Messieurs les députés se plaignirent de votre silence. »

Les pièces suivantes étaient une réfutation des calomnies dont du Plan était l'objet :

« Monsieur du Plan, étant informé que des gens mal intentionnés semaient des bruits désavantageux à son caractère; ensuite de l'exposé qu'il nous en a fait, il nous a paru que ces bruits, sous quelque couleur qu'on les déguise pour leur donner créance ne peuvent en imposer aux personnes équitables qui le connaissent puisqu'ils ne s'accordent point avec sa conduite précédente durant un si grand nombre d'années; conduite uniforme par laquelle il a fait connaître sa sagesse, sa probité et son désintéressement attestés par plusieurs glorieux témoignages rendus en sa faveur par les personnes les plus qualifiées et les moins susceptibles de prévention.

« Nous certifions de plus que depuis plus de quatorze ans nous connaissons très-particulièrement M. du Plan; bien loin que sa conduite au milieu de nous ait pu servir de prétexte et de fondement aux sinistres soupçons par lesquels on tâche aujourd'hui de flétrir en quelque sorte son caractère, sa conduite parmi nous, de même que le témoignage authentique des Églises qu'il a reçu tout récemment les détruit absolument.

« Enfin plusieurs de nous, soussignés, qui avons eu part aux affaires et occasion d'observer attentivement les démarches dudit M. du Plan, avons eu par-là raison de nous convaincre de sa probité exacte, de sa vigilance et de son zèle pour les intérêts à lui confiés, qualités tout-à-fait incompatibles avec les soupçons injurieux que l'on ne publie que dans la vue de flétrir sa réputation, de diminuer le mérite de ses services et de le rendre inutile en le rendant méprisable.

« En foi de quoi nous avons signé ce présent certificat.

« A Londres, ce août 1749.

> « Pierre STEHELIN, ministre des Églises unies de Leicesterfields, de l'Artillerie et de la Patente; — Paul COVENENT, ministre de l'Église française, de Londres; — J.-J. MAJENDIE, ministre de la Savoye; — Jean DES CHAMPS, ministre de la Savoye; — Etienne ABEL LAVAL, ministre des chapelles unies de Barwick Street et de Castle Street; — Samuel CODERC, un des ministres des chapelles de Barwick-Street et de Castle Street; — César DE MISSY, ministre de la Savoye; — G. CANTIER, un des ministres des chapelles de Barwick Street et de Castle Street. »

« Nous soussignés, qui avons eu part aux affaires des Églises de France, qui nous intéressons vivement à tout ce qui les regarde et qui avons eu souvent occasion de voir leurs deux plus illustres et meilleurs amis (1), certifions que ces illustres amis

_______________

(1) MM. Schaub et Vernon.

continuent à avoir des liaisons avec le député et paraissent en faire beaucoup de cas ; que bien loin de croire qu'il ait mangé le bien des Églises ou mal administré leurs deniers, ils conviennent qu'il s'est ruiné à leur procurer les secours qu'elles ont obtenus ; que MM. les arbitres sont actuellement occupés à terminer son affaire et ne sont en peine que du plus ou du moins qui doit lui être alloué pour son remboursement et que dans le temps même que le député a tâché de faire valoir ses justes droits, il s'en est toujours remis à leur décision, déclarant qu'aussitôt qu'on serait convenu de ce qui doit lui revenir, il ferait en faveur des Églises tous les sacrifices que l'on pouvait raisonnablement exiger.

« Nous certifions de plus, qu'il n'est point parvenu à notre connaissance que le Haut Bienfaiteur (1) lui ait fait dire de sortir d'Angleterre, mais simplement que sa présence n'y était plus nécessaire surtout à la Cour ; ce qui est vrai depuis que par les soins assidus et les sollicitations réitérées du député, les choses ont été établies en 1748 sur un pied fixe et solide. Nous certifions encore que nous sommes pleinement persuadés, étant nous-mêmes sur les lieux et au fait là-dessus, que le séjour qu'il a fait en Angleterre depuis cette époque ne peut pas avoir nui à ses constituants ; comme depuis ce temps-là, il n'a exercé aucune de ses fonctions, ni auprès du Haut Bienfaiteur, ni auprès de ses ministres et que sa présence ici qui y était et qui y est encore absolument nécessaire pour régler définitivement ses prétentions, peut aussi avoir été utile à divers égards à la cause commune : En conséquence de quoi, pleins d'une juste estime pour le député et touchés au souvenir des longs et des importants services qu'il a rendus au préjudice de ses propres affaires, nous nous sommes fait tout ensemble un devoir et un plaisir de lui donner ce présent certificat dans l'espérance qu'il pourra lui être d'usage auprès de ses consti-

(1) Le roi d'Angleterre.

tuants et de servir de bouclier pour repousser les dards de ses ennemis.

« Fait à Londres, ce 10 août 1750.

> « J.J. MAJENDIE, ministre de la Savoye et chapelain du comte de Grantham; — Samuel CODERC, ministre de Castle Street et Barwick Street; — Et. ABEL LAVAL, ministre de Castle Street et Berwick Street. »

« Je crois devoir ajouter, en mon particulier, qu'ayant accompagné le député en 1748 chez le trésorier-ministre du Haut Bienfaiteur, nous en fûmes très-bien reçus ; qu'après nous avoir parlé fort cordialement, il se borna à dire que le but des sollicitations du député étant obtenu, il était inutile qu'il sollicitât davantage la continuation d'un bienfait qui était déjà réglé sur un bon pied; et qu'il n'a jamais paru, ni alors ni depuis, que la personne ou la conduite du député ait été en discrédit soit auprès du Haut Bienfaiteur, soit auprès de ses ministres.

« J.-J. MAJENDIE. »

L'irritation fut à son comble, lorsque après avoir rappelé les sacrifices qu'il s'était imposé pour le bien de ses frères, du Plan demanda qu'on le dédommageât de ses peines et qu'on lui assurât une somme qui lui permît de passer la fin de ses jours dans une position à l'abri de la misère. Quoi cependant de plus légitime que cette demande? N'avait-il pas donné joyeusement sa jeunesse, sa fortune, sa vie pour le service de l'Église? N'avait-il pas, dans ses nombreux voyages, dépensé les épaves de son patrimoine et plusieurs petits héritages? Maintenant que par ses efforts il avait enrichi l'Hoirie de Genève, était-il juste que lui, vieux serviteur, usé et ruiné à son service, languit dans la pauvreté? Il fixa lui-même une somme assez élevée; le chiffre en parut exagéré et le Comité refusa de payer. Le député n'avait-il pas dit et écrit plusieurs fois qu'il ne demandait rien des Églises? De quel droit exigeait-il donc aujourd'hui le payement de ses services? A cela, du Plan répondait avec raison que jamais, en effet, il n'eût importuné des Églises incapables de se suffire à elles-mêmes; mais cet engagement il ne l'avait pas pris vis-à-vis de l'hoirie de Genève qu'il avait enrichie puisqu'il lui avait procuré plus de 10,000 livres sterling? Il se déclarait donc fondé dans sa demande et citait à l'appui de ses réclamations le témoignage des Vial de Beaumont, des Polier, etc.

En 1745, du Plan demanda qu'on nommât des arbitres et qu'on choisît des experts. Les deux partis écrivirent des mémoires. Serces dressa un véritable réquisitoire dans lequel il déversa sa haine contre le député; Antoine Court se mêla à la discussion en publiant son fameux *Mémoires aux arbitres;* du Plan écrivit à son tour deux mémoires, produisit ses comptes, justifia, pièces en main, ses affirmations, et enfin s'en remit à la sagesse et à la justice des arbitres. En 1751, ce tribunal rendit son arrêt : il disculpa entièrement le vertueux député des accusations calomnieuses que ses ennemis et Serces en particulier avait portées contre lui; quant aux prétentions du député, il lui accorda 100 pièces par an depuis 1731 jusqu'à ce jour; lui attribua 700 pièces dont 300 payables immédiatement, et lui en donna 50 autres de pension annuelle.

Ce jugement qui disculpe du Plan et met sa mémoire à l'abri de tout soupçon est trop important pour que nous le passions sous silence.

### JUGEMENT DES ARBITRES

« Nous soussignés, Arbitres choisis et établis par MM. les Économes de l'hoirie, d'une part, et par M. du Plan, de l'autre, pour connaître des mésentendus survenus entr'eux au sujet des prétentions formées par M. du Plan à la charge de l'hoirie, déclarons : qu'ayant mûrement examiné toute la suite de cette affaire et les plus menus détails qui pouvaient y avoir rapport et pris en due considération toutes les allégations de part et d'autre, désirant de la terminer à la satisfaction réciproque des parties qui nous en ont instamment requis et nous y ont pleinement autorisés, avons jugé et jugeons :

« 1° Que M. du Plan n'a malversé ni pu malverser dans les deniers collectés pour l'hoirie, vu qu'après avoir sollicité et obtenu les collectes, il ne les toucha pas lui-même, mais en commit le soin à des personnes approuvées de MM. les Économes à qui ces personnes nous en paraissent seules comptables, M. du Plan ne pouvant l'être que de l'argent qu'il recevait des collecteurs après les collectes faites ou avec la permission préalable ou avec l'approbation subséquente de MM. les Économes, duquel argent les comptes sont clairs;

« 2° Que ces comptes nous paraissent suffire pour venir à une liquidation des prétentions de M. du Plan et que, vu la nature de sa commission, l'on ne doit point insister sur un compte également exact de ses dépenses ; d'autant moins que l'hoirie n'y trouverait pas le sien, vu que vraisemblablement elles excéderaient le dédommagement qu'il demande;

3° « Que par des malheurs que M. du Plan n'a pas prévus, il se trouve dans le cas pour lequel il paraît s'être réservé et devoir naturellement s'être réservé un dédommagement en partant de Suisse pour une entreprise très-digne même de récompense; mais qu'il n'en demandait d'autre que la satisfaction d'y réussir, résolu de ne rien répéter s'il n'avait pas de succès, et, supposé que contre l'attente de MM. les Économes il en eût, de se borner même alors, à ne répéter qu'une partie de ce qu'il aurait sacrifié du sien, au service de l'hoirie, quand ses propres besoins l'y réduiraient et qu'il l'aurait mise en état d'y subvenir ;

« 4° Que vu les frais indispensables de ses grands voyages ; les accidents divers qui en sont inséparables ; la cherté des pays où il était obligé de séjourner et de solliciter particulière- ment pour qui n'en sait pas la langue ; la correspondance dis- pendieuse qu'il avait à entretenir ; le nombre d'indigents que l'hoirie lui adressait pour qu'il les assistât, comme proscrits ; les fâcheuses maladies dont il a été attaqué de temps en temps, quelquefois chemin faisant et dont quelques-unes lui ont été attirées par les traverses qu'il avait à essuyer relativement à ses fonctions : que vu tant de couteuses circonstances et d'autres pareilles où il ne se trouvait engagé que par son zèle pour l'hoirie, M. du Plan doit paraître modéré quant à ses déboursements nécessaires lorsqu'il restreint son dédommage- ment à 150 pièces, une année portant l'autre ;

« 5° Que quant au nombre d'années pour lesquelles le ser- vice de l'hoirie pouvait l'autoriser à demander du dédommage- ment, nous pensions, à la vérité, en juillet 1750, qu'elles devaient cesser du moment qu'il lui fut authentiquement notifié qu'il n'avait plus rien à faire ici pour l'hoirie : c'est-à- dire en mars 1748, parce que nous prenions pour pure obstina- tion, que dès lors il continuât encore à séjourner dans ce pays ; mais qu'ayant été bien convaincus depuis, qu'il en avait des motifs très-légitimes et qui intéressaient même essentiellement le service de l'hoirie, nous trouvons que M. du Plan serait en droit de demander le même dédommagement annuel depuis avril 1731 jusqu'à présent, si l'état actuel de l'hoirie pouvait le comporter ; bien entendu que ce qu'il a reçu dans cet inter- valle de MM. les Économes et caissiers en fût déduit.

« Sur ce pied, le dédommagement pour vingt ans et demi serait 3075 pièces, ce qui, avec la balance du compte pour les actions de Copenhague, dressé par M. Henri Guinand, faisant 222 pièces 3 schellings, monterait à 3297 pièces 3 schellings ; de quoi il y aurait à déduire argent reçu de MM. les économes et Caissiers 1364 pièces 16 schellings 4 deniers, de sorte qu'il reviendrait à M. du Plan pour solde, 1932 pièces 6 schellings 8 deniers sterling.

« Mais comme il s'en faut bien que l'hoirie se trouve en possibilité de lui payer une pareille somme ; qu'en l'exigeant M. du Plan détruirait son propre ouvrage, savoir les arrangements que par ses zélés efforts il a mis MM. les Économes en état de faire pour le soutien de l'hoirie, et que d'ailleurs, il leur a donné lieu lui-même de les étendre comme ils ont fait en gardant un si long silence, tant avec eux qu'avec nous sur la nécessité où il était tombé de demander des dédommagements, nous nous attendions bien de la charité aussi désintéressée que zélée qui l'a animé jusques à présent pour l'hoirie, qu'il se porterait de lui-même à ne requérir de ne subvenir à ses besoins qu'autant cela se pourrait sans la déranger ; et nous ne nous sommes pas trompés dans cette attente, car sur l'exposition que nous lui avons faite de nos sentiments pour lui et de la situation de l'hoirie, il nous déclare solennellement :

« Que satisfait de la justice que nous rendons à son caractère, à sa fidélité et aux heureux succès de son zèle désintéressé, et de la disposition où nous serions de lui rendre la même justice aussi sur ses demandes, si les fonds et les nécessités de l'hoirie le permettaient ; comme par là son honneur est à couvert, ce qui le remet en état de servir l'hoirie utilement ; bien que nous reconnaissions l'équité qu'il y aurait à lui accorder les 150 pièces par an qu'ils a demandées depuis avril 1831 jusqu'à ce jour, en dédommagement de son capital et des intérêts qu'il en retirait et en retirerait encore, s'il ne l'avait volontairement sacrifié à l'hoirie ; il est prêt néanmoins à faire à l'hoirie tous les sacrifices ultérieurs qui sont en son pouvoir : qu'en conséquence, il consent non seulement à se contenter pour tout ce temps de 100 pièces par an, mais à se relâcher encore de 207 pièces du solde qui lui reviendrait sur ce

pied, déduction faite de tout ce qu'il a reçu pendant ce temps
des deniers de l'hoirie. Qu'il voudrait de tout son cœur pouvoir
se désister aussi des 700 pièces, qui lui demeureront dues selon
cette balance, mais qu'il les doit lui-même à d'autres qui les
lui ont prêtées pour subsister quand il n'avait plus ni fonds,
ni rentes, et qu'il n'y a que l'hoirie pour qui il a consumé son
bien, et qui seule en a profité, à qui il puisse redemander de
quoi les acquitter; que c'est à regret qu'il se voit forcé même
d'en exiger immédiatement 300 pièces dont le terme est actuellement échu; que pour les autres 400 pièces qu'il doit, il
espère que ses créanciers patienteront jusqu'à ce qu'ils puissent les payer successivement dans l'espace de huit ans,
moyennant une assignation de 50 pièces par an qu'il nous
demande sur M. Pierre Gaussen, pour cet effet, et dès à présent
avec ordre, au cas qu'il meure avant que d'avoir achevé de
se libérer, que les restants des huit termes soient payés à ses
exécuteurs pour le même usage; mais que comme un dédommagement ainsi modifié le mettra seulement en situation de ne
pas mourir insolvable, sans qu'il lui reste rien pour vivre, il
attend de notre équité et humanité qu'outre ladite assignation
nous lui allouerons aussi de quoi subsister honnêtement sur la
fin de ses jours. Qu'à cet égard, il se contentera d'une pension
de 50 pièces par an, à commencer de ce jour, dans la confiance qu'elle ne saurait nous paraître trop forte et que l'hoirie
ne saurait s'en trouver ni lésée, ni dérangée, du moins durant
le temps que la bénéficence royale qu'il leur a procurée leur
sera continuée.

« Édifiés des sentiments que M. du Plan manifeste par cette
déclaration, laquelle il nous a remise écrite et signée de sa
main, nous croyons que le même esprit de charité qui lui fait
modérer ainsi ses justes demandes, doit de notre part les lui
faire accorder, en foi de quoi nous avons signé le présent
arbitrage sous l'approbation expresse de Sa Grandeur Mylord,
archevêque de Cantorbury, à Londres, ce 20 octobre 1751.

« Signés : L. SCHAUD; S. VERNON. Approuvé : CANTUAR.. »

Ce n'est qu'en 1752, qu'Antoine Court et Benjamin du Plan, brouillés depuis huit ans se réconcilièrent. Antoine Court fit les premières avances dans un mémoire adressé aux arbitres où il protestait de la sincérité de son affection pour le député. Celui-ci s'empressa de lui écrire lui-même une longue lettre où il reconnaissait qu'il s'était mépris sur les sentiments de son vieil ami et où il lui demandait de lui pardonner et d'oublier ses vivacités et ses emportements. La paix fut rétablie bientôt dans l'Église; et du Plan continua à Londres à exercer les fonctions de député.

## CHAPITRE XX

### Du Plan et la grande persécution

#### 1745-1752

Malgré les tracasseries et les ennuis que lui suscitaient ses adversaires, Benjamin du Plan ne cessa de s'intéresser aux affaires de l'Église et quoiqu'un Synode, sous l'influence de Londres et de Genève, lui eût enlevé en 1751, la charge de député, il continua ses fonctions et entretint des relations avec les pasteurs persécutés dans sa patrie. Ceux-ci ne cessèrent jamais de lui témoigner la même confiance et les longues lettres qu'ils lui écrivirent soit avant, soit après sa disgrâce, prouvent la sincérité et la force de leur attachement. Les temps étaient sérieux; le vent de la persécution soufflait de nouveau avec violence et ils savaient que si les malheurs des temps les obligeaient à fuir, ils trouveraient en Benjamin du Plan, non-seulement un protecteur mais un ami et un frère dévoué. Combien qui avaient déjà mis à l'épreuve sa constance et sa fidélité! D'ailleurs, à part cette douloureuse éventualité, les lettres de du Plan étaient une précieuse consolation pour ces ministres qui, à peine sortis des bancs de Lausanne, étaient appelés à soutenir le feu de la persécution; les jeunes recrues furent dignes de ces vétérans que l'âge, les infirmités ou les événements avaient éloignés de la lutte et qui de loin voyaient avec fierté le courage et la ténacité de leurs dignes successeurs.

L'intendant Le Nain avait remplacé Bernage, en 1745, dans le Languedoc. C'était un homme dur dont l'impitoyable administration rappela celle de Bâville, de sinistre mémoire. La province fut sillonnée par des détachements de dragons dans le but de mollester les religionnaires récalcitrants. Conduits par leurs chefs, les soldats pillaient les maisons, volaient l'argent, enfonçaient les armoires, déchiraient le linge, pénétraient dans les caves, défonçaient les tonneaux, tuaient le bétail et la volaille, détruisaient tout pour le plaisir de détruire.

Les autres provinces ne furent pas plus épargnées. Le gibet se dressa dans le Dauphiné et dans le Vivarais, ardent foyer de la Réforme. Le jeune pasteur Louis Ranc fut pris et pendu à Die; l'illustre et vénérable Jacques Roger, l'apôtre du Dauphiné et l'ami de du Plan, expira du même supplice à Grenoble, à l'âge de 80 ans. Son corps resta vingt-quatre heures au gibet; après quoi, il fut traîné dans les rues et jeté dans l'Isère.

Le jeune ministre Désubas fut pris et conduit de Vernoux à Montpellier. Pendant son court ministère, il avait su s'attirer l'affection et les sympathies ardentes de l'Église. Quelques fidèles, apprenant son arrestation, voulurent tenter de l'enlever pendant son voyage, mais Paul Rabaut, pasteur de Nimes, les adjura d'abandonner ce dessein qui pouvait provoquer de cruelles représailles. Désubas mourut avec une héroïque fermeté; il avait 26 ans.

Tout à coup, vers 1746, la persécution parut se ralentir. La France depuis longtemps en guerre avec l'Angleterre, l'Autriche et le Piémont vit ses frontières menacées. Ayant appris que des émissaires anglais parcouraient le Languedoc pour y fomenter la révolte parmi les protestants, la Cour prit peur. Une insurrection à l'intérieur aurait ajouté de graves complications à la situation générale déjà fort inquiétante.

La terreur fut grande surtout quand on apprit les désastres de nos armées en Italie et l'envahissement de la Provence par quarante mille Autrichiens. Le Nain reçut l'ordre formel de s'assurer de la fidélité des religionnaires et d'user de moins de rigueur à leur égard. La persécution fut, en effet, un moment suspendue, mais le danger passé, elle recommença avec plus de violence que jamais.

En 1750, Le Nain céda l'intendance du Languedoc à Saint-Priest. Celui-ci qui avait pour mission expresse d'exécuter rigoureusement la Déclaration de 1724, se montra aussi impitoyable que ses prédécesseurs.

Dès le mois de novembre, des détachements militaires parcoururent la campagne pour disperser les nombreuses assemblées qui se réunissaient le dimanche et les jours de la semaine. Ces recherches minutieuses les rendirent plus rares et plus secrètes. Néanmoins les tours de Ferrières, le fort de Brescou, les galères de Marseille et le Château d'If regorgèrent bientôt de prisonniers. Ce n'était qu'un commencement de douleurs.

En 1751, le nouvel intendant fit afficher dans toute la Province, une ordonnance qui défendait aux religionnaires non-seulement de se marier au Désert mais encore d'y faire baptiser les enfants. Cette ordonnance avait même un effet rétroactif; un délai de quinze jours était donné aux parents pour faire rebaptiser leurs enfants dans les Églises paroissiales selon le rit romain. Ce délai expiré, les curés étaient chargés d'envoyer à l'intendant la liste des récalcitrants, qui étaient aussitôt écrasés d'énormes amendes; les villes et les villages étaient occupés par un certain nombre de dragons ou de cavaliers de la maréchaussée. Dès leur arrivée, les soldats étaient placés dans les familles insoumises où ils recevaient quatre livres par jour par cavalier jusqu'à parfaite obéissance. En cas d'obstination, la garnison était renforcée et elle ne quittait le village que lorsque tous les enfants en avait été rebaptisés de gré ou de force. « Il y avait de ces enfants d'un certain âge, qui ne voulaient point absolument se laisser mener à l'Église et qu'il fallait traîner à force de bras; d'autres perçaient les cœurs et les airs des cris les plus touchants; des troisièmes se jetaient en lion sur ceux qui voulaient les saisir et leur déchiraient avec les mains et la peau et l'habit (1). »

Pour frapper les protestants de terreur, Saint-Priest

_______________

(1) V. *Mémoire historique*, p. 63 et suiv.

voulut faire un exemple. Au mois de janvier 1752, il fit arrêter deux prédicants : l'un s'appelait François Bénézet et l'autre Molines, dit Fléchier. Le premier subit le dernier supplice à Montpellier, avec une admirable fermeté ; le second ne put supporter la vue de l'échafaud et feignit d'abjurer. Après l'avoir placé dans le séminaire de Viviers, on le relâcha (1). Un nommé Roques, de Beauvoisin, fut aussi exécuté ; il était faussement accusé d'avoir mis en joue l'officier commandant un détachement.

Ces exécutions répandirent la consternation dans toutes les provinces du Midi ; les villages se dépeuplaient, hommes, femmes, enfants fuyaient l'approche des dragons ; enfin, poussés à bout, fous de colère, quelques protestants firent de sanglantes représailles surtout contre les curés qu'on regardait, non sans raison, comme les seuls instigateurs de la persécution. Un jour le prieur de Ners qui se rendait à cheval à Vézénobres, rencontra en chemin deux prédicants armés. A peine était-il passé, qu'un coup de fusil retentit et le prieur tomba de cheval grièvement blessé. — Le soir du même jour, le curé de Quillan, réveillé en sursaut par des coups redoublés qu'on frappait à sa porte, se lève ; à peine s'est-il montré à la fenêtre, qu'une balle lui fracasse le bras et il tombe inanimé dans sa chambre. — Le lendemain, le curé de Logrian, revenant de Quissac, fut arrêté, battu et laissé pour mort par trois hommes cachés en embuscade. Nul doute que des

____

(1) Molines émigra après son abjuration et se retira à Amsterdam ; le Consistoire accueillit l'apostat, le réconcilia avec l'Église et lui fit une pension. Il vécut accablé de regrets et de remords.

protestants fussent les seuls auteurs de ces assassinats.
On ne put découvrir que l'assassin du prieur de Ners :
c'était le ministre Coste.

A la nouvelle de ces événements, l'alarme se répandit
dans la Province. On vit des curés effrayés quitter
leurs demeures et se réfugier auprès de leur évêque ;
la plupart exploitaient ces faits isolés pour entretenir
la terreur et provoquer une cruelle repression.

« Les rebelles sont à nos portes, écrit à l'Intendant le prieur
de Gajan ; ils sont au nombre de six cents dans les bois de
Saint-Bénézet, commandés par Defferre et Coste. Plusieurs curés
tués ou blessés vous avertissent que nous avons besoin d'un
prompt et puissant secours. Si vous n'envoyez des troupes à
Saint-Mamert, à Fons, à Gajan, à la Rouvière, à Montaignac,
si vous n'augmentez celles de Saint-Geniès et de la Calmette,
c'en est fait de tous les prêtres et des catholiques de ces environs (1). »

Saint-Priest fit occuper Lédignan et rechercher le
ministre Coste ; on publia à son de trompe que quiconque lui donnerait asile serait lui-même pendu.
Vaines menaces ! Coste se tint caché pendant quelque
temps et les protestants parvinrent enfin à le faire passer
en Angleterre où du Plan le reçut et le secourut.
Le présidial de Nîmes ne put que le condamner, par
contumace, à être rompu vif et brûlé.

Ces tentatives de meurtres, ces rumeurs générales
effrayèrent de nouveau la cour et l'intendance ; on
craignait que les religionnaires ne se portassent à de
fâcheuses extrémités. Saint-Priest pria Paul Rabaut
d'intervenir, de calmer les esprits et de les faire rentrer

_________

(1) Archives de l'Hérault, c. 234, lettre du prieur de Gajan.

dans l'obéissance. L'autorité militaire de son côté arrêta les poursuites et l'ordre fut rétabli partout.

Ces événements correspondirent avec l'arrivée **du** duc de Richelieu en Languedoc; il y venait reprendre le commandement militaire. Le nouveau commandant inaugura une période de tolérance. Quelle en pouvait être la cause? Les protestants l'attribuèrent à l'influence du marquis de Paulmy qui visitait en ce moment le Languedoc et qui était envoyé, disait-on, pour connaître la situation de cette importante Province. On se faisait illusion sur le but de ce voyage; Paulmy ne faisait qu'une tournée militaire dans les provinces **du** Midi. Il venait inspecter tous les travaux de défense situés sur la ligne du Rhône et du Var. Un incident dramatique marqua son voyage et dut vivement l'impressionner. Le marquis venait d'arriver à Nimes presqu'au lendemain des tentatives d'assassinat; le pays était en émoi. Paulmy étonné, manifesta le désir de lire un mémoire de la situation écrit par les protestants eux-mêmes. Une nuit qu'il quittait Nimes, se rendant à Montpellier, sa berline fut arrêtée par quelques cavaliers; un homme s'approcha de la portière avec une contenance respectueuse. « Je suis Paul Rabaut, » dit-il, et il lui remit un long mémoire sur lequel il suppliait le marquis de jeter les yeux. Touché de tant de courage et de confiance, le soldat se découvrit devant le pasteur, accepta le mémoire et promit de le remettre au roi. Peu après, les poursuites cessèrent. Les protestants attribuèrent ces effets à l'influence du marquis de Paulmy à la cour. Hélas! il n'en était rien; la vraie cause de cette tolérance n'était ni la pitié, ni la clémence, mais l'impossibilité où la cour était « par le défaut de troupes, de faire respecter la règle et de punir ceux qui s'en écarterait (1). » La persécution durait depuis sept ans; ce fut la plus longue et la plus terrible qu'ait essuyé le protestantisme français. Le répit,fut de courte durée; il ne dura qu'un an. Les religionnaires en profitèrent pour s'organiser de nouveau.

Laissons maintenant la parole aux victimes et écoutons l'écho plaintif de leurs douleurs dans la correspondance qu'ils entretenaient avec du Plan à l'étranger.

### LETTRE DE CORTEIZ (1750)

« Haut-Languedoc, 18 mai 1750.

« Monsieur et cher frère,

« J'ai reçu votre pieuse lettre, en date du 9 avril dernier de la présente année, qui m'a fait un véritable plaisir..... Depuis votre absence nos Églises se sont considérablement accrues et augmentées; on les a divisées en provinces qui ont chacune à peu près leur consistance de pays qu'elles avaient avant la révocation de l'Édit de Nantes. Ces provinces ont aussi chacune leurs pasteurs qui leur sont affectés, des colloques, synodes et consistoires et l'on suit exactement, selon que les circonstances du temps peuvent le permettre, la discipline et règlement de nos pères. Elles sont actuellement huit en nombre, savoir : la Province du Dauphiné, celle du Vivarais, celle des Basses-Cévennes et celle des Hautes-Cévennes, celle du Bas-Languedoc et celle du Haut-Languedoc, Haute-Guyenne et le Comté de Foix, celle du Haut et Bas-Poitou et Saintonge et enfin celle de Normandie.

« Dans le Dauphiné, la persécution y a soufflé ces dernières années avec beaucoup de véhémence et fait de grands ravages;

(1) *Histoire de l'Église de Montpellier,* par M. Corbière. Pièces justificatives, n° 41 (novembre 1751).

mais, béni soit Dieu, j'ai appris qu'elle commençait de s'apaiser.....

« Pour ce qui est du Vivarais, vous avez sans doute appris les fâcheuses affaires qu'il arriva à l'occasion de la prise de feu M. Désubas, dont le martyre qu'il a souffert avec une constance et une fermeté digne des premiers siècles, a extrêmement édifié les fidèles; mais, grâces immortelles soient rendues à Dieu, ces fâcheuses affaires ne furent pas de longue durée; bientôt les assemblées, baptêmes et mariages y reprirent bon train, qui s'est soutenu en augmentant, même jusqu'à aujourd'hui.....

« Dans les Hautes et Basses-Cévennes et dans le Bas-Languedoc, les affaires y sont encore sur un beaucoup meilleur état. Presque tout ce qu'il y a de protestants y professent ouvertement leur religion sans en être inquiétés, se rendant assidûment aux assemblées qui y sont fréquentes, qui se tiennent en plein jour, non loin des bourgs, villes et villages, soit en y faisant baptiser leurs enfants et bénir leurs mariages.....

« Dans le Haut-Languedoc, il se fait beaucoup de baptêmes et de mariages et d'assemblées nombreuses, mais il y a ceci de fâcheux, c'est qu'elles se font de nuit et que, jusqu'ici, elles ont été suivies d'onéreuses et accablantes amendes et qu'il y a un certain nombre de protestants que nous n'avons pu porter encore à professer leur religion à tout égard.....

« Dans la Haute-Guyenne, sur la fin de 1744 et au commencement de 1745, il se fit de très-nombreuses assemblées, mais malheureusement il s'éleva une persécution si violente, qu'elle les fit discontinuer presque tout-à-coup, en sorte qu'il s'y est passé quelques années que ses fidèles y ont gémi sous une dure oppression; mais, grâces à Dieu qui a soin de sés enfants, la persécution y a cessé, les fidèles commencent d'y jouir de quelque tranquillité; le pasteur qui y est affecté me marque dans la dernière que j'ai reçue qu'il y a fait, depuis peu, quatre baptêmes et plusieurs mariages sans que l'ennemi en ait rien dit, et qu'il espère que, pourvu que Dieu les favorise de quelques semaines de calme, il aura beaucoup de l'occupation.

« Dans le Comté de Foix, on y a aussi, les dernières années, cruellement persécuté les fidèles, par amendes, par emprisonnements, par condamnations aux galères, par enlèvements de jeunes filles qu'on a mises dans des couvents, en faisant rebaptiser les enfants baptisés au Désert, ce qui avait beaucoup intimidé les fidèles; mais j'ai appris avec une joie indicible que la persécution s'y était apaisée, et que les baptêmes, mariages et assemblées au Désert y recommenceraient s'il y avait un pasteur, et je compte qu'il y en aura bientôt quelqu'un.

« Dans le Haut et Bas-Poitou et dans la Saintonge et Périgord, la persécution y a fait du ravage l'année dernière, mais elle n'a pas été de durée; j'ai appris que le calme y était revenu et qu'une malheureuse division qui s'était levée entre les chefs et s'était communiquée aux membres, y est totalement éteinte. J'ai aussi appris que les quatorze ou quinze mariages du Périgord, faits au Désert, sur le compte desquels M. du Plan vous écrit que les hommes avaient été condamnés au galères, les femmes recluses à perpétuité, auront un sort plus doux, cette condamnation ayant été changée, tant pour les uns que pour les autres, en un exil de quelques années.

« Pour ce qui est de la Normandie, je ne suis qu'imparfaitement instruit de ce qui s'y passe; je sais seulement qu'il s'y fait des assemblées prodigieuses; que M. Préneuf qui en était le pasteur, s'est retiré à l'île de Jersey, où il a été fait sousdiacre, selon le rite anglican, mais qu'avant de se retirer, il a imposé les mains, à la tête du colloque, à un certain M. Gautier, ci-devant bénédictin, dont on dit beaucoup de bien.

« Vous avez sans doute appris que le roi de France a jugé à propos d'établir le vingtième sur ses sujets. Je vous dirai que cette imposition a trouvé beaucoup de résistance dans certaines provinces, mais en particulier dans celle du Languedoc. Cette résistance opiniâtre a irrité le roi jusqu'à le porter à supprimer les États et publier des ordonnances qui sont à la charge des membres de cette assemblée, mais flatteuses, en quelque manière, pour les particuliers. Le gouvernement intendant nous a demandé, à nous autres protestants, un acte de soumission au paiement de cette imposition, que nous n'avons pas cru pouvoir ni devoir refuser quoique nous n'ayons parfaitement bien vu que, par cette démarche, opposée à la conduite des États et aux sentiments du clergé, nous nous attirerions de plus fort la haine des uns et des autres. Il est vrai que nous l'avons fait avec le moins de bruit qu'il nous a été possible ; ainsi vous comprenez que c'est une affaire qu'il ne faut pas parler hautement. Cet acte de soumission de notre part a été fort bien reçu, suivant ce que nous ont appris ceux d'entre nos Anciens qui furent députés pour le présenter à Monsieur l'Intendant ; ils nous ont de plus rapporté qu'on leur avait fait entendre que pendant la négociation, il n'y aurait point contre nous, au sujet de nos assemblées, ni amendes, ni emprisonnements ; ce qu'il y a de bien sûr, c'est que depuis lors nous n'avons point vu paraître d'amendes et que ce qu'il y avait de fidèles dans les prisons ont été élargis. Nous avons de plus envoyé un autre acte de soumission au sujet de *(illisible.)* à M. de Saint-Florentin, avec prière d'instruire le roi de nos justes sentiments. Dieu veuille que cet acte de soumission ait les heureuses suites que nous désirons et que nous puissions bientôt voir les édits foudroyants passés contre nous anéantis, nos exilés revenir dans leurs maisons, nos galériens, qui sont en grand nombre, quoiqu'on en ait relâché deux ou trois depuis peu, recouvrer leur liberté, et nos enfants, qui sont injustement retenus dans des couvents, venir dans la maison et sous l'autorité paternelle ; nous craignons beaucoup, cher frère, nonobstant ce que je viens de vous dire, un funeste avenir, parce que nous sommes en très-petit nombre, le clergé est toujours acharné contre nous, nous le voyons manœuvrer à notre ruine, mais surtout nous craignons, à cause de notre peu d'amour pour Dieu, de zèle pour son service, en un mot, à cause de nos péchés qui sont atroces et en grand nombre; en sorte que nous avons un pressant besoin et de prières de nos frères à Dieu et de leurs sollicitations auprès des souverains; nous vous demandons l'un et l'autre secours et nous vous conjurons de le demander pour nous à tous ceux qui pourront nous rendre service et suis très-sincèrement, Monsieur et cher frère en notre Seigneur Jésus-Christ, votre très-humble serviteur,

« CORTEIZ. »

## LETTRE DE LE MARÉCHAL A BENJAMIN DU PLAN (1752)

« Monsieur et très-cher cousin,

« Depuis la dernière lettre que nous vous écrivîmes avec l'ami Dubon, il est arrivé bien des événements fâcheux : les fermiers de la régie ont fait saisir tous les biens ayant appartenu aux protestants réfugiés hors du royaume; ainsi les vôtres et ceux de feue Mademoiselle votre tante n'ont pas été exceptés; on a saisi la maison et les pièces, même celles que vous aviez vendues à l'ami Dubon.

« La persécution a même recommencé depuis quelques mois; on a fait des prisonniers pour fait d'assemblées de religion, qu'on a condamnés, les hommes aux galères et les femmes à la tour de Constance et leurs biens confisqués, et dans certains endroits, les troupes ont eu la licence de forcer à faire rebaptiser les enfants qui avaient reçu le baptême par des ministres, et rebénir par les curés les mariages qui avaient été faits par les ministres.

« Le 26 du mois de mars dernier, on fit mourir à Montpellier M. Bénézet, proposant, qui avait été arrêté par des dragons au Vigan. Il a glorifié Dieu par sa mort et a fini sa vie avec beaucoup de fermeté. Dans le même temps, on arrêta à Marsillargues, le sieur Molines, surnommé Fléchier, qui avait été reçu ministre il y a quelques années; il s'était marié avec la veuve d'un officier, et s'étant livré à l'amour de cette femme qui lui possédait son cœur; il a vérifié, par son apostasie, qu'on ne peut être à Dieu et aux voluptés du monde; quoiqu'il ait fait son abjuration et qu'il assiste à la messe, on le tient toujours aux prisons de la citadelle de Montpellier. Dieu nous donne la force et nous fasse la grâce de lui être fidèles jusqu'à la fin. J'assure bien de mes respects votre chère épouse et cousine, à qui j'ai l'honneur d'être, comme à vous, Monsieur et cher cousin, votre très-humble serviteur,

« LE MARÉCHAL. »

« 14 mai 1752. »

LETTRE DE REDONNEL, PASTEUR DE MONTPELLIER,<br>A BENJAMIN DU PLAN (1751)

« Monsieur et très-honoré frère,

« Quoiqu'il y ait déjà plusieurs mois que j'ai eu l'honneur de vous écrire une longue lettre, et que je n'en aie point eu de réponse, je ne laisse pas de vous écrire de nouveau, non-seulement pour vous assurer que faisant pour vous continuellement au Seigneur les vœux les plus ardents et les plus étendus, je n'ai pas manqué de les redoubler dans ce renouvellement d'année, en sorte que s'il plait à Dieu de les exaucer, vous n'aurez rien à désirer ni pour cette vie, ni pour celle qui est à venir, puisque j'y demande pour vous tous les biens de l'une et de l'autre. Non-seulement encore pour vous prier de les recevoir, comme un témoignage de la haute considération que j'ai pour vous, mais aussi pour vous informer de ce qui s'est passé ici depuis ma précédente au sujet de nos affaires.

« Sur la fin du mois d'octobre dernier deux fidèles de Faugères furent arrêtés pour avoir refusé à leur curé de lui laisser ensevelir leurs enfants, et les avoir ensevelis eux-mêmes dans leurs champs; mais quelques mois de prisons et 25 ou 30 pistoles les ont mis hors d'affaires. Quelque temps après Monsieur le subdélégué de Béziers suivi d'une brigade de la maréchaussée se transporta audit Faugères, à Bédarieux et Graissessac pour prendre le nom de ceux qui avaient fait bénir leurs mariages et fait baptiser leurs enfants au Désert, et les certificats qu'on leur avait donnés. Cela fait ensuite de la publication de l'ordonnance donc je vous parlais dans ma dernière, alarma les fidèles qui se regardèrent comme condamnés à des prisons, aux galères, et qui craignaient surtout qu'on ne cassât leurs mariages bénis par leurs pasteurs légitimes, et qu'on ne voulût les forcer à les faire rebénir par les prêtres, et à leur faire rebaptiser leurs enfants. Je ne faisais que de venir visiter ces Églises quand j'appris cela. Je ne doutai pas de l'état où elles devaient être, et ne pouvant y retourner ni leur envoyer personne, je leur écrivis deux lettres, pour les rassurer, les exhorter à la persévérance dans la foi, et à perdre et à souffrir tout, plutôt que de rien faire contre leurs devoirs et au préjudice de leur salut. Depuis, elles ont été visitées, et j'ai appris que nos ennemis n'ayant plus remué, le calme y était revenu.

« Pendant qu'on agissait ainsi aux extrémités de la province, où il n'y a point de troupes, on faisait courir dans l'intérieur des gros détachements presque sur toutes les assemblées ; toutes nos Églises furent assaillies en un même jour par toutes les garnisons de la province qui furent à portée de leurs assemblées qu'elles dissipèrent. On ne fit aucun prisonnier ce jour-là, si ce n'est à Uzès où l'on en fit un si grand nombre, qu'il semblait qu'on avait voulu y en faire pour tous les autres lieux.

« Voici le fait : l'assemblée de cette Église se faisait encore à la place ordinaire, qui est à une petite lieue de la ville. Le commandant de la garnison et le subdélégué de Monsieur l'Intendant, séduits et animés par l'évêque qui est extrêmement bigot et cruel, avaient pris chacun des mesures pour surprendre l'assemblée, et arrêter autant de fidèles qu'ils pourraient, mais surtout M. Pradel, dit Vernezobre, qui en est le pasteur. Le subdélégué avait mandé à la brigade de la maréchaussée qui est à Remoulin, de se rendre aux environs d'Uzès le dimanche matin seulement, afin qu'on ne sût pas son arrivée; et quand les fidèles furent à l'assemblée, il fut joindre les archers, se mit à leur tête, et les mena vers l'assemblée après leur avoir donné des cordes et des fers pour garroter et enferrer le pasteur qu'il croyait arrêter.

« Le commandant de son côté, pour mieux tromper l'Église, avait ordonné les exercices et fait sortir la garnison sur l'esplanade pour les y faire faire, et avait en même temps pris la perfide précaution de mander son valet de chambre à l'assemblée pour reconnaitre le pasteur et observer où il se mettrait à l'approche du détachement, afin qu'on pût le poursuivre s'il fuyait, lui couper chemin et l'arrêter. L'admission du valet de chambre dans l'assemblée ne doit pas vous surprendre et ne doit pas être regardée comme une imprudence de l'Église, car depuis dix ans que nos assemblées se font ici de jour, au vu et au su de tout le monde, grand nombre de catholiques s'y rendaient, ou par curiosité ou autrement; les soldats et les officiers en faisaient de même; et les évêques, les curés et les commandants ont eu bien de peine à les en empêcher; ils n'ont pu même en venir jamais à bout entièrement, toujours il s'y en est rendu quelqu'un. Bien plus, les espagnols qui ont tant passé des quartiers d'hiver en province, s'y rendaient en foule, et bien que pour la plupart ils n'entendissent que peu le français, ils étaient pourtant ravis en admiration de la lecture de l'Écriture-Sainte, des sermons, des chants de Psaumes, mais surtout de nos liturgies et de notre administration du saint baptême et de la sainte Cène, à tel point qu'à Uzès même, quelques officiers de cette nation s'étant rendus un dimanche à l'assemblée, on les fit placer dans le parquet avec le Consistoire, afin qu'ils pussent mieux voir et entendre baptiser, ce qu'ayant vu et entendu, ils se regardèrent les uns les autres avec étonnement, et s'écrièrent en leur langue en se réjouissant, que nous baptisions au nom du Père, **du Fils et du Saint-Esprit**, et que nous étions chrétiens comme eux, ce qui redoubla beaucoup leur respect et leur attention pour toutes les parties de notre culte, se couvrant et s'age-nouillant comme les fidèles; aussi puis-je vous assurer que le peu qui s'en est retourné en Espagne était bien différent de ce qu'ils étaient venus, préférant la plupart notre conversation à celle des catholiques et nos prêches à leurs messes; quelques-uns même affectaient de mortifier devant nous les prêtres et surtout les moines, qu'ils chargeaient d'injures; et cependant cela n'avait jamais causé le moindre désordre dans nos assem-blées. J'ai été un peu long sur la justification de l'admission du valet de chambre dans l'assemblée d'Uzès, mais j'ai cru vous faire plaisir en vous apprenant ces particularités des Espagnols, puisque l'occasion s'en présentait, parce qu'elles nous en ont fait beaucoup à nous.

« Je reviens au valet traître : il fut à l'assemblée, se plaça parmi les fidèles, et bien loin que personne s'en formalisât, plusieurs se firent un plaisir de lui procurer une bonne place afin qu'il pût mieux voir et entendre toute l'action. Cependant le projet de l'évêque n'avait pas été formé ni arrangé avec tant de secret que l'Église n'en eût eu quelque soupçon, et comme d'ailleurs l'artifice des exercices est usé, on ne s'y laisse pas tromper. On s'assembla, mais on prit deux précautions : l'une à la ville, l'autre à l'assemblée; dans celle-ci, le pasteur ne voulut pas mettre sa robe, crainte d'en être embarrassé, au cas qu'il fallût fuir devant les troupes; il mit seulement un petit collet pour baptiser trois enfants qu'on lui présenta; et à la ville, on mit quelques fidèles pour observer les troupes et en venir informer l'assemblée si elles s'y acheminaient; ce qu'ils firent inutilement, car comme on en était au milieu des exercices, le commandant prit 14 hommes par compagnie (il y en avait huit ou neuf) et les y fit marcher à pas précipi-tés, ou pour mieux dire, il les fit courir à l'assemblée. Les fidèles qui les observaient y coururent aussi; mais quoiqu'ils fissent toute la diligence possible, les soldats et la maréchaussée qui se joignirent en chemin, en firent tant de leur côté qu'ils y arrivèrent presque tous ensemble, et avant qu'elle pût faire la moindre chose pour se garantir de l'extrême danger qu'elle courait, elle fut investie de tous côtés par un cercle que les troupes formèrent pour l'environner; ce cercle se rétrécissait toujours en allant vers l'assemblée, et ne laissait qu'une très-petite ouverture que quelques grenadiers s'efforçaient de fermer. On peut dire à la gloire de cette Église qu'elle ferma les yeux sur les dangers où elle était exposée, et ne s'occupa que de celui de son pasteur, et d'un jeune prédicateur qui sortait d'être malade, et n'était encore que dans une faible convalescence; il s'évanouit et on eut bien de la peine à le faire tenir sur la croupe du pasteur, qu'on avait mis à cheval, et qu'on tâchait de faire sauver par la petite ouverture dont j'ai déjà parlé. Ce fut alors qu'on vit une aussi belle preuve de l'attachement de ces pauvres fidèles pour leur pasteur qu'aucune que nous ayons de cette espèce dans l'histoire ecclésiastique, car les grenadiers étant déjà parvenus au but qu'ils se proposaient, quelques fidèles qui le virent, se jetèrent entre leurs mains pour se faire prendre afin de les occuper et donner par là le temps à leur pasteur de sortir du cercle et d'échapper à ses ennemis, ce qui réussit parfaitement. Ainsi pour cette fois, les brebis donnèrent sinon leur vie, du moins leurs biens et leur liberté pour sauver leur pasteur qui n'échappa que par une Providence particulière, à laquelle nous avons rendu et rendons journellement de très-humbles actions de grâces. Il n'en fut pas de même des fidèles, la plus grande partie se sauvèrent, mais un fort grand nombre furent exposés pendant plus de trois heures à l'insolence et à la fureur des soldats, des archers et de ceux qui les commandaient, dont l'exemple soutenait fort bien les commandements. Les injures les plus atroces et les coups de bourrades les moins ménagées ne furent nullement épargnées. Il y eut en particulier un vieillard septuagénaire du lieu de Montaren, nommé Audiger, et un autre du même lieu, nommé Espérandieu, qui furent couchés par terre à grands coups de bourrades, sans dire jamais à leurs bourreaux que ces seules paroles : *Hé ! mon Dieu, ayez pitié de moi, nous ne vous faisons aucun mal.* Mais ces barbares en étaient incapables. Le commandant survint sur ces entrefaites ; un soldat qui avait cassé son fusil contre quelque rocher dont le lieu est tout plein, le lui montra en accusant le pauvre vieillard de le lui avoir cassé ; il ne le crut pas, sans doute, voyant l'accusé étendu par terre, moulu de coups, accablé d'années et demi mort, mais il ne resta pas de lui répondre en jurant : Il fallait le tuer ce..... et en disant ces mots, il lui mit le pied sur le ventre, passa dessus, et ordonna qu'on lui fît joindre les autres prisonniers.

« Vous demandez sans doute ce que devint le valet de chambre à l'approche de son maître ; il fut le joindre sans doute pour le conduire au pasteur et le lui faire connaître, afin qu'il eût l'honneur de l'arrêter et avoir les mille écus attachés à pareille action ; mais quand il revint il ne le trouva plus, et Dieu permit qu'il prit pour lui un Monsieur qui lui ressemblait ; on l'arrêta, ce qui fit que, croyant tenir le pasteur, on ne le chercha pas davantage, ce qui encore ne facilita pas peu sa retraite ; quoique sans le connaître, il fut poursuivi avec son escorte, un grand quart de lieue, comme beaucoup d'autres.

« Cependant les jours étant alors fort courts, la nuit qui approchait leur fit battre la retraite ; des pelotons de soldats dispersés dans le bois et dans les montagnes, acharnés à poursuivre, à maltraiter et à prendre les fidèles, ayant rejoint, amenèrent chacun les prisonniers qu'ils avaient faits. Le nombre de ces pauvres gens, qu'ils n'avaient pas bien vus jusqu'alors, fut si grand, que non-seulement ils ne pouvaient pas les garder tous, mais qu'ils eurent peur d'une rébellion, soit de leur part ou de leurs frères dispersés, car Dieu permet qu'ils nous croient plus méchants que nous ne sommes, ce qui nous est encore plus utile que nuisible ; et c'est à cette peur que j'attribue deux choses qu'ils firent en approchant de l'assemblée et que j'ai omises ; l'une fut de faire battre la caisse et l'autre de tirer quelques coups de fusil en l'air afin vraisemblablement de l'effrayer et que les plus lestes et les plus vigoureux se sauvant, ils n'eussent affaire qu'au pasteur, aux femmes et aux vieillards ; mais le stratagème ne leur réussit pas ; ils furent donc chargés d'un grand nombre de prisonniers, ce qui fit que plusieurs se sauvèrent encore assez facilement, et que d'autres se rachetèrent des soldats pour de l'argent ou des bijoux, s'échappant ainsi d'entre les deux files de soldats au milieu desquelles on les avait mis. Mais quand on s'approcha de la ville, le commandant, soit uniquement par la peur, soit pour irriter les catholiques contre nous, en les faisant craindre de notre part, soit pour se conserver des prisonniers dont le nombre diminuait toujours, soit enfin pour illustrer son triomphe et le rendre plus éclatant, manda au reste de la garnison de prendre les armes et d'aller à son devant. Ce qu'elle fit, et ce fut à la tête de ce renfort qu'il entra aux flambeaux dans la ville, menant environ deux cents fidèles, qu'il fit conduire en prison. Jugez par là du grand nombre qu'on devait en avoir pris. Deux dames de qualité s'y faisaient remarquer par leur douceur et leur constance ; je n'ai su le nom que d'une : c'était la pieuse M$^{me}$ d'Aubessargues. Il serait mal aisé de vous représenter l'impression que ce triste spectacle fit sur l'esprit et sur le cœur de presque tous les habitants de la ville, tant de l'une que de l'autre religion. Il n'y avait que peu d'honnêtes gens qui ne comptassent, parmi les prisonniers, de leurs parents, de leurs alliés, de leurs voisins ou de leurs amis. Les acclamations ne furent point de la partie comme s'attendait peut-être le commandant, mais si fait bien les injures et les malédictions de la part de plusieurs catholiques, les larmes et les gémissements d'un grand nombre et de tous les protestants.

« Les prisons d'Uzès ne sont pas d'une nature à contenir tant de gens, d'ailleurs on ne les y avait nullement préparées, et il n'était pas d'une heure à préparer les lits dont cette multitude accablée de lassitude, de faim, de froid et de coups et d'afflictions avaient besoin. La manière dont elle se vit traiter, ne fut pas pour elle un petit surcroît de douleur. Il y eut cinq femmes qui avaient le lait au sein, auxquelles on ne voulut pas permettre d'aller chez elles sous caution pour allaiter leurs petits, et on regarda comme une grâce la permission qu'on leur accorda de recevoir leurs enfants dans la prison. M^{me} d'Aubessargues demanda, sous la caution d'un catholique qui s'offrit pour cela, qu'on la fît prisonnière dans une maison particulière, sous la garde d'autant de soldats qu'on voudrait qu'elle payerait ; ce qui lui fut accordé, et peu après, elle obtint son château pour prison moyennant sa caution et une garde qu'elle paya. Les plus distingués d'entre les autres prisonniers, ont obtenu aussi leur élargissement sous des cautions, par des raisons que vous ne serez peut-être pas fâché de savoir et qui vous feront admirer la Providence. Je me borne à deux que je crois être les principales.

« Dieu qui n'abandonne jamais les siens, a permis que M. de la Farellle, commandant d'Uzès, n'y étant pas alors, se soit fâché de ce qu'on fît sortir les troupes sans sa permission, et c'est pour mortifier le subdélégué et l'officier commandant, comme aussi peut-être quelque autre, qu'il usa d'un peu de douceur, car autrement il est mauvais pour nous. D'un autre côté, M. le duc d'Uzès n'a pas vu cet emprisonnement de bon œil ; il a, au contraire, témoigné en être fort fâché. On assure que le lendemain, le subdélégué ayant été le voir, apparemment pour s'excuser de ce qu'il avait fait, ce seigneur le traita de monstre, lui demanda s'il voulait lui perdre tous ses vassaux, lui ordonna de sortir du duché, lui défendit d'y entrer jamais s'il ne voulait être assommé de coups de bâton, et lui dit qu'il était surpris qu'il fût encore en vie. Ainsi il n'est pas douteux que ce ne soit en grande partie au désir de plaire à un si grand seigneur que nous sommes redevables des faveurs que nos frères d'Uzès ont éprouvé dans leurs malheurs, s'il est permis d'appeler ainsi ce qu'on souffre pour la profession de l'Évangile.

« Ces considérations n'ont pas eu la même force à l'égard

des prisonniers pauvres, et surtout à l'égard de ceux qui ont besoin de travailler pour gagner leur vie et celle de leurs familles; l'espoir de les réduire à faire des actes contre leurs consciences par l'ennui et la misère de leur prison et le besoin de leurs familles, a obligé nos ennemis à les retenir rigoureusement. L'Église d'Uzès s'en étant aperçue et sentant les conséquences d'un dessein si noir et si barbare, a fait tout ce qu'elle a pu pour parer ce coup en fournissant aux besoins des prisonniers et de leurs familles. Mais tant de bouches ne pouvant que la fatiguer, surtout dans cette occasion, elle a communiqué son état aux autres Églises, et leur a demandé leurs secours. Celle de Nimes lui a mandé deux cents livres; celle de Montpellier cent cinquante avec offre d'en envoyer davantage, s'il le fallait, et j'ignore ce qu'ont fait les autres.

« Ce que vous venez de voir est beaucoup, mais ce n'est pourtant pas le pire. On a rappelé partie de ceux qu'on avait relâchés sous caution, qui, à la honte de plusieurs rois et de plusieurs grands seigneurs qui ne se font point de peine de violer leur parole et leurs serments, ont respecté assez leurs promesses pour les dégager, en se remettant entre les mains de leurs ennemis. Et Monsieur l'intendant qui mourut le 28 du mois passé, a voulu signaler son départ de ce monde, en condamnant cinq de ces fidèles aux galères, deux à la tour de Constance et trente-cinq aux prisons de Nimes pour six mois. Nous ne savons quel sera le sort des autres; ce qu'il y a de certain, c'est que ce chef de police prononça ce jugement en sortant de se confesser et avant de recevoir la communion. Peut-on rendre aux hommes un plus grand service que de les retirer d'une religion dont les actes les plus saints déshonorent non seulement le Christianisme, mais même l'humanité ? Quel motif pour engager ceux qui aiment Dieu et leurs semblables, à faire tous leurs efforts pour l'entière suppression du papisme ?

« J'ai nombre d'autres faits à vous communiquer, mais parce que j'ai vu dans l'extrait d'une de vos lettres que M. Viala vient de m'envoyer, que vous souhaitiez d'être instruit en détail de ce qui se passe ici, j'ai détaillé celui-ci de manière qu'il remplît mes feuilles et m'obligeât à vous prier de m'excuser ma prolixité. Je vous manderai les autres incessamment. Je viens d'envoyer dans les Hautes et Basses-Cévennes, dans le Vivarais et dans le Dauphiné le susdit extrait, comme M. Viala m'en avait prié, et je vous remercie de la bonté que vous avez d'écrire et aussi de m'assurer de votre affection. Je finis en me recommandant moi et mes collègues et nos troupeaux à vos saintes prières et à celles des autres gens de bien qui s'intéressent pour nous, et en vous assurant que je suis de tout mon cœur, Monsieur et très-honoré frère, votre très-humble et très-obéissant serviteur,

« REDONNEL. »

« P. S. — Messieurs mes collègues avec lesquels nous nous sommes vus depuis peu, vous saluent très-humblement et vous remercient des bontés que vous nous témoignez à tous dans la lettre que Michel m'apporta, que nous avons lue. Si M. Gaussen voulait nous faire le plaisir d'envoyer lui-même vos lettres à Monsieur son neveu de Montpellier, cette voie serait extrêmement sûre. Je vous prie de le saluer de ma part. »

DU MÊME AU MÊME

« Ce 29 juin 1752.

« Monsieur et très-honoré frère en Jésus-Christ,

« Il y a déjà quelques jours que j'ai reçu une lettre de M. le pasteur P. (1), dans laquelle j'ai trouvé celle que vous m'aviez annoncée il y a quelques mois : et bien que le rapide dépérissement de nos affaires, qui augmente tous les jours, me serre tellement le cœur que je ne puis guère parler d'autre chose, je ne puis pourtant me dispenser de vous remercier des exhortations que vous nous faites pour nous porter à la paix

_______________

(1) M. le pasteur Polier.

et vous apprendre que Monsieur le pasteur en fait de même ; il fait plus encore, il lève tous les obstacles qu'elle avait rencontrée jusqu'ici ; il ne s'agit plus de ce dont il s'agissait autrefois à votre égard et il déclare accepter le favorable jugement qui a été rendu à votre sujet (1). Que de peines épargnées, si cette affaire dans son commencement avait été aussi peu litigieuse qu'elle l'est à présent ! L'affreuse discorde n'y aurait assurément rien gagné. Mais que faire ? Tel est le sort des hommes, ils ne voient souvent qu'à la longue et qu'après bien des recherches, ce qui étant d'abord aperçu, leur épargnerait une infinité de déplaisirs. L'état où ce différend est à présent me remplit de consolation et de joie et me porte à en bénir Dieu. Soyez bien persuadé, je vous prie, Monsieur, et persuadez bien tous Messieurs nos amis, qu'autant que moi et Messieurs mes collègues avons eu de chagrin de l'altération qui se faisait remarquer, à ce sujet, tant entre les amis du dedans qu'entre ceux du dehors, autant nous avons à présent de contentement de la voir cesser et faire place à l'union et à la concorde. Et que, quelque désir qu'on ait à cet égard, et quelques soins qu'on se donne pour cela, on ne saurait nous surpasser, au moins pour ce qui est de l'ardeur, de la sincérité et de l'empressement avec lequel nous nous y portons et nous y porterons toujours. Nous oublions et sacrifions en faveur de cette bonne œuvre tout le passé, nous souhaitons qu'il n'en soit jamais plus question, et s'il nous est échappé quelque expression qui ne soit pas en place, nous prions qu'on l'oublie ainsi que nous oublions ce qu'on peut avoir dit et pensé de nous. Mais vous savez si bien quelles sont nos dispositions à cet égard, et vous en rendez si hautement témoignage dans votre dernière, que je ne crois pas qu'il soit nécessaire de vous parler davantage à ce sujet, ne doutant pas que vous, Monsieur, et les honnêtes gens qui nous connaissent, ne nous rendiez, dans cette occasion, toute la justice due à la droiture et à la

(1) Allusion à l'affaire du Plan.

modération de nos sentiments. Il me reste à vous entretenir de ce qui se passe ici.

« On continue à presser nos fidèles de rebaptiser ceux de leurs enfants qui l'ont été par nous, et on ne réussit que trop, malheureusement. On n'emprisonne personne, cela ferait des fuyards et on veut l'éviter, mais on continue à assigner les gens à le faire dans le délai de trois jours et après ce terme, on met des cavaliers de la maréchaussée en garnison chez ceux qui ont le courage de ne pas obéir, qui, outre leur entretien et celui de leurs chevaux, sont taxés à quatre livres par jour chacun. On confisque les biens de tous ceux qui s'absentent ou qui font absenter leurs femmes et leurs enfants. Quelque violent que soit tout cela, ce n'est pas ce qui l'est le plus ; on le trouve dans les ruses, les séductions et les artifices des lâches, des papistes et des servantes des curés ; ces dernières, à l'abri de l'autorité abusive de leurs maîtres, sont les créatures les plus insolentes et les plus dangereuses qu'on puisse imaginer. Tous ces gens-là se réunissent pour effrayer les fidèles, enlever leurs enfants et les faire rebaptiser malgré qu'ils en aient ; et ils le font d'une manière qu'il est presque impossible de le prévenir. Un de Messieurs mes confrères qui en a été témoin m'a dit, pour m'en donner une idée, que le démon même serait forcé par ces indignes à souffrir qu'on le baptisât, tant ils s'y prennent bien. On a commencé aussi dans trois endroits d'assigner les mariés au Désert à faire rebénir leur mariage et à subir les épreuves ordonnées par les évêques, qui, profitant de la contrainte qu'ils font faire aux fidèles, ne négligent rien pour rendre réellement papistes ceux qu'ils forcent de recourir à leur ministère et à celui de leurs prêtres. Nimes est encore en paix à ces deux égards, mais on s'attend d'un jour à l'autre à le voir attaqué. Sommières, Calvisson et tout leur voisinage, viennent de l'être et de succomber, à l'exception d'un petit nombre dont les biens ont été confisqués. Cela fait que tous nos troupeaux, quelques mondains exceptés, se disposent sérieusement à s'expatrier. Mais hélas ! on ne nous laisse pas cette triste ressource : sept personnes furent arrêtées il y a quinze jours ou trois semaines à une journée de Nimes et conduites dans les prisons du fort de cette ville ; vingt-une autres le furent en même temps à Grenoble et emprisonnées là même ; on ignore quel sera leur sort. On assure que toutes les issues du royaume sont gardées exactement et qu'il est impossible d'en sortir. Si cela est, que deviendrons-nous ? Comment nous garantir du péril éminent qui menace et nous et nos chères brebis de toutes parts ? Vit-on rien de plus affreux ? on ne veut ni nous souffrir, ni nous laisser aller.

« Voici un autre fait plus nouveau et plus affligeant. C'est la mort qu'on a fait souffrir vendredi dernier à Nimes, à un nommé Roque, du lieu de Beauvoisin, à deux lieues de cette ville. Ce pauvre homme fut accusé d'avoir attaqué lui seul un détachement de 40 à 50 soldats qui emmenait prisonnières sept personnes qu'il venait de prendre à une assemblée et d'avoir mis en joue le commandant. Quelque fausse et destituée de vraisemblance que fût cette accusation, il fut arrêté, et après avoir resté quatre mois en prison à Nimes ou à Montpellier, il fut ramené à cette première jeudi dernier, ayant plus de 30 livres de fer au col ou aux mains. Le lendemain, il fut condamné à être pendu. Il protesta à ses juges de son innocence, leur reprocha l'iniquité de leur sentence et les menaça des jugements de Dieu. Dix-huit prêtres et pas moins, n'eurent pas honte d'aller en corps l'assaillir pour le faire changer de religion ; il refusa absolument de les écouter. Un d'entr'eux, nommé l'abbé Bouira, fort ardent à pervertir les prétendus hérétiques, fut le prendre au collet, des deux mains, et lui dit de penser que dans deux heures il comparaîtrait devant Dieu et qu'étant dans une religion damnable, il ne pourrait, s'il ne la quittait, qu'aller en enfer. « Eh ! Monsieur, lui dit Roque, en son patois, si vous croyiez qu'il y eût un enfer vous ne me persécuteriez pas comme vous faites. » Ces mots, qui ont été regardés de tout le monde comme au-dessus de l'éducation et du génie de ce pauvre paysan, rendirent confuse l'effrayante troupe et la déterminèrent à se retirer. Deux jésuites, dont un (le père Goût) était allé en poste, pour cet effet, de Montpellier à Nimes, lui succédèrent. Le patient les rendit encore confus et les fit retirer en leur disant relativement à quelque chose qu'ils lui avaient dit : « Eh ! comment pourrais-je croire votre religion bonne, pendant que je vous vois tous les jours tremper vos mains dans le sang des chrétiens ? » Douze prêtres vinrent encore à la charge ; il les congédia de même en refusant leurs services et en leur disant : « Laissez-moi préparer à mourir, je n'ai pas besoin de vous pour être consolé ; ceux dont j'aurais besoin ne peuvent pas venir ici, malheureusement. » L'heure d'aller au supplice étant venue, deux jésuites voulurent l'y accompagner et pendant la marche, ils l'arrêtèrent nombre de fois de distance en distance pour lui parler, mais vainement ; Roque, s'arrêtant tout court, leur tournait le dos en leur disant d'une voix forte : *Non*. Dans les petits intervalles qu'ils lui laissaient, il ne cessait de crier à Dieu : *Miséricorde ! miséricorde !* Quand ils furent hors la petite porte de Saint-Gilles, ayant aperçu la potence, il redoubla le pas et quand il y fut arrivé, il pria le bourreau de ne le pas faire souffrir, il entonna le psaume LI et monta l'échelle en le chantant. Un jésuite lui présenta son crucifix à baiser, il le refusa en secouant la tête ; les tambours se mirent à battre et l'exécuteur fit son office.

« Adorons ici la Providence ; Roque donna ses jours pour la foi de Jésus pendant que son indigne pasteur (1) l'abandonne pour conserver les siens, ainsi que je vous le mandais en dernier lieu. Quel exemple humiliant pour les savants sans piété ! Ce Roque était âgé d'environ trente ans. Il laisse sa mère, sa femme et un enfant de trois à quatre ans ; ces personnes étaient à Nimes ce jour si triste et si glorieux pour elles ; nos diacres et nos diaconnesses suppléèrent dignement au défaut de pasteurs, qui, obligés de se cacher, ne peuvent

(1) Molines.

les visiter. Cette exécution qu'on n'a faite à Nimes que pour jeter la terreur dans les esprits, où elle n'était déjà que trop, a extrêmement consterné tout le monde à la ville et à la campagne. L'animosité que les prêtres et ceux qu'ils dirigent nous témoignent va toujours augmentant ; ceux qui paraissent les plus tolérants n'ont pas honte de nous épier, de nous dénoncer et de nous faire des huées, et combien n'y en a-t-il pas qui se feraient un plaisir de nous courir sus ! Tel est le fruit malheureux du Jubilé.

« J'oubliais de dire que lorsqu'on descendit Roque du Fort au Palais, un huguenot zélé lui cria : « Courage, mon cher frère, vous devez aller aujourd'hui comparaître devant Dieu ! » que le corps du martyr fut exposé aux fourches et enlevé tout de suite ; qu'on procède contre ceux qu'on croit avoir eu part à cet enlèvement ; que deux fidèles tombés malades, l'un à Caulon, petit village près de Bédarieux, et l'autre à Pézénas, ayant été assaillis par les prêtres sans en avoir été vaincus, étant décédés, ont été tous les deux traînés par la populace et jetés à la voierie. Jugez par là de notre situation et du caractère des gens avec qui nous avons affaire. Excusez les défectuosités de ma lettre, je la fais à la hâte, le temps me manque pour la faire plus courte. Honorez-moi du secours de vos prières, obtenez-moi celles de vos amis et faites-moi la grâce de me croire avec un tendre et respectueux attachement, Monsieur et très-honoré frère, votre très-humble et très-obéissant serviteur,

« REDONNEL. »

LETTRE DE POMARET, PASTEUR A GANGES,

A BENJAMIN DU PLAN (1752)

« Monsieur et très-honoré frère,

« Si je n'avais été pleinement persuadé de votre zèle pour l'avancement des intérêts de nos Églises opprimées et de la part que vous prenez à notre triste situation, celle que vous m'avez fait l'honneur de m'écrire m'en aurait entièrement convaincu. Je l'ai reçue avec d'autant plus de plaisir, que depuis mon élévation au sacré ministère, je souhaitais ardemment d'être en relation avec vous et qu'elle est des plus encourageantes pour un homme qui, comme moi, marche dans une carrière hérissée de difficultés. Procurez-moi, je vous prie, l'avantage d'en recevoir souvent de pareilles ; elles donneront à mon cœur une satisfaction que rien ne saurait balancer et les secours que j'aurai la douceur d'y puiser, me pénètreront pour vous de la plus vive gratitude.

« Les oracles dont vous me parlez et que votre plume rend si fidèlement et avec tant de force, ont souvent été le sujet de mes réflexions et me font vivre dans l'espérance de voir notre Jérusalem délivrée et peut-être plus tôt que nous ne pensons ; mais que nos espérances là-dessus soient réalisées ou qu'elles ne le soient pas, je sais que la religion pour laquelle nous combattons ne doit pas nous être moins chère et que plus nous aurons à souffrir en la soutenant dans un royaume où l'on met tout en usage non-seulement pour en arrêter les progrès, mais pour la détruire, plus il sera glorieux pour nous de l'avoir soutenue au jour que Dieu couronnera les œuvres de ses bien-aimés.

« J'ai toujours pensé de la sorte ; aussi puis-je vous assurer que les dernières persécutions que nous avons souffertes et qui ont été des plus violentes, surtout dans mon département, n'auraient pas été capables de m'éloigner un seul jour de mon troupeau, si je n'avais manqué tout à coup de ressources pour me mettre à l'abri des poursuites des soldats qui me cherchaient de nuit et de jour et avec la dernière exactitude. Je ne m'éloignai donc que pour laisser passer le torrent et je revins dans mes Églises dès que j'eus appris que la fureur de nos ennemis semblait s'être un peu ralentie. Je dis un peu ralentie, car malgré la tranquillité dont jouissent partout ailleurs nos chers frères, mes compatriotes, mon quartier qui comprend la ville de Ganges et les endroits circonvoisins, est exposé tous les jours à quelque assaut. Le 5 du mois dernier, l'assemblée d'un de mes proposants fut pousuivie par un détachement de trente hommes; quelques-uns furent pris mais relâchés quelques heures après leur arrestation. Le 27, il en sortit un autre d'environ quatre-vingts hommes pour courir sur une de mes assemblées, qui heureusement ne fut pas trouvée, ni même interrompue, tant j'avais pris des précautions pour éviter les embûches qui pouvaient nous être tendues.

« Si je dois ici, mon cher Monsieur, vous rendre raison de ce que mon troupeau ne jouit pas de la même tranquillité dont on jouit presque partout ailleurs, c'est 1° parce qu'il est du diocèse de l'évêque de Montpellier qu'on dit un bigot et des plus mauvais; 2° parce que les troupes en garnison à Ganges sont commandées par un homme qui semble se faire un plaisir de nous faire de la peine; 3° enfin parce que les réformés de la ville de Ganges eurent la lâcheté de faire rebaptiser leurs enfants dans l'Église romaine lors des premières attaques et se remirent par là même sous un joug que je leur avais fait secouer. J'eus beau leur faire entrevoir les malheurs qu'ils allaient s'attirer par leur chute, les menaces de nos ennemis prévalurent sur mes censures et mes exhortations. Les malheurs que je leur avais annoncés s'ils ne tenaient pas ferme et qui leur sont arrivés, m'ont obligé à leur faire l'application des paroles d'Osée, ch. V, v. 11 : « *Ephraïm est opprimé, il est brisé justement parce qu'il est allé de son bon gré après le commandement des Jéroboam, des Homri et des Achab;* ils le reconnaissent, ils en gémissent.

« Si vous voulez bien m'honorer de quelque autre de vos lettres, je vous prie d'insister un peu sur le péché que commettent ceux d'entre nos protestants qui font baptiser leurs enfants et bénir leurs mariages par les prêtres de la communion romaine, et sur l'obligation où ils sont de les faire célébrer dans la communion dont ils sont membres. Vous m'obligerez encore si vous voulez bien y ajouter que les pasteurs de Londres pensent comme vous sur cet article. Je sais qu'ils le font, du moins la plupart, et ne puis en douter après une lettre des plus éloquentes que M. Bourdillon eut la bonté de nous adresser. Je la lus à la tête de mes assemblées, elle produisit toutes sortes de bons effets. Celle que je prends la liberté de vous demander et que je communiquerai à nos troupeaux, m'aidera à ranimer la foi chancelante des uns, et à corriger une tiédeur dangereuse chez les autres ; nos fidèles ont une déférence particulière pour les conseils qui leur viennent des pays étrangers.

« Le mérite de M. Buscarlet m'est connu depuis quelque temps ; faites-moi la grâce de l'assurer de mes respects très-humbles. Je suis très-sensible au souvenir du fidèle Arnaud et je suis charmé de le savoir en pays de liberté. Faites-lui, je vous prie, mes compliments, etc.

« POMARET.

« Ce 1er décembre 1752.

« L'adresse de M. Fontane, bourgeois à Anduze, est sûre, vous pouvez vous en servir.

« L'on vient dans le moment de me dire que les soldats furent se mettre hier en embuscade dans un endroit où je parlais à neuf heures du soir, et que quelques minutes plus tard j'étais arrêté. »

DU MÊME AU MÊME (1752)

« Monsieur,

« La lettre de M. Buscarlet ne m'est parvenue que dans nos Cévennes où je suis depuis environ un mois. Les sentiments qui y sont exprimés sont des plus gracieux pour moi, aussi ne saurais-je y être plus sensible. Je le suis surtout à l'honneur que vous m'avez fait de joindre votre adresse. Je la souhaitais avec trop d'ardeur pour négliger de vous écrire après l'avoir reçue.

« Il est rare, Monsieur, de trouver d'aussi bons patriotes que vous ; les pénibles soins que vous vous êtes donnés pour le maintien et l'avancement de nos Églises opprimées, sont de nature à ne devoir jamais s'effacer de notre souvenir. Il n'est pas nécessaire que j'en dise davantage pour vous assurer qu'il me serait impossible de rien ajouter à l'estime que j'ai pour vous en mon particulier, ni aux dispositions que j'aurais à vous servir si j'avais le bonheur de vous être bon en quelque chose.

« Les assauts qui nous ont été livrés dans les dernières années ont été des plus violents, et les maux que nous avons soufferts ont été des plus douloureux; outre les éminents dangers que nous avons courus et que nous courons encore, nous avons vu nos troupeaux accablés d'amendes et autres peines; vous avez su sans doute nos malheurs et je ne doute pas que vous n'y ayez pris part aussi bien que les bonnes âmes des pays fortunés où vous êtes. Depuis quelque temps, nos fidèles ne sont exposés ni aux mêmes poursuites, ni aux mêmes traitements. Après Dieu, ils sont redevables de cette tolérance à l'alarme qui fut donnée vers le milieu du mois d'août aux curés de nos quartiers par quelques protestants qui, réduits au désespoir, firent main basse sur quelques prêtres des plus acharnés à nous détruire et à M. le comte de Paulmy qui passa chez nous et qui, désapprouvant le traitement qui nous était fait, recommanda d'agir à notre égard avec plus de douceur et de support. Quelques-uns de nos Messieurs furent priés dernièrement par un gentilhomme catholique de dresser un état des vexations qui nous ont été faites depuis l'an 1740. Nous l'avons dressé et fait partir. Cet ouvrage doit être envoyé à la Cour qui veut, à ce qu'on assure, prendre connaissance de nos misères. Je pense que vous ne serez pas fâché de voir la manière dont nous avons dressé ce mémoire; pour vous en donner une idée je joins ici celui que j'ai fait pour mon Église de Ganges.

« Ganges est une petite ville des Cévennes, presque toute habitée par des protestants très-fidèles à Sa Majesté, et qui concourent d'ailleurs à faire fleurir le commerce. Cela n'a pas empêché qu'ils n'aient été vexés en une infinité de manières.

Les faits rapportés ci-dessous en sont des preuves bien authentiques.

« L'an 1746, ils furent condamnés, sous prétexte de s'être assemblés pour prier Dieu, à une amende de 2,313 livres par feu M. Le Nain, intendant du Languedoc; cette amende fut payée au sieur Olivier, collecteur de ladite ville.

« L'an 1747, les mêmes protestants furent condamnés et par le même M. Le Nain, à une amende de 2,272 livres; cette amende fut payée au sieur Boudon, collecteur de ladite ville de Ganges.

« L'an 1748, Françoise Granger, accoucheuse protestante de la ville de Ganges, fut arrêtée et conduite aux prisons de Montpellier, où elle a été détenue environ quatre années, uniquement parce que n'ayant d'autres moyens pour gagner sa vie que sa profession d'accoucheuse, elle l'avait exercée contre les ordres de M. Martin, curé de Ganges.

« L'an 1751, Jean Rouland et Pierre Puech, accusés d'avoir fait baptiser leurs enfants selon la forme de leur communion, furent arrêtés, conduits aux prisons de Montpellier et condamnés, le premier à 100 livres d'amende et le dernier à 200 livres, et à faire de plus rebaptiser leurs enfants par le curé de Ganges.

« L'an 1752, les protestants de Ganges furent condamnés pour fait d'assemblée à une amende de 1,500 livres, par M. de Saint-Priest, intendant du Languedoc; cette amende a été payée au sieur Coularou, collecteur de ladide ville de Ganges.

« Outre les amendes et les emprisonnements, les protestants de la ville de Ganges ont souvent des troupes qui, sous prétexte de courir après les assemblées, vont ravager leurs champs et leurs vignes sans qu'ils osent ni qu'il leur soit permis de se plaindre.

« Les protestants de la ville de Ganges, aussi bien que tous ceux de la province du Languedoc, sont trop bien persuadés de la bonté de Sa Majesté, pour penser que leurs maux leur soient faits par son ordre. Ils ne les attribuent uniquement qu'aux instances redoublées de Messieurs les évêques et les curés auprès de Messieurs les intendants, pour les obliger à tyranniser les consciences et à accabler d'amendes et autres peines ceux qui veulent en suivre les mouvements. Mais de quelle source que partent les maux, ils ne sont pas moins accablants pour les protestants et n'en ont pas moins obligé un très-grand nombre à quitter la France pour passer dans des pays tolérants; ceux qui restent et qui se montent à un nombre presque infini, espèrent que si Leur Majesté a un jour une entière connaissance de leurs misères, elle voudra bien adoucir leur triste situation en les mettant à l'abri de la tyrannie d'un clergé ambitieux toujours occupé à grossir leurs malheurs; dans cette douce espérance, ils poussent les vœux les plus sincères pour la prospérité de sa personne sacrée et pour celle de ses États. »

« Vous pouvez juger, Monsieur, par le mémoire que vous venez de lire, de ceux qui ont été dressés pour les autres villes de nos départements et qui ont été les unes beaucoup plus vexées que celle de Ganges dont je viens de parler; quelques bonnes espérances qu'on nous donne sur les effets que ces mémoires peuvent opérer, nous ne laissons pas de craindre de nouveaux assauts parce que le clergé est écouté et tant qu'il sera en crédit, nous avons tout à appréhender.

« Nous serions détrompés agréablement si nos maux étaient enfin adoucis ou terminés, mais s'ils ne le sont pas et que nos troupeaux soient exposés à de nouvelles attaques, il est à craindre qu'ils ne se portent à de violentes extrémités, surtout envers les prêtres, ces esprits pointilleux et sanguinaires qui sont les uniques causes de nos souffrances; ces dispositions dans lesquelles peuvent être la plupart de nos ouailles ne sont pas orthodoxes et nous ferons toujours toutes sortes d'efforts pour les empêcher d'éclater, mais il est difficile de contenir un peuple qu'on ne veut laisser tranquille ni lui permettre de passer dans des pays de liberté.

« Vous le voyez, nous flottons toujours entre la crainte et

l'espérance, aussi ne coulons-nous que des jours tristes et languissants; placé comme vous êtes dans des circonstances plus heureuses, puisse votre bonheur n'être jamais altéré par aucune des misères communes à tous les hommes; puissiez-vous jouir d'une longue vie et pour le bien de nos Églises et pour la satisfaction de nos amis particuliers !

« Si la persécution était redoublée et que je fusse forcé de quitter la France, pourrai-je me permettre l'honneur de votre protection? sans trop présumer de moi-même, je m'en croirai digne, du moins par les sentiments que je me connais pour vous et avec lesquels j'ai l'honneur d'être très-parfaitement, Monsieur, votre très-humble et très-obéissant serviteur,

« POMARET, pasteur des Basses-Cévennes.

« Mon adresse : à M. Jonvals, à sa campagne ; et celle de l'enveloppe : à M. Louis Fontanes, bourgeois à Anduze, en Cévennes. »

L'année 1753 fut une année bénie. Les religionnaires coururent au Désert et multiplièrent les assemblées. Dans le Languedoc, en particulier, ils se rendirent aux prêches en plein jour; la discipline de l'Église fut appliquée aux relaps et aux apostats, à tous ceux qui, par intérêt, par crainte ou par tout autre motif, avaient trahi la foi et fait acte public de catholicisme; tous revenaient honteux, repentants, pleins de bonnes résolutions pour l'avenir. Les pasteurs respirèrent et furent tout occupés à rassembler leurs troupeaux dispersés : les lettres suivantes trahissent leur bonheur et leur activité.

LETTRE DE FRANC A BENJAMIN DU PLAN (1753)

« 17 décembre 1753.

« Monsieur et très-honoré frère en Jésus-Christ notre Seigneur,

« Une foule d'occupations qui se succèdent continuellement

m'ont empêché jusqu'ici de répondre à la dernière lettre dont vous m'avez honoré. Soyez bien persuadé, je vous prie, que c'est l'unique raison du silence que je vous tiens depuis si longtemps. Le grand calme dont nous jouissons depuis une année, en multipliant nos travaux, ne nous donne pas pourtant plus de secours pour les faire. Des catéchumènes qui demandent d'être instruits ; des tombés qui veulent se relever et qui demandent qu'on les aide dans ce dessein ; d'autres qui, étant comme morts dans leur chute et qu'il faut tâcher de réveiller et de ramener à la vie que Dieu donne par la foi en son Fils, nous occupent sans cesse : surtout moi qui eus le déplaisir de voir tomber tout mon troupeau, et qui de plus suis obligé, à cause du voisinage, de prendre soin d'une partie de celui qu'avait autrefois le sieur Fléchier ; des circonstances où nous nous sommes trouvés ne nous ayant pas permis de le pourvoir encore d'un pasteur. Ces occupations ainsi multipliées, loin de diminuer augmentent tous les jours, béni soit Dieu. Mais je les interromps pour céder au désir que j'ai de m'entretenir avec vous et aux reproches que je me suis fait vingt fois de tarder à le faire.

« Et d'abord, je me hâte de vous remercier des vifs sentiments d'estime et d'amitié que vous avez la bonté de me témoigner. Je ne puis vous dire combien j'y suis sensible, ni combien je vous les réciproque. D'autres peuvent les mériter mieux, mais personne ne peut en faire plus de cas ni vous chérir et vous honorer plus parfaitement que je le fais.

« Je viens aux affaires de notre commerce. Il semble que Dieu veut que nous soyons toujours affligés. L'affaire de M. Coste que vous savez, nous a extrêmement inquiétés, elle nous a empêché de sentir la douceur de la paix que nous laissaient nos adversaires. Il était appuyé par la plupart des fidèles et par plusieurs des conducteurs qui ne voulaient se prêter à aucun arrangement qui pût mettre à couvert l'honneur des Églises et du ministère : en sorte que nous nous regardions comme étant à la veille d'un nouveau schisme.

Pour le prévenir, nous avons différé la tenue du Synode, mais il est tout apparent que malgré nos soins, il aurait éclaté, si Dieu n'avait affligé M. Coste d'une maladie d'esprit qui, en lui faisant perdre l'espérance d'exercer plus le saint ministère, a atterré ses amis et nous a mis en état de convoquer l'assemblée provinciale et d'y prendre les arrangements convenables tant sur cette affaire que sur les autres de la province. Ainsi, pour cette fois, nos Églises sont, grâces à Dieu, préservées du schisme qui les menaçait. Mais que le moyen en est affligeant ! Dieu l'a fait, c'est tout ce que nous pouvons nous dire pour en supporter patiemment l'amertume. Ce fut le 27$^{me}$ du mois passé que cette assemblée eut lieu. Tous les pasteurs, hormis le malade, y assistèrent et j'eus le plaisir de voir que tous ceux qui la composaient agirent unanimement et se donnèrent réciproquement des marques certaines d'une estime et d'une amitié véritables. On y passa vingt articles dont plusieurs regardent la consécration de neuf proposants au saint ministère, s'ils en sont jugés capables, par cinq pasteurs qu'on a choisis pour les examiner. Les autres regardent les tombés, ou certaines mesures qu'on a cru devoir prendre pour que les choses se fissent à l'avenir avec plus d'ordre et de bienséance, ou des personnes particulières. Celui touchant M. Coste, que nous avions le plus à cœur, est conçu en ces termes : « L'assemblée ayant pris en considération les bruits qui ont couru sur le compte du sieur Coste, et la condamnation qu'a prononcée contre lui le présidial de Nimes, a demandé au député de l'Église de Ners, pourquoi son Église n'avait pas fait des informations à ce sujet ; et le député ayant répondu qu'elle en avait été empêchée par les troubles qui étaient alors dans le pays et par l'arrivée des troupes qui survinrent tout de suite, la compagnie, déplorant les malheurs du temps, lui a enjoint de faire ses diligences à cet égard le plus tôt possible. »

« Encore un mot sur nos affaires. Toute la province va être remplie de troupes. On assure que nous en aurons trente bataillons et quelques escadrons de plus que l'année dernière.

La disposition qu'on en fait nous inquiète encore plus que leur nombre. Il n'est presque aucun village où l'on n'en mette, les plus petits, les plus pauvres et les plus écartés n'en sont pas plus exempts que les autres, ni ceux où il n'y a que des catholiques que ceux qui sont tous protestants. Quelques-uns craignent que ce ne soit pour les baptêmes et les mariages et surtout pour enlever les pasteurs afin d'avoir plus facilement les troupeaux. Cependant on nous assure que ces dispositions ne nous regardent point. Dieu le veuille! mais nous n'en sommes pas tant persuadés que nous ne craignions beaucoup à cet égard. D'autant plus que nous sommes déjà dans la saison où l'on ne peut pas loger partout, comme en été, et que nous avons vu souvent que, comme dit le proverbe, l'occasion a fait le larron; les prêtres ont gagné les officiers et les ont engagés à nous courir sus, et cela quoique fait sans ordre n'en a pas été moins fait ni moins fâcheux. Mais que peuvent les hommes contre ceux que Dieu protége! Nous nous confions en lui et nous espérons de sa miséricorde qu'il ne permettra pas que nous soyons confus dans notre attente, et qu'en nous envoyant l'épreuve il nous donnera aussi le moyen de la supporter et d'en sortir victorieux....

« FRANC. »

### LETTRE DE PAUL RABAUT A BENJAMIN DU PLAN (1753).

« Monsieur et très-honoré frère en Jésus-Christ,

« La lettre que vous m'avez fait l'honneur de m'écrire m'a fait un vrai plaisir. Je vous en fais mes sincères remercîments, et j'accepte de grand cœur la correspondance que vous me proposez. Je sais que vous vous intéressez vivement pour les tristes restes de nos Églises, et que vous n'avez rien épargné pour leur affermissement dans la foi. Vos charitables soins n'ont pas été sans succès, et je m'assure que vous ressentez une joie bien vive en pensant que vous avez contribué efficacement à rallumer ce lumignon qui paraissait prêt à s'éteindre.

Puisse-t-il devenir bientôt une lampe ardente, ou plutôt un grand flambleau qui éclaire non seulement ceux qui sont dans la maison, mais aussi ceux qui ont le malheur d'en être dehors ! Puissent vos soins et les nôtres être accompagnés des plus grands succès ! Persévérons, Monsieur et très-honoré frère, à faire tout le bien dont nous serons capables, car nous en moissonnerons le fruit en son temps, si nous ne nous relâchons pas.

« Il semble, Monsieur et très-honoré frère, par le contenu de votre lettre, que quelqu'un vous a appris que je m'appliquais à l'étude des oracles des Prophètes. Je vous avoue que cette étude fait mes délices et que j'y trouve de grands motifs d'encouragement et de consolation. Je sais bien qu'il n'est pas aisé d'entendre les façons de parler figurées qu'employent très-souvent les Prophètes, surtout lorsqu'on n'est pas fait à leur style. Mais quand on s'y est accoutumé, quand on fait attention aux explications qu'ils donnent eux-mêmes des emblèmes qu'ils employent, les ténèbres disparaissent, du moins en partie, et la lumière commence à luire. La plupart des théologiens ont trop négligé cette étude qui serait cependant d'une très-grande utilité, comme il serait aisé de le faire voir, si c'en était ici le lieu. Ils ont trop spiritualisé des promesses qui sont visiblement temporelles, ce qui est un des obstacles à la conversion des juifs. Quoi de plus forcé, par exemple, que l'explication qu'on donne communément à l'oracle contenu dans le ch. LXV d'Esaïe, touchant les nouveaux cieux et la nouvelle terre? Il suffit de le parcourir pour s'apercevoir qu'on ne peut l'appliquer, ni aux juifs après le retour de la captivité, ni aux chrétiens qui ont vécu jusques à aujourd'hui, car les uns ni les autres, n'ont point joui de cette tranquillité parfaite que le Seigneur y promet à son peuple. On ne peut pas l'appliquer non plus à la félicité du ciel, puisqu'il y est dit si expressément que le bonheur promis aura lieu sur la terre, et que ce ne peut être que sur la terre et non dans le ciel qu'on bâtira des maisons, qu'on engendrera des enfants, etc. Mais en appliquant cet oracle à l'heureux règne du Messie qui commencera lorsqu'il descendra sur la terre, et que l'Ancien des jours lui donnera la seigneurie, l'honneur et le règne, en sorte que tous les peuples, les nations et les langues le serviront; tout est de plein pied, et on explique tout le contenu de cette magnifique promesse, sans faire aucune violence au texte. Pour confirmer cette explication, voyez Michée, ch. IV, 1-4; Esa., ch. II, v. 2-4; XXXII, 1 et 17; ch. LIV, v. 1, 3, 7, 8, 9, 14; ch. LX, v. 1, 2, 3, 4, 5, 10, 11, 12, 15, 21, 22; ch. LXII tout entier, mais particulièrement v. 8, 9; ch. LXVI, v. 12; Jér. 3, 17.

« Conséquemment aux magnifiques promesses que Dieu fait à son Église, j'espère qu'enfin il aura pitié d'elle et la mettra dans un état renommé sur la terre; mais je n'oserais fixer l'époque précise de sa délivrance. S'il est vrai, comme je le présume, que la captivité des juifs en Babylone ait été un type de la nôtre, la fin de nos maux ne serait pas fort éloignée, car nous courons la soixante-huitième année. Quoiqu'il en soit, le Seigneur dans sa colère se souvient d'avoir compassion, et nous accorde de temps en temps quelque répit.

« Il y a quelques mois que nous jouissons d'un très-grand calme dans toute la province du Languedoc. Nous prêchons, nous baptisons, nous marions, sans aucun empêchement; aussi nos assemblées sont-elles fort nombreuses. Celles où je fonctionne se tiennent à une demi-lieue de la ville, et dimanche dernier, qui était jour de jeûne, j'eus pour le moins et sans aucune exagération, dix mille auditeurs, tous habitants de Nîmes. Vers le commencement du mois de décembre dernier, on accusa les protestants de la Gardonnenque de s'être attroupés en armes, mais il fut prouvé que c'était une calomnie qui n'avait pas le moindre fondement; ainsi elle n'a eu aucune suite fâcheuse, grâces au Seigneur. Malgré le zèle cruel et les insinuations malignes du clergé, la Cour paraît portée à la tolérance, et de toutes parts on nous confirme qu'elle a de bonnes intentions pour nous. Cependant il y a un grand nombre de nos frères et de nos sœurs qui souffrent, les uns dans des prisons, les autres sur les galères. Dieu veuille rompre enfin leurs chaînes et les mettre en liberté; et en attendant, daigne-t-il les fortifier par la vertu de son Esprit.

« Vous m'obligeriez très-fort, Monsieur et très-honoré frère, si vous vouliez vous donner la peine de me dire votre sentiment sur la doctrine des frères Moraves. J'ai vu quelques membres de cette Société, et j'ai lu quelques-uns de leurs livres, et il m'a paru qu'il y avait chez eux du bon et **du** mauvais. Je pense tout comme eux que Jésus-Christ crucifié doit être le sujet ordinaire de nos discours et de nos réflexions, puisque sa bienheureuse mort est le fondement de notre salut, la base de nos espérances, la source de nos consolations; mais prêcher Jésus-Christ et Jésus-Christ crucifié, c'est annoncer non-seulement sa mort mais aussi les autres vérités de la foi et les devoirs de la morale. Je vois dans le Nouveau-Testament que Jésus-Christ et ses apôtres entrent dans un fort grand détail sur les vices qu'il faut fuir et les vertus qu'on doit pratiquer; ce qui n'est du tout point la méthode de ces Messieurs. Je vois d'ailleurs dans le Nouveau-Testament, et des préceptes et des exemples en grand nombre, desquels on peut conclure, sans crainte de se tromper, que pour l'ordinaire, nos prières doivent s'adresser au Père par l'intercession de son Fils unique. Mais ces Messieurs suivent une méthode toute opposée : ils s'adressent presque toujours au Fils et très-rarement au **Père**. Plus le mystère de la Trinité est insondable et au-dessus de notre compréhension, et plus nous devons craindre de nous égarer sur pareille matière, ce qui est comme inévitable **pour** peu qu'on s'écarte de l'Écriture. C'est elle qui est ma règle, ma boussole, et c'est elle qui m'apprend que ce que je demanderai au Père au nom de son Fils, me sera accordé.

« Je prends la liberté, Monsieur et très-honoré frère, de vous adresser l'incluse. Après que vous en aurez fait la lecture, **et** que vous aurez vu de quoi il s'agit, je vous prie de la cacheter, d'ajouter ce qui manque à l'adresse, et de la faire parvenir à sa destination. Si même vous pouvez contribuer quelque chose à

14

en remplir l'objet, vous ferez une bonne œuvre ; on ma dit
que le sieur Roquet, père, demeurait au quartier de Petersfields ;
je m'imagine que vous pourrez découvrir aisément en quelle
Université le fils étudie. Mes très-humbles salutations, s'il vous
plaît, à Messieurs Viala, Dunière et Cler. J'espère que vous
aurez la bonté d'excuser les fautes de ma lettre, que j'ai été
obligé d'écrire fort à la hâte. J'ai fait savoir à Monsieur Redonnel, ce que vous m'aviez chargé de lui dire. Il est du côté de
Montpellier et se porte assez bien. J'ai l'honneur d'être avec
une estime distinguée, Monsieur et très-honoré frère, votre très-
humble et très-obéissant serviteur,

« Paul RABAUT.

« Ce 9ᵐᵉ mars 1753. »

Malheureusement ce temps de répit fut de courte
durée. Le duc de Richelieu avait suspendu la persécution, non par esprit de tolérance, mais par impuissance ; lorsqu'il eut les soldats qui lui manquaient, il
put satisfaire les vœux et répondre aux prières des
évêques et en particulier de l'évêque d'Alais. Avant de
repartir pour Paris, il tint à notifier lui-même ses
ordres aux protestants. Il vint à Nimes, à Alais, à
Uzès, manda les principaux religionnaires, leur
défendit d'aller au Désert et leur ordonna de chasser
les prédicants. Dès qu'il fut parti, trente bataillons,
disséminés dans les villes et les villages, occupèrent
militairement la province entière, courant nuit et jour
la campagne. Les assemblées devinrent impossibles.

« Il faut chasser d'abord les prédicants, disait l'abbé
de Caveirac, qui portent nos concitoyens à désobéir,
qui les provoquent à s'assembler, qui les encouragent
à se marier au Désert, qui les baptisent, qui les endoc-
trinent : tant qu'ils resteront en France, on ne viendra

à bout de rien. » Mille écus de récompense étaient promis à ceux qui les livreraient. L'annonce d'une telle récompense fit éclore une foule de traîtres. Néanmoins malgré les espions et les soldats, les prédicants devenus d'une prudence excessive, déroutèrent toutes les poursuites. Un seul, le jeune Teissier, dit Lafage, fut surpris au milieu de la nuit dans le *Mas* de Novis, dans le diocèse d'Alais; il essaya de fuir par le toit, mais un soldat lui ayant fracassé le bras d'un coup de fusil, il fut pris et quelques jours après, mourut héroïquement sur le gibet à Montpellier.

On trouva enfin le moyen le plus sûr et le plus expéditif de se débarrasser de ces « pestes publiques » : c'est celui qui avait si bien réussi pour Antoine Court et qu'un traître avait signalé en 1750 dans un mémoire envoyé à la Cour. On résolut de s'emparer de leurs femmes et de leurs enfants, de les jeter en prison et de ne les rendre à la liberté que lorsque les prédicants auraient eux-mêmes passé la frontière. La Cour mit ce conseil en pratique. La femme de Rabaut se voyant cernée dans sa maison, partit et erra au Désert; d'autres moins heureuses furent capturées.

Nous avons trouvé dans la correspondance de du Plan, quelques lettres de prédicants qui nous peignent la situation du protestantisme en 1754. Nous nous bornerons à les citer.

LETTRE DE FRANC A BENJAMIN DU PLAN

« Bas-Languedoc, ce 26 juillet 1754.

« Nos affaires sont toujours ici dans le même état où les mit le ban que fit publier en février dernier, M. le Maréchal.

Les détachements sortent bien un peu moins sur semaine qu'ils ne faisaient, mais les fêtes et les dimanches, c'est la même chose. Et au moindre avis qu'on ait, on fait sortir des détachements de trois cents hommes et par-dessus la maréchaussée. D'autres fois on en envoye de plus petits s'embusquer sur les chemins où l'on sait que nous devons passer. Cependant cette grande vigilance n'a guère lieu qu'aux quatre villes épiscopales d'Alais, d'Uzès, de Nimes et de Montpellier. A la campagnes et aux petites villes, il en est autrement, hormis lorsqu'il se trouve des commandants d'humeur persécutrice. Cela fait qu'en divers endroits on y fait de temps en temps quelques assemblées. Le 5 de ce mois, nous en fîmes une ici à une lieue et demie de la ville. Les garnisons de plusieurs villages y étant venues pour y passer en revue, nous crûmes l'occasion favorable et nous voulûmes en profiter. En effet, nous fîmes la Cène sans y être troublés, bien que notre action fût fort connue.

« Environ la Pentecôte dernière, on n'eut pas le même bonheur du côté de Saint-Hippolyte-de-Caton. Les fidèles de ce quartier s'étant assemblés, comme ils venaient d'être congédiés, la garnison de Saint-Jean-de-Ceyrargues y courut sus, les mit en fuite, leur tira après et arrêta trois hommes et cinq femmes avec trois petits enfants qui venaient de recevoir le saint baptême. Les cinq femmes furent conduites à Saint-Maurice d'où elles étaient; les soldats les menèrent à l'Église où le prieur rebaptisa sur l'heure les trois enfants et les femmes furent laissées à leur maison sur l'assurance que le prieur donna par écrit au sergent, qu'elles venaient de visiter leurs parents et non de l'assemblée. Mais deux jours après, le sieur Chambon, subdélégué de Monsieur l'Intendant à Uzès, y fut avec les cavaliers et la maréchaussée, les fit arrêter et en amena deux à Uzès où elles sont en prison, laissant les trois autres chez elles sur la caution et la promesse qu'ont données leurs maris de les représenter lorsqu'on les demandera. Les trois hommes, dont deux sont de Saint-Césaire et l'autre de

Ners, furent ce soir-là mis en prison à Saint-Jean et le lendemain au fort d'Alais; on a sorti les deux premiers depuis quelques jours mais le dernier y est encore.

« Une lettre de M. Gibert, pasteur dans le Bas-Périgord, m'apprend que la nuit du 18 au 19 du mois dernier, comme il venait de congédier une assemblée qu'il faisait du côté de Sainte-Foy, soixante dragons y tombèrent dessus, tirèrent trente coups de mousquets sur les fidèles, blessèrent un homme et l'achevèrent à coups de baïonnettes et firent quarante-quatre prisonniers; qu'un de ses parents, qui aspirait au saint ministère et qu'il avait avec lui, fut pris aussi, mais qu'on a trouvé le moyen de le faire échapper de la prison, sans quoi les jésuites allaient s'en saisir. Il me mande aussi qu'une trentaine de cavaliers de la maréchaussée, ont été ravager les Églises de la Saintonge; qu'ils y ont fait rebaptiser tous les enfants qui avaient reçu ce saint sacrement par des ministres et qu'ils y ont fait prisonniers trois Messieurs qui n'avaient jamais assisté aux assemblées et qui même s'étaient opposés à ce qu'on en fit. Un ami de ce pays-là me mande que quatre de ses parents sont déjà exilés et qu'un des quatre en comparaissant devant les juges, avait entrepris de les convertir, mais vainement. Ces exils supposent une troisième capture, puisqu'à celle de Saintonge, il n'y eut que trois captures et d'ailleurs des lâches, et que ceux de Sainte-Foy ne peuvent avoir été jugés si tôt. En effet, on m'a dit que peu avant l'assemblée qui a été si maltraitée, on avait arrêté dans ces quartiers nombre des plus notables. Cet ami, en confirmant l'action des dragons, me dit qu'il y a eu cinq ou six morts, quatorze ou quinze blessés et quarante-cinq prisonniers. Je ne sais si on doit le croire mieux informé que le pasteur, du véritable nombre des morts et des blessés qu'il y eut dans cette affaire. Quant aux prisonniers, je penserais qu'il ne diffère pas de ce que dit le pasteur, parce qu'il est apparent que celui-ci, en me marquant le nombre qu'il y en a, ne comptait plus son élève qui était, dis-je, en liberté lorsqu'il m'écrivait.

« Sur la fin du même mois, une petite assemblée qu'on faisait à Saint-Ambroix, en Cévennes, pour administrer le saint baptême à des petits enfants, fut découverte. On y envoya des soldats qui la dispersèrent, lui tirèrent après et y arrêtèrent plusieurs personnes et un des enfants baptisés. Quant au nombre, les uns le fixent à trois, les autres à sept. Elles sont encore en prison.

« Une lettre de Montpellier m'apprend que le 17$^{me}$ du mois, on y arrêta un officier des environs de Castres, en Albigeois, et que cinq autres Messieurs du même pays sont décrétés et recherchés. On n'en sait pas bien le sujet; les uns disent que c'est pour fait d'assemblée et les autres pour avoir assisté à des noces d'un mariage béni au Désert. J'ai su d'ailleurs, que l'officier était allé à Montpellier pour parler à Monsieur l'Intendant, que celui-ci ne voulut jamais l'écouter, qu'il lui ordonna de sortir de l'intendance s'il ne voulait pas qu'il le fît arrêter, et qu'en étant sorti, il lui manda son hoqueton après, pour le saisir et le conduire à la Citadelle où il est. On me mande aussi que diverses personnes de Cournonsec, près de Montpellier, ayant refusé de décorer le devant de leurs maisons à l'honneur du sacrement, le jour appelé Fête-Dieu, on les avaient condamnées à une amende considérable, que Monsieur l'Intendant avait fait prendre et conduire dans les prisons du Palais M. André, pour y rester jusqu'à ce que toutes les amendes fussent payées, condition qui n'est pas encore remplie.

« Voilà, Monsieur et très-honoré frère, l'état extérieur de nos Églises dans cette province et dans plusieurs autres. Je ne sais point d'autre fait qui puisse vous être mandé, si ce n'est que tant de châtiments ne nous rendent pas meilleurs, qu'au contraire, l'incrédulité et la corruption semblent augmenter. Ce dernier fait m'afflige plus que tous les autres, et me fait craindre les plus grands malheurs. Oh ! si, pleines de foi et du Saint-Esprit, nos Églises attendaient dans la pratique de la patience et de piété la venue de leur céleste époux, j'espérerais de voir changer leur sort, mais en étant tout autrement, que ne doit-on pas craindre pour elles !....

« FRANC. »

## LETTRE DE POMARET A BENJAMIN DU PLAN (1754).

« Je sens tout le prix de vos bonnes exhortations, et j'en ferai tout un cas particulier. Je ne sens pas moins qu'il importerait infiniment que nous restassions au milieu de nos troupeaux pour tâcher de les défendre contre les attaques des cruels vautours qui cherchent à les dévorer, mais les circonstances sont devenues tout à coup si tristes, que nous ne pourrons guère éviter de prendre le parti de la retraite, en attendant que l'indignation soit passée. Je connais l'histoire de nos Églises, ainsi que les différents moyens qu'on a mis en œuvre pour les détruire, mais jamais elles n'avaient été plus finement attaquées qu'elles le sont aujourd'hui. On les serre par derrière et par devant, et il sera bien difficile qu'elles se soutiennent, si Dieu n'y remédie par sa Providence. Peut-être le fera-t-il et plus tôt que nous ne pensons ; du moins devons-nous l'espérer, et l'en prier instamment.

« Vous le savez, toutes les provinces de ce royaume où les protestants avaient retiré leur foi de dessous le boisseau, sont remplies de troupes, et ce qui me persuade qu'elles y ont été mises pour longtemps et pour nous perdre, s'il est possible, c'est qu'on a construit des casernes dans des mauvais villages, et qu'on a fait des dépenses excessives pour fournir de lits tous les endroits où on a mis des garnisons, dépenses qu'on n'aurait pas faites si cette grande quantité de troupes n'étaient dans nos quartiers que de passage ou par provision. Elles firent de nuit une sortie générale, le 4ᵐᵉ de ce mois. Une infinité de maisons, tant des villes que de la campagne, furent fouillées. Un de mes associés, connu sous le nom de Lafage et reçu au sacré ministère, depuis un couple d'années, eut le malheur de recevoir un coup de fusil à l'un de ses bras et d'être arrêté avec toute la famille de la maison, où il fut surpris. On l'a conduit à Montpellier où on lui fera subir le même sort de ceux qui l'ont précédé dans cette pénible mais glorieuse carrière. Dieu veuille le fortifier.

« Sans un ami catholique, j'aurais été également arrêté. A peine fus-je à quatre pas de ma retraitre, qu'elle fut investie par un nombreux détachement et fouillée avec un appareil terrible et avec la dernière exactitude. Depuis cette fatale époque, je fais du jour la nuit, et mon troupeau, voyant qu'il est impossible que je me conserve, vu l'acharnement avec lequel je suis cherché, me sollicite fortement de céder au torrent et de me retirer en Suisse, au moins pour quelques mois, ne trouvant point des asiles, tant le monde est effrayé. Je serai forcé de m'absenter jusqu'à des jours un peu plus favorables; mais comme nos fidèles sont épuisés par les impôts et les vexations qui leur sont faites, et que je ne puis pas me soutenir par moi-même dans mon refuge, je vous aurais une obligation particulière, si vous vouliez vous donner quelques soins, pour me procurer quelque petite gratification, et je vous en prie d'autant plus, que je sais que vous réussirez si vous voulez bien prendre la peine d'agir pour cela.

« Si je suis forcé de m'éloigner, je ne saurais vous dire combien il m'en coûtera ; mais mon troupeau ne m'en deviendra que plus cher et je ne m'en éloignerai que dans la ferme résolution de le rejoindre dès que les circonstances le permettront; je pense que tout véritable pasteur doit être dans cette disposition et l'effectuer dès qu'il le peut; au moins voyons-nous que les apôtres et divers Pères de la primitive Église, nous en ont donné l'exemple. Une grâce particulière que je demande au Seigneur, c'est qu'on n'attaque pas les mariages et les baptêmes du Désert; mais si Dieu n'arrête pas nos implacables ennemis, il est fort à craindre qu'ils ne les laisseront pas longtemps tranquilles. Nous avons lieu de l'appréhender après une lettre de l'évêque d'Alais aux curés de son diocèse, et à laquelle je fis une réponse, que je joindrais ici, si elle ne grossissait trop le paquet. Si nos illustres amis que nous avons en votre ville, et que je prends la liberté de saluer très-respectueusement, pouvaient en quelque manière contribuer à adoucir la triste situation de nos fidèles, quelle charité ! Je vous souhaite toutes sortes de prospérités, et vous prie de me croire avec les sentiments les plus distingués et les plus respectueux,

« POMARET. »

Le duc de Richelieu quitta le Languedoc en 1755 et céda la place de gouverneur de la province au duc de Mirepoix. Celui-ci continua d'abord la politique de son prédécesseur, mais s'adoucissant de jour en jour à mesure qu'il apprenait à connaître et à apprécier les religionnaires, il entra bientôt en relation personnelle avec les prédicants. Les dragonnades cessèrent, les assemblées ne furent plus troublées, les Consistoires purent se réunir et délibérer. Dans quelques Églises, à Saint-Geniès, à Sommières, à Vauvert, à Montaren, à Saint-Ambroix, on s'enhardit même jusqu'à réédifier les anciens temples détruits. C'était trop d'audace ; Mirepoix envoya des soldats qui dispersèrent les matériaux déjà réunis. Cette tolérance générale excita la colère du clergé et, dans une assemblée générale réunie extraordinairement en 1758 à Paris, il manifesta son indignation au ministre M. le comte de Saint-Florentin ; celui-ci rassura le clergé sur la ferme volonté du roi à faire respecter les édits. Mais la Cour était embarrassée ; la guerre absorbait toutes ses forces et elle craignait qu'une persécution ne soulevât les protestants et ne lui créât de nouveaux dangers à l'intérieur.

La mort de Mirepoix, arrivée vers la fin de 1757, vint simplifier les affaires. Pour contenter le clergé,

14

on lui donna pour successeur le maréchal de Thomond, qui s'était signalé en Guyenne par son ardeur contre les religionnaires. D'un autre côté, pour ménager les protestants, le roi ordonna au Maréchal d'user de condescendance et de ménagements à leur égard. « Il faut contenir et non pas révolter, lui disait-on, user d'autorité sans la compromettre, dissimuler à propos, plus menacer que punir, en un mot recourir aux moyens que l'on a employés durant la dernière guerre et dont le succès a justifié la sagesse (1). » Par cette politique habile, la Cour espérait ne s'aliéner ni les protestants ni le clergé.

Le maréchal de Thomond se conforma à ces instructions et le Languedoc jouit jusqu'en 1760 d'une sécurité inaccoutumée. Il y eut sans doute des emprisonnements, des amendes, mais le but de ces châtiments isolés était d'intimider les religionnaires, d'éviter tout éclat qui aurait pu éveiller les susceptibilités du clergé et créer des embarras à la Cour.

---

## CHAPITRE XXI

### Les dernières années de Benjamin du Plan

**1751-1763**

Le long et pénible procès que du Plan soutint avec le Comité de Genève assombrit les dernières années de sa vie. Il se rappela alors, mais trop tard, les conseils

(1) *Bulletin*, t. XVIII, p. 429.

et les avertissements que lui avaient donnés ses excellents amis MM. Turretin et Vial de Beaumont (1); il avait dépensé en voyages et en frais divers, au service des Églises, tous ses revenus, une partie de ce qu'il avait pu obtenir de l'héritage de son père, les héritages de sa tante, de sa sœur et de sa mère-nourrice (2). Au terme de sa longue carrière, après tous ces sacrifices qui n'étaient rien encore auprès de ses fatigues et d'une vie de dévouement qui ne s'était jamais démentie, il s'était vu contester, de la part de ceux qu'il avait enrichis par ses collectes, la pension qu'il réclamait pour couler honorablement ses derniers jours. Cette pension, il avait fallu l'arracher par lambeaux des mains d'hommes plus jaloux de ménager les deniers de l'Église que de récompenser les services rendus. On avait jugé ses prétentions injustes, exagérées, exhorbitantes. Le vieux député avait dû en appeler à des experts, à des arbitres, compter, peser, évaluer ses services. Dans cette lutte pénible, un homme jaloux et plein de fiel avait osé même porter atteinte à l'honneur du député en suspectant sa probité et sa bonne foi : c'était un dissipateur, vivant du bien d'autrui, prodiguant à tort et à travers, en dépenses superflues et insensées, les deniers de l'Église. Le gentilhomme français dut frémir d'indignation en voyant ainsi souiller de boue son blason; le chrétien, dont la vie entière devait être, semblai-t-il, comme un bouclier invulnérable contre les traits de la calomnie, fut obligé de rendre des

(1) Voir page, 233.
(2) Jeanne Dumas, mère-nourrice de du Plan, était morte à Genève en 1740, en lui léguant son modeste héritage.

comptes, de justifier sa gestion, de peser ses services, pour légitimer ses prétentions, de dévoiler pour la première fois à la main gauche ce qu'avait fait la droite. Il se crut même un moment abandonné, trahi par son meilleur ami; sacrifié par ceux qu'il avait généreusement servis pendant près de trente années. Des on côté, il écrivit des lettres vives, fut quelquefois injuste et passionné dans ses attaques et dans sa défense; on l'eût été à moins. Toutefois, il fut plus tard le premier à reconnaitre ses torts et à les déplorer.

Les chagrins, les peines, la fatigue que lui causa la défense de ses droits et de son honneur, (c'est lui-même qui nous a révélé ces détails) affaiblirent sa vue au point de lui faire presque perdre l'œil droit et achevèrent de ruiner sa santé délicate. C'est pendant une maladie dangereuse que la Providence vint à son secours. Au milieu de son isolement et de ses amertumes, Dieu lui envoya un ange tutélaire qui adoucit son cœur ulcéré et le réconcilia avec la vie. Une veuve, M^me Denman (1), vint le voir; touchée de compassion à la vue de son triste état, elle lui offrit sa maison hors de la ville pour y achever sa convalescence. Les soins attentifs et généreux de cette femme dévouée, accompagnés de la bénédiction de Dieu, lui conservèrent la vie et lui firent recouvrer la santé. Du Plan, touché et reconnaissant, lui offrit de partager ses peines (2). M^me Denman accepta cette tâche de dévouement et leur mariage fut célébré à Londres, le 4 novembre 1751,

_______________

(1) C'était la fille d'un gentilhomme français réfugié, M. du Passage de Voutron, originaire de la Rochelle.

(2) Du Plan avait 63 ans, M^me Denman en avait environ 40.

dans la chapelle française de Spring-Garden, par le Rév. J-J. Majendie. Les témoins de du Plan furent ses vieux et fidèles amis Pierre Gaussen, de Polier de Bottens et André Bousquet.

Deux enfants, une fille et un fils, vinrent bientôt égayer ce foyer et faire oublier au vieux serviteur de l'Église l'ingratitude et la méchanceté des hommes ; son cœur aimant s'épanouit dans cet intérieur réchauffé par le dévouement d'une femme pieuse et par les douces carresses de charmants enfants. Il vécut encore assez longtemps pour les voir grandir et se développer sous ses soins paternels.

C'est de cet intérieur calme et paisible, port béni que la Providence lui avait ménagé à la fin de sa longue carrière, que du Plan suivait de loin les orages qui agitaient encore l'Église. Parfois il voyait arriver à Londres, dépouillés de tout, des compatriotes échappés au naufrage ; ils allaient directement vers lui ; n'était-il pas le député des Eglises, et depuis longtemps le protecteur et l'ami des malheureux réfugiés ? Sa maison ouverte à toutes les infortunes était devenue un vrai bureau d'adresses, de renseignements, et, quoiqu'il fût infirme et souffrant, il trouvait encore le moyen de rendre à chacun des services signalés en les recommandant à ses nombreux amis.

Parmi ceux qui reçurent les premiers des témoignages de sa sympathie et de sa protection, signalons ses anciens compagnons d'œuvre, ceux qui avaient tenu avec lui, au jour de la tempête, le gouvernail de l'Église et qui, maintenant, à bout de forces, venaient échouer comme des épaves sur la terre étrangère : Corteiz, Chapel, Roux, pasteurs et laïques, veuves de confesseurs, etc. Voici une note que nous trouvons dans les papiers du vieux député; c'est une minute qui dut sans doute être adressée à quelque grand personnage; elle est datée du mois de novembre 1756.

« Parmi les objets qui sont dignes de notre estime, de notre affection et de notre secours, il me semble qu'on doit mettre au premier rang ceux qui souffrent actuellement sur les galères pour l'amour de l'Évangile.

« On doit mettre au second rang, ceux qui ont souffert pour la vérité, qui jouissent à présent de la liberté de conscience mais qui sont privés en partie des choses nécessaires pour subsister.

« On doit mettre au troisième rang, ceux qui ont abandonné leurs biens et leur patrie pour jouir de la liberté de conscience, qui sont pauvres et dont la vieillesse et les infirmités les mettent hors d'état de gagner leur vie.

« L'apôtre Saint-Paul nous exhorte de faire du bien à tous, mais principalement aux domestiques de la foi. Parmi les domestiques de la foi, nous devons avoir égard aux mérites de chacun et aux circonstances où ils se trouvent.

« Parmi ceux qui jouissent de la liberté de conscience, je mets au premier rang M. Pierre Corteiz, ministre de l'Évangile, réfugié à Zurich, et M. Jean Chapel, réfugié à la Haye.

« M. Corteiz a servi pendant plus de trente ans les Églises de France. Il a beaucoup souffert et beaucoup contribué à leur rétablissement. Il est vrai qu'il a une pension de L.L. E.E. de Zurich, mais il se trouve présentement vieux, infirme et chargé en partie de plusieurs petits-enfants de sa fille qui est morte nouvellement et de deux belles-sœurs infirmes qui ont souffert pour la religion, dont l'une est sortie depuis peu.

« M. Chapel a servi plus de vingt ans les Églises; il a beaucoup contribué au soutien de la religion par ses vives exhortations; il a souffert sept années de galères pour cela. Il est vrai qu'il a une pension de 250 florins de Hollande, mais il est endetté pour avoir entretenu un grand commere de lettres avec ses frères de France et pour avoir été volé plusieurs fois par des gens que sa charité lui avait fait recueillir.

« Je mets au deuxième rang M. Roux, réfugié à Lausanne. Il a servi les Églises sous la croix pendant plus de vingt-cinq ans ; il jouit d'une petite pension qui n'est pas suffisante pour l'entretenir parce qu'il est vieux, infirme et chargé d'une vieille sœur qui le sert.

« Je mets en troisième rang M. Bel et le sieur Baumès (1) qui ont souffert sur les galères pour cause de religion ; le sieur David David, vieux et infirme, qui a souffert dans la prison pour avoir soutenu le parti protestant.

« M<sup>me</sup> Viala et M<sup>me</sup> Serre, veuves, la première d'un ministre qui a beaucoup contribué à l'augmentation des Églises réformées de France ; la seconde qui est vieille et veuve d'un confesseur, méritent quelque attention.

« On doit avoir pitié aussi de M. de Faure qui a abandonné un bénéfice considérable pour l'amour de la vérité et qui se trouve sans bien, sans pension et sans emploi.

« Je pourrais nommer plusieurs autres, mais Dieu y pourvoira d'ailleurs. »

Ce qui nous touche dans l'énumération de ces noms, c'est la générosité de cœur du député envers Corteiz ; on sait combien celui-ci lui créa de difficultés et d'ennuis ; mais depuis longtemps déjà du Plan avait tout oublié, tout pardonné. Cette même générosité se manifesta à l'égard de Serces, son implacable adversaire. Il se réconcilia avec lui et fut le premier à lui tendre une main fraternelle.

Ceux qui luttaient actuellement en France n'étaient pas non plus étrangers aux sympathies du vieux

---

(1) Le sieur Beaumès était d'Alais ; c'est chez lui que logeait du Plan avant son mariage.

député : les jeunes recrues d'ailleurs étaient dignes des vétérans. Peu de pasteurs de cette époque connaissaient personnellement du Plan, mais tous appréciaient son caractère et subissaient son influence. Nous en avons une preuve frappante dans la correspondance que nous avons citée. Lorsqu'il apprit les rigueurs de la persécution de 1744 à 1752 que nous venons de raconter, il prit la plume et rédigea lui-même, de la terre d'exil, cette éloquente requête à Louis XV.

« Sire,

« Le roi des rois permet aux faibles et malheureux mortels de lui exposer leurs misères et leur promet de les soulager dans leurs maux. Pourquoi n'espérerions-nous pas que V. M., qui est la vraie image de ce souverain Monarque du monde, daignera prêter une oreille attentive à la voix de nos gémissements ?

« Ce sont, Sire, vos sujets protestants du Bas-Languedoc qui empruntent notre plume et qui viennent se jeter au pied de votre trône, pour vous supplier avec tout le respect dont ils sont capables, de jeter un œil de compassion sur leur déplorable état ; ils osent dire qu'ils méritent l'attention de V. M. par l'amour respectueux qu'ils lui portent, et par la sincère disposition où ils sont, de sacrifier pour son service tout ce qu'ils ont de plus précieux dans le monde.

« Nos ennemis n'épargnent rien, Sire, pour vous indisposer contre nous, sous prétexte que, contre vos intérêts, nous nous assemblons pour rendre à Dieu nos hommages et que nous faisons bénir nos mariages et baptiser nos enfants par nos pasteurs. Ils peuvent aisément nous rendre coupables à vos yeux, parce qu'il ne nous est pas permis de nous défendre, et que l'accès à votre trône nous est interdit, mais nous espérons que Votre Majesté voudra bien nous entendre, et pour cela nous nous en remettons à son équité et à sa justice.

« Nous protestons d'abord, Sire, nous jurons devant Dieu qui connaît les cœurs, que ce n'est point par un esprit de révolte et d'indépendance que nous faisons des assemblées religieuses, mais uniquement parce que nous croyons qu'il est absolument nécessaire de rendre un culte public à l'Être suprême, à cet Être qui peut seul nous rendre ou éternellement heureux ou éternellement misérables. Nous n'entrerons point ici dans le détail des raisons qui établissent la nécessité de ce culte, elle est si évidente que toutes les sectes chrétiennes en conviennent quoiqu'elles diffèrent sur tant d'autres articles, et que les premiers chrétiens aimèrent mieux s'exposer à toutes sortes de maux que de les négliger. Bien plus, nous osons assurer Votre Majesté qu'il est de son intérêt et de celui de l'État que les protestants aient quelque exercice de religion, car c'est dans ces exercices que leurs ministres les instruisent de ce qu'ils doivent à Dieu, à Votre Majesté et à leurs compatriotes; C'est là qu'en déracinant l'ignorance, on étouffe par cela même l'impiété, la superstition et le fanatisme qui sont la production et la source affreuse des plus grands désordres. A l'égard de nos mariages, quelles idées pourriez-vous vous former de nous, Sire, si nous étions capables de les faire solenniser aux conditions que les prêtres exigent? Pouvons-nous faire des actes d'hypocrisie? Pouvons-nous renoncer à une religion que nous croyons véritable, sans être de malhonnêtes gens, des impies sans religion et sans conscience? Et quel fonds votre grandeur peut-elle faire sur de tels sujets? Quand on est capable de trahir son Dieu, on ne se fait point scrupule d'être infidèle à son roi.

« Enfin, Sire, nous ne faisons point baptiser nos enfants par les prêtres, parce que le baptême est un acte d'adhérence à la communion dans laquelle on les reçoit et que les prêtres font prendre soit au père, soit aux parrains et marraines, l'engagement d'élever dans la religion romaine les enfants qu'ils y présentent, ce qui est une espèce d'abjuration de notre religion.

« Telles sont en peu de mots, Sire, les raisons de notre con-

duite. Si nous étions moins scrupuleux ; si nous faisions taire
la voix de nos consciences ; si nous étions sans religion et sans
crainte de Dieu, nous jouirions du bénifice des lois ; mais parce
que nous respectons l'Être suprême, et que nous appréhendons
de lui déplaire, nous sommes traités comme ennemis de l'État,
vos troupes nous poursuivent dans les déserts comme si nous
étions des bêtes féroces ; on confisque nos biens, on enlève nos
enfants, on nous enferme dans des prisons, on nous condamne
aux galères, et quoique nos ministres nous exhortent sans
cesse à remplir les devoirs de bons citoyens et de fidèles
sujets, on met leur tête à prix, et lorsqu'on peut les arrêter
on leur fait subir le dernier supplice.

« Grand Roi, dont la bonté fait le caractère dominant et
distinctif, serions-nous les seuls qui n'éprouverons point les effets
de votre clémence ? Père de vos autres sujets, ne voudriez-vous
point être aussi le nôtre ? Permettrez-vous qu'on maltraite
ainsi un peuple qui vous est entièrement dévoué et à qui on
ne peut reprocher que d'avoir un ferme attachement pour sa
religion ? Oui, Sire, quoi que puissent en dire ceux qui se
croient intéressés à nous calomnier et à nous perdre, vous
n'avez point de sujets plus fidèles et plus soumis que les protestants. Est-il question de payer la taille, la capitation et les
autres charges de l'État ? ils ne se font point presser pour cela.
Leur impose-t-on des amendes exhorbitantes et ruineuses ? Ils
y satisfont également ; et lorsque Votre Majesté a trouvé à propos d'établir le vingtième, ils se sont empressés de donner leur
déclaration, quoiqu'ils comprissent bien que le clergé ne le verrait
pas de bon œil et qu'il n'épargnerait rien pour leur nuire. Si
les suppliants étaient animés d'un esprit de révolte, comme
leurs ennemis le leur imputent calomnieusement, ils ne se
seraient pas comportés comme ils le firent lorsque les Autrichiens entrèrent en Provence ; ni les approches de cette armée,
ni le désir de voir finir leurs maux, ni l'espoir flatteur de servir Dieu librement et sans contrainte, rien ne fut capable
d'ébranler leur fidélité. Nous nous en reportons sur cet article

à M. l'Intendant à qui nos ministres eurent l'honneur d'écrire et qui témoigna être très-satisfait de leurs sentiments et de leur conduite.

« Quelle ne fut point, Sire, notre douleur lorsque nous apprîmes que Votre Majesté était malade à Metz? Quels vœux ardents n'adressâmes-nous pas au ciel pour votre convalescence. Quelle ne fut pas notre joie lorsque nous sûmes que votre santé était rétablie? Quel n'est point notre zèle et notre attachement pour Votre Majesté! qu'il est triste pour nous de ne pouvoir le lui faire connaître !

« Daignez donc, Sire, avoir pitié d'un peuple dont l'obéissance et la fidélité est à toute épreuve et qui serait au comble de la joie s'il pouvait vous en convaincre. Ne le forcez pas à traîner sa douleur et sa misère dans le pays étranger, ce qui ne pourrait que causer un préjudice très-considérable à votre royaume. Nous nous reposons, grand Prince, sur votre clémence et nous osons espérer qu'elle fera cesser le supplice de nos pasteurs, tomber les chaînes dont nos frères sont chargés, ouvrir les prisons où ils sont enfermés et qu'elle ne permettra plus qu'on enlève nos enfants, qu'on nous impose la dure nécessité de faire des actes contraires à notre conscience et qu'on nous prive des exercices de notre religion sans lesquels la vie même ne nous serait qu'une longue mort.

« C'est, Sire, la grande idée que nous avons de la bonté de votre cœur et la vive persuasion où nous sommes que votre inclination vous porte à adoucir le sort des misérables et à faire des heureux, qui nous enhardit à vous demander ces grâces avec autant de confiance que de respect, et en même temps, nous adressons au Roi des Rois, les prières les plus ferventes pour la conservation de votre sacrée personne, pour la prospérité de votre règne et pour la félicité de vos peuples.

En attendant que la Providence divine bénît ces démarches et désarmât le bras des persécuteurs, du Plan continua à s'intéresser aux victimes; il songea à ces nobles confesseurs confondus avec des criminels sur les galères du roi ; à ces femmes jetées vivantes dans ce tombeau qu'on appelait la tour de Constance. Incapable à cause de ses infirmités d'aller plaider comme autrefois en leur faveur auprès des grands, il chercha à reconstituer une société qu'il avait fondée à Londres dans le dessein de leur procurer du secours. Dans ce but, il lança parmi les réfugiés et ses coréligionnaires Anglais, ce touchant appel :

« Il y a environ vingt-cinq ans que quelques personnes pieuses, la plupart échappées de la grande tribulation et par conséquent plus sensibles à la *froissure de Joseph*, formèrent une société pour secourir ceux d'entre leurs frères qui souffrent dans les prisons et sur les galères pour cause de religion. Cette société a subsisté pendant quelques années par les soins de quelques pasteurs et anciens qui ne bornaient pas leur charité à leurs seuls troupeaux ; elle a contribué généreusement plusieurs fois pour soulager les membres du corps mystique de Jésus-Christ, qui sont dans la souffrance, dans les lieux où règne la persécution.

« Mais, outre que la mort, par la longueur du temps a enlevé la plupart de ceux qui composaient cette charitable société, divers autres accidents ont empêché qu'on n'ait fait depuis plusieurs années aucune collecte en faveur de ces illustres malheureux dont le nombre s'est multiplié par le renouvellement de la persécution.

« Sensibles comme nous le devons être aux maux de nos frères et chargés de représenter leur triste situation à ceux qui jouissent de la précieuse liberté de conscience et que Dieu a bénis dans les lieux étrangers, nous nous adressons avec confiance à tous ceux qui ne portent pas en vain le beau nom de chrétiens réformés ; nous nous adressons avec confiance à ceux qui sont animés de l'esprit de Jésus-Christ, de ce Sauveur miséricordieux qui, au lieu de la gloire dont il pouvait jouir dans le ciel, a quitté le séjour de la félicité pour venir dans celui de la misère, qui a pris notre nature avec toutes ses infirmités innocentes pour souffrir et mourir pour notre salut. C'est à ces véritables chrétiens qui sont animés de l'esprit de Jésus-Christ, qui compatissent à toutes les souffrances de son corps mystique, et qui se souviennent des prisonniers comme s'ils étaient prisonniers avec eux et des confesseurs sur les galères comme s'ils étaient enchaînés avec eux, que nous nous adressons avec confiance pour obtenir des secours dignes de leur charité, relatifs aux circonstances où la Providence les a placés.

« Ce serait en vain que nous nous adresserions à des gens qui bornent leurs désirs, leurs soins et leurs espérances à ce monde, qui ne pensent qu'à satisfaire leur ambition, leur avarice ou leurs voluptés. Ce serait en vain que nous nous adresserions à des gens, soit dans le monde, soit dans l'Église qui ont beaucoup moins de charité que le Samaritain de l'Évangile ou de païens qui n'ont pas renoncé à l'humanité.

« Nous n'attendons non plus aucun secours ni bons offices de ceux qui bornent leurs soins à eux-mêmes ou tout au plus à quelques personnes qui les environnent, de qui ils reçoivent ou attendent des services réciproques et peut-être plus considérables.

« Mais ce qui nous fait le plus de peine, c'est d'entendre des personnes de mérite, mal informées de l'état des Églises réformées de France qui gémissent sous la croix, condamner gravement et magistralement, non-seulement les saintes assemblées qui se forment dans le pays où règne la persécution, mais encore les fidèles qui souffrent sur les galères et dans les prisons pour avoir servi Dieu selon les lumières de leur conscience ; mais encore ces illustres pasteurs qui, à l'exemple de Jésus-Christ, des apôtres, des prophètes et de plusieurs de nos réformateurs, ont scellé de leur sang, de la manière la plus héroïque et la plus édifiante, les vérités qu'ils avaient annoncées au milieu des plus éminents dangers et des plus grandes fatigues.

« Le passage favori dont on se sert pour condamner les confesseurs et les martyrs de nos jours est celui-ci : *Quand on vous persécutera dans un lieu, fuyez dans un autre.* On prétend prouver par ce passage que tous les fidèles doivent abandonner le pays où règne la persécution. Mais est-on autorisé à tirer cette conséquence générale ? Les premiers chrétiens, si remarquables et si louables par leur piété et leur zèle, ne l'ont-ils pas considérée comme une lâche timidité ? Ne sait-on pas que les apôtres sont revenus dans les pays où on les avait persécutés et qu'en cela, ils n'ont fait que suivre l'exemple de Jésus-Christ qui a fui, qui s'est caché quelquefois, mais qui n'a jamais abandonné le champ de bataille jusqu'à ce que par ses souffrances et par sa mort, il ait enfin rempli son ministère et consommé l'œuvre de notre salut.

« D'ailleurs, il est bon de savoir que Dieu, loin de livrer entièrement certains royaumes aux ténèbres de l'ignorance de la superstition et de l'idolatrie, veut y conserver et rallumer plus que jamais le flambeau du pur Évangile malgré les persécuteurs, jusqu'à ce que, selon les oracles du Vieux et du Nouveau Testament, il convertisse toutes les nations et remplisse la terre de sa connaissance.

« Jamais l'Église n'a été plus pure que pendant les trois premiers siècles du christianisme que les fidèles étaient exposés à de continuelles persécutions. Jamais les protestants n'ont été plus gens de bien que dans les commencements de la réformation, qu'on dressait des échafauds et qu'on allumait partout des feux pour faire périr ceux qui faisaient profession du pur Évangile. Pourquoi condamnerait-on les Églises protestantes d'aujourd'hui, qui sont formées sous la persécution et que Dieu a fait subsister, par un miracle de sa miséricorde et de sa toute-puissance, au milieu de leurs ennemis ?

« On ne peut que louer ceux qui ont abandonné leurs biens et leur patrie pour aller servir Dieu en liberté dans les pays étrangers; mais assurément, ceux-là ne sont pas moins louables qui, à l'exemple de Jésus-Christ, de ses apôtres et de quantité de martyrs dont on révère la mémoire, ont non seulement sacrifié leurs biens, mais encore leur liberté et leur vie pour la gloire de Dieu et l'édification de l'Église.

« Nous ne demandons pas aux chrétiens qui jouissent en repos de la précieuse liberté de conscience et que Dieu a bénis de biens temporels, le sacrifice, ni de leur vie, ni de leur liberté, ni même de tous leurs biens, pour la délivrance ou pour le soulagement de leurs frères qui sont dans la captivité et la souffrance; nous ne demandons que le sacrifice d'une très-petite partie de ces derniers, telle que les circonstances le leur permettront et que leur charité nous voudra généreusement accorder, car la charité doit être libre, elle doit partir du cœur. Tout ce qu'on donne à regret ou par des motifs de vanité ou d'intérêt n'est de nul prix devant Dieu.

« Mais quoique la charité soit libre, un fidèle ne doit pourtant pas se regarder comme le propriétaire de son bien ; il en est seulement l'économe. Rien ne l'oblige, il est vrai, de rendre compte aux hommes de son administration, mais aussi rien ne peut le dispenser de le rendre à Dieu à qui nous appartenons tous, plus qu'un esclave n'appartient à son maître qui l'a acheté et qui le nourrit; puisque Dieu nous a tirés du néant, qu'ils nous a rachetés par le sang précieux de son fils unique et que nous ne pouvons pas subsister un seul moment sans le concours de sa Providence.

« Un fidèle qui ne se regarde pas comme le propriétaire du bien dont il jouit, mais seulement comme l'économe, ne pense qu'à plaire à son maître, qui lui a confié des biens temporels afin que, par sa sage administration, il se rende digne des biens éternels.

« Dieu qui a accordé à tous les hommes des talents différents pour les faire valoir pour leur propre salut et le bien de leur prochain, ne leur a pas déclaré le temps précis qu'il veut leur accorder pour les faire valoir. Les talents et les biens que

Dieu nous accorde ne sont que des dépôts qu'il peut demander et reprendre quand il lui plaît, et notre vie elle-même n'est qu'un dépôt et un souffle qu'il peut retirer à tout moment.

« Ce sont là des vérités dont tout le monde convient et qu'une expérience continuelle met tous les jours devant nos yeux ; mais ce sont néanmoins des vérités auxqu'elles on ne fait pas assez d'attention pour y conformer notre conduite, puisque la plupart des hommes, au lieu de se préparer tous les jours à comparaître avec confiance devant Dieu pour lui rendre compte de leur administration, se livrent aveuglément aux soins, aux occupations, aux plaisirs de cette vie et en paraissent uniquement occupés.

« Ce serait inutilement (sans un miracle de la grâce) que nous nous adresserions à des gens de ce caractère pour obtenir des secours pour nos frères qui gémissent dans les prisons, dans les fers, sur les galères et dans la misère pour avoir voulu servir Dieu selon les lumières de leur conscience. Nous ne nous adressons avec confiance qu'à ceux qui connaissent Dieu, qui l'aiment de tout leur cœur ; à ceux qui sont sensibles aux maux de l'Église, le corps mystique de Jésus-Christ, et qui aiment leur prochain comme eux-mêmes ; c'est à ceux-ci seulement que nous nous adressons avec une véritable confiance et nous sommes persuadés que dès qu'ils sauront que des personnes respectables par leur caractère et leur mérite personnel se sont chargées de recueillir les deniers qu'on demande pour soulager ceux qui souffrent pour la religion et de les administrer fidèlement selon l'intention des bienfaiteurs ; nous sommes, dis-je, persuadés qu'ils contribueront avec plaisir, selon leur pouvoir, pour une si bonne œuvre qui leur attirera de plus en plus les bénédictions du ciel et de la terre ; car à celui qui fait un bon usage de ce qu'il a, il lui sera encore accordé, mais à celui qui manque de charité, ce qu'il pense posséder en propriété lui sera ôté.

« Nous faisons des vœux ardents et sincères à Dieu en faveur de ceux qui ont contribué et qui contribueront à l'avancement du règne de Jésus-Christ et au soulagement de ceux qui souffrent pour la vérité. Dieu veuille, par sa grâce, convertir les autres et leur faire sentir la vanité du monde et le néant de tout ce qui périt. Dieu veuille leur faire la grâce de n'attendre pas la fin de leurs jours pour travailler pour labourer et semer pour l'Éternité.

Nous avons retrouvé dans les papiers de du Plan une lettre qu'il écrivait à un grand personnage de la cour de Danemarck ; il y plaidait la même cause et essayait en même temps de dissiper quelques préjugés confessionnels à l'égard des protestants réformés :

« Monsieur,

« Après avoir gardé un long silence, j'ai cru que je devais avant mon délogement de ce monde, qui approche, écrire encore une lettre de supplication à Sa Majesté Danoise en faveur des Églises protestantes de France.

« Il y a douze heures au jour et Dieu appelle selon son bon plaisir pour cultiver sa vigne, édifier son Église, secourir ceux qui souffrent pour la religion, les uns plus tôt et les autres plus tard ; c'est à nous à adorer les voies de la Providence et à faire tout ce qui dépend de nous pour remplir nos devoirs envers Dieu et envers notre prochain.

« Il est certain que la vie la plus longue, en comparaison de l'éternité, n'est que comme un atome en comparaison de l'univers et néanmoins c'est du bon ou du mauvais usage de cette vie si courte, si incertaine, que dépend, après notre mort, une éternité de bonheur ou de malheur. C'est pourquoi, un homme sage doit faire tous ses efforts pour plaire à Dieu, racheter le temps qu'il a perdu, ne rien négliger à l'avenir pour remplir ses devoirs et s'assurer de son salut. Le salut est d'une si grande importance, qu'au prix de lui toutes les grandeurs, les richesses et les magnificences de ce monde, ne sont que des petitesses, des pauvretés, des scènes de théâtre, des songes, des figures qui disparaissent bientôt comme l'expérience de tous les siècles le vérifie. Vanité des vanités, tout est vanité, a dit le plus sage et le plus magnifique roi de l'antiquité. Craindre Dieu et garder ses commandements, c'est le tout de l'homme. Le monde passe et sa convoitise; il n'y a que ceux qui font la volonté de Dieu qui subsistent éternellement.

« Pénétré de ces vérités, je ne doute pas, Monsieur, que vous ne tâchiez de remplir vos devoirs et de prendre quelque moment favorable pour présenter ma lettre au roi votre maître. C'est un prince sorti d'un père et d'une mère pieux. Le père, de glorieuse mémoire, dans un âge peu avancé, est allé cueillir dans le ciel la récompense de sa piété et de ses bonnes œuvres. Dieu a retiré dans la fleur de son âge la première épouse du roi régnant, pour l'empêcher de s'attacher au monde dont les attraits sont si dangereux et pour nous faire sentir qu'il n'y a ni âge, ni sexe, ni rang qui soit à l'abri de la mort.

« Il est certain que nous tous qui vivons présentement ne tarderons pas à aller recevoir la récompense de notre piété et de nos bonnes œuvres si nous en avons fait. Chacun recueillera ce qu'il aura semé et à proportion de ce qu'il aura semé, car celui qui sème libéralement recueillera abondamment, et celui qui sème chichement recueillera de même. Vous savez, Monsieur, toutes ces vérités, mais elles ne sauraient être trop présentes à notre esprit pour y conformer notre conduite.

« Un injuste et malheureux préjugé fait que les ecclésiastiques Luthériens n'encouragent guère leurs souverains à secourir les Réformés quoiqu'ils aient également secoué le joug de Rome et qu'ils soient d'accord sur la plupart des articles de foi. Un injuste préjugé et peut-être un intérêt borné malentendu, empêche les Luthériens pour la plupart, de nous regarder comme leurs frères, quoique nous ayons un même Dieu pour père, un même Christ pour Sauveur, un même Saint-Esprit qui illumine, qui sanctifie, qui console les fidèles, et un même ciel pour héritage. Un injuste préjugé et de misérables motifs nous empêchent souvent de nous intéresser pour des personnes qui sont dans le malheur, parce qu'elles nous paraissent étrangères, quoique Jésus-Christ ait fait voir par la parabole du juif blessé sur un grand chemin et du Samaritain qui le secourut (tandis qu'un lévite et un sacrificateur l'abandonnèrent), que nous devons regarder tous les hommes comme nos prochains et que la charge de lévite, ni celle de sacrificateur, ni la profession extérieure du christianisme, ni le caractère de prêtre ou de ministre de l'Évangile ne justifieront pas ceux qui manquent de charité; bien loin de là, plus nous aurons reçu de lumières et de grâces soit spirituelles, soit temporelles, et plus notre condamnation sera grande si nous n'en faisons pas un bon usage.

« Ceux qui remplissent leurs devoirs doivent être ravis de méditer sur les vérités que je viens d'exposer; et ceux qui ne les remplissent pas encore, s'ils sont sensibles à leurs véritables intérêts, à leur salut éternel, doivent se hâter de les remplir avant que la mort les surprenne ou que Dieu retire ses grâces. Dieu n'a aucun besoin de nous, ni de ce que nous possédons; notre bien ne parvient pas jusqu'à lui; il est de toute éternité parfaitement heureux et il le sera éternellement par lui-même; mais tel est son bon plaisir que nous aimions notre prochain comme nous-mêmes et que nous secourions les pauvres, les malheureux, les prisonniers, les étrangers, autant qu'il nous est possible, car sans la charité, nous ne devons pas nous flatter d'être enfants de Dieu ni héritiers de son royaume. Jésus-Christ, la vérité même, a déclaré que c'est à la seule charité qu'il reconnaîtra ses disciples.

« Comme chrétien et comme député ou représentant d'un corps considérable d'Églises chrétiennes qui gémissent sous la croix, je fais tous mes efforts pour exciter la charité de nos frères qui jouissent de la liberté, de la paix et de l'abondance, en faveur des membres du corps mystique de Jésus-Christ, qui combattent et qui souffrent pour la foi. Si mes très-humbles requêtes et mes pressantes sollicitations sont méprisées ou rejetées, j'en serai fâché, mais je serai innocent; j'aurai fait mon devoir et Dieu fera tôt ou tard son œuvre; il consolera, il délivrera sans aucun secours étranger son Église opprimée; il fera triompher sa chère Jérusalem, sa bien-aimée épouse. Babylone sa rivale, sa persécutrice, sera détruite de fond en comble avec tout ceux qui auront adhéré à ses sentiments ou suivi ses maximes, qui sont l'orgueil, l'avarice, la volupté, l'amour du monde, l'attachement aux créatures, l'oubli de Dieu, le mépris de son Évangile, la dureté pour les pauvres, l'insensibilité aux besoins de ceux qui sont dans les souffrances.

« Dieu veuille, par sa grâce, ouvrir les yeux à ceux qui sont aveugles sur leurs véritables intérêts. Dieu veuille inspirer la charité à ceux qui ne l'ont pas, et augmenter la foi et l'amour du prochain à ceux qui les ont.

« C'est avec une affection sincère et une parfaite considération que je suis, Monsieur, de Votre Excellence, le très-humble et très-obéissant serviteur.

« DU PLAN. »

« Londres, le     novembre 1755.

P. S. — « La lettre, Monsieur, que j'ai l'honneur de vous écrire n'est pas seulement destinée pour V. E., mais encore pour tous ceux qui font profession de la religion chrétienne, avec qui vous avez quelque relation. Si quelqu'un est porté à faire du bien aux Églises protestantes de France, il peut remettre ou faire remettre sa bénéficence aux ministres de l'Église française de Copenhague, pour la faire tenir à tels ministres de Genève qu'il voudra choisir pour s'assurer de son fidèle emploi. »

Le vieux député reçut un jour une lettre de Lausanne : c'était Court de Gébelin, le fils de son vieil ami, qui lui écrivait pour lui demander un service et qui profitait de l'occasion pour lui donner des nouvelles de son père et de l'Eglise de France.

« Lausanne, 19 septembre 1759.

« Monsieur,

« Permettez que je profite de l'occasion qui se présente pour vous assurer des sentiments d'admiration et d'estime dont j'ai toujours été rempli pour vous et que j'ai sucé de mes parents avec le lait. J'ai toujours désiré mériter votre bienveillance et participer en particulier à l'amitié qui vous lia avec mon père. Elle fut offusquée par des nuages ; mais ils se sont dissipés, ces nuages ; puisse cette amitié en être sortie plus pure que jamais et ne recevoir aucune atteinte à l'avenir. Je m'estimerai fort heureux si je puis être un instrument à la faire subsister jusqu'à la fin.

« C'est une Israélite de la vieille roche qui se charge de cette lettre ; elle mérite par son zèle et sa piété que vous daigniez vous intéresser pour elle. Elle va avec un fils joindre huit enfants qu'elle a à Londres. Son nom est Cazali, et elle est du Languedoc, tout près de Ribaute.

« Le pays dont elle sort est bien différent de ce qu'il était dans vos anciens pélérinages. La lumière s'y répand de toutes parts : il y a peu de province qui n'ait ses ministres et son culte ; une même a ses temples. Partout on compte des Églises florissantes, nombreuses, éclairées, pleines de zèle. Cependant le vent de la persécution continue à les ravager ; il fond çà et là comme un tourbillon impétueux qui déchire tout. Les provinces actuellement les plus exposées à sa fureur sont le Dauphiné, le Périgord, la Normandie.

« Dans la première, dix-huit personnes y ont été décrétées depuis peu ; douze autres sont détenues dans les prisons de Valence ou de Grenoble ; plusieurs enfants enlevés pour les couvents.

« Le Périgord vient d'être condamné à 28,000 livres d'amende ; il y a quatorze brigades de maréchaussée, dont quelques-unes logées chez les protestants. Toutes font des courses continuellement, dérangent les assemblées, enlèvent les enfants pour les rebaptiser, inquiètent les peuples.

« Les enlèvements des enfants ont surtout lieu en Normandie ; depuis deux mois on en a enfermé sept dans des couvents.

« D'autres provinces sans être aussi maltraitées éprouvent cependant à divers égards qu'il ne leur est pas libre de servir leur Dieu de la manière qui leur paraît la plus convenable.

« Toutes d'ailleurs sont très-mortifiées du revers que vient d'essuyer le projet sur la banque protestante (1) et de l'accueil qu'on fait aux plus effrontés et plus spécieux libelles qu'on ait jamais écrit contre eux. Les auteurs du projet ont été censurés, réprimandés, et deux d'entre eux en sont ruinés. Quant à l'ouvrage de l'abbé de Caveirac, les commandants, la maison royale elle-même, affectent de le répandre et de le distribuer de tous côtés.

« Mon père se répand, Monsieur, en vœux en votre faveur : il se rappelle avec plaisir les courses qu'il faisait autrefois avec vous et votre amitié qui les assaisonnait. Il apprendra toujours avec un vif intérêt des nouvelles de votre état et de tout ce qui vous regardera, vous, Madame votre épouse et votre chère famille.

« J'ai l'honneur d'être avec une parfaite considération, Monsieur, votre très-humble et très-obéissant serviteur,

« COURT, fils. »

Un an s'était à peine écoulé, que du Plan apprenait avec douleur la mort d'Antoine Court. Nous possédons

______

(1) En 1759, quelques protestants eurent l'idée d'acheter la tolérance à prix d'argent. Les finances du royaume étant très-bas et la Cour faisant argent de tout, ils avaient imaginé de fonder à Paris une maison de commerce, qui émettrait des actions ; ils devaient faire appel à leurs coreligionnaires et aux réfugiés, et avec l'argent des protestants, ils comptaient prêter au roi sous certaines conditions stipulées. Ce projet échoua.

la lettre par laquelle le fils du pasteur réfugié annonçait à son vieil ami cette triste nouvelle.

« 2 août 1760.

« Monsieur,

« C'est trop demeurer dans le silence ; mais c'est malgré
moi : hélas ! accablé de douleur et surchargé d'ouvrage, je suis
depuis longtemps à la charrue sans avoir un seul moment
pour respirer. Mon père et moi fûmes infiniment sensibles à la
cordialité et à l'affection qui régnait dans toute votre lettre du
23 mars : il fut charmé de voir renaître entre vous et lui cette
union qui avait toujours eu tant d'appas pour son cœur, et je
jouissais d'un grand plaisir par l'idée que j'étais pour vous
deux un point de réunion, un ami commun. J'aurais répondu
d'abord ; mais accablé d'occupations et voyant outre cela
dépérir ce cher père par une maladie de langueur qui le
minait depuis un an, il me fallut suspendre. Hélas ! malgré
tous nos soins, il n'est plus, ce père tendre, cet ami zélé. Le
12 juin, à midi et un quart, il ferma les yeux pour toujours :
son âme pure s'envola vers ce Dieu auquel il s'était entièrement consacré et il nous laissa, ma sœur et moi, plongés
dans la plus profonde douleur et privés de toutes les ressources
qu'il nous procurait.

« Chargé de sa correspondance qui était très-étendue, je l'ai
continuée jusques à présent : j'ai offert mes services et aux
Églises et aux amis : chacun les a acceptés autant qu'il était
en soi. Depuis dix-huit ans je servais de secrétaire à mon père,
j'étais rempli de ses idées et de ses vues ; je voudrais bien qu'il
m'eût laissé ses talents, du moins j'ai sa bonne volonté : ce
serait un surcroît d'affliction pour moi, si j'étais hors d'état de
me rendre utile à ces chères Églises auxquelles vous et lui
consacrâtes vos jours à travers tant de périls et auxquelles je
désire si fort d'être toujours plus utile.

« J'ose me flatter que vous voudrez bien, Monsieur, revêtir
à mon égard tous les sentiments que vous aviez pour mon père

et qu'il me paraît par votre lettre que vous commenciez d'avoir pour moi : j'en suis digne par les miens pour vous et par l'empressement que j'aurai à cultiver votre amitié.

« Je vois avec reconnaissance ce que vous voulez encore faire pour les Églises et je vous conjure de vouloir bien me tenir informé de tous vos succès : ils me combleront de joie, j'en instruirai nos amis et ne négligerai rien de tout ce en quoi je serais assez heureux pour pouvoir seconder vos projets pour le but qui nous anime tous.

« Vous savez, Monsieur, le zèle et l'ardeur avec laquelle mon père travaillait à l'histoire des Églises de France. Il en avait détaché divers morceaux, entr'autres l'histoire des Camisards. Désolé que tant de peine fût perdue et que ces ouvrages restassent dans la poussière du cabinet, je fis souvent tout mon possible pour engager mon père à le donner au public : le manque d'argent arrêtait. Je publiai une souscription pour l'histoire des Camisards, au moyen de laquelle j'ai été en état de la faire imprimer : deux presses commencèrent de rouler en mars et elles n'ont pas encore fini : cet ouvrage sera achevé dans peu : il aura trois volumes in-12, d'environ 500 pages au moins chacun; malheureusement pour moi mon père ne les avait jamais finis et il a fallu y travailler dans les circonstances les plus accablantes et au milieu des tracas les plus redoublés. Il sera accompagné d'une carte des Cévennes que j'ai dressée cet hiver et où j'entre dans un détail des lieux tout particulier. J'en reçois actuellement de Lyon la première épreuve; elle charme les connaisseurs en géographie.

« Je disais à mon père que j'aimais mieux perdre à cet ouvrage et l'imprimer pendant sa vie, que d'y gagner beaucoup et qu'il ne parût qu'après sa mort. La mort m'a prévenu ! Il est vrai qu'il en a vu presque les deux premiers volumes; mais alors il commençait déjà à ne prendre aucun plaisir aux choses d'ici-bas : et cette histoire qui lui a coûté tant de travail et de dépenses, ne faisait presque plus d'impression sur son âme : exemple bien sensible de l'instabilité des choses humaines ; c'est ainsi que Dieu le préparait peu à peu à abandonner tout ce qu'il avait de plus cher au monde : il voit sans doute des objets bien plus grands, bien plus dignes et de nous et de Dieu que tous ceux qu'il a laissés et qui sont tout autant de vanités au milieu desquelles nous nous promenons. Croyez-vous, Monsieur, qu'il s'en débitât des exemplaires à Londres ? je laisse la souscription pour les trois volumes ensemble avec la carte à quatre livres de France, et quand l'ouvrage sera achevé, il sera du prix de six livres, même monnaie. Peut-être que M. Vaillant en prendrait tout à la fois nombre d'exemplaires, mais je n'en suis pas connu ; oserais-je me flatter, Monsieur, que vous voudrez bien me fournir quelque voie pour cela ?

« Depuis que j'ai eu le plaisir de vous écrire, la mort a fait de grands ravages parmi nos amis et les conducteurs des Églises. Elle nous a enlevé en octobre l'excellent et incomparable M. le professeur Polier ; peu de temps après, M. Sarrazin l'aîné, à Genève. En France, au mois de février, M. Redonnel, ci-devant pasteur à Montpellier et alors à Bourdeaux ; et en avril, le célèbre Boyer.

« Nous avons ici un séminaire nombreux : il est composé d'environ 24 étudiants ; il y en a de Normandie, de la Saintonge, de l'Angoumois, du Périgord, du Béarn, du Haut-Languedoc, des Hautes-Cévennes, du Vivarais et du Dauphiné. Ils se sont distingués dans la maladie de mon père, ne le quittant point sur la fin, le veillant nuit et jour et cherchant à soulager mes ennuis et mes alarmes. Je suis chargé de leur donner des leçons en morale et en philosophie ; ils ont de plus un lecteur en théologie et un pour le latin.

L'abbé de Caveirac fit paraître l'année dernière un énorme octavo contre les protestants : il n'y a rien dont il ne les accuse dans ce livre intitulé : *Apologie de Louis XIV révoquant l'Édit de Nantes.* On nous pria, mon père et moi, de le réfuter : il en est résulté un mémoire qui s'imprime dans la bibliothèque des arts et des sciences en Hollande et qui, ayant été vu en Cour, a opéré la disgrâce la plus complète de cet abbé.

« M. de Richelieu, gouverneur de Guyenne, s'est mis en tête d'y vouloir abolir tout culte public, même les sociétés dans des maisons et d'y faire rebaptiser les enfants : nous ignorons ce que deviendra cette entreprise : ce sont des Églises nouvellement défrichées et remplies d'esprits timides et craintifs ; Dieu sans doute et Jésus-Christ leur donneront la force de les glorifier.

« L'assemblée du clergé vient de se séparer : elle a fait présenter au roi, par l'évêque du Puy, des remontrances contre les protestants, en particulier au sujet de leurs mariages ; mais le roi n'a pas voulu les recevoir parce qu'elles ont été trouvées trop vives et trop exagérées et qu'elles n'indiquaient aucun remède au mal.

« Agréez, s'il vous plaît, mes remercîments pour vos soins en faveur de la veuve Cazali.

« Je n'ai point l'honneur d'être connu de M. le chevalier d'Oliveira : je vous prie cependant de lui présenter mes obéissances. Son discours sur les malheurs de Lisbonne, sa patrie, me donna une grande idée de lui : il y a du beau, du noble, du touchant ; on y voit un cœur excellent et plein de pitié qui s'y dépeint tel qu'il est.

« Je reçois une lettre de M. Serces : elle m'afflige ; il paraît sur le bord du tombeau. Je sais la séparation qu'il y a eue entre vous, Messieurs. Vous cacherai-je que j'en suis navré jusqu'à l'âme ? Faut-il que l'accablante désunion se glisse chez des personnes remplies de piété et qui se proposent le même but ? J'aime à penser que, mettant tout sous les pieds, vous êtes prêts, Messieurs, à vous donner le baiser de paix : il me serait bien doux d'y contribuer et c'eût été pour mon père une grande consolation. M. Serces m'y paraît disposé. Vous n'êtes point ennemi de la paix, Monsieur, vous m'en donnez des preuves convaincantes. Que faut-il donc que je fasse pour l'achever ? Mon cœur souffre quand je pense que j'ai l'honneur d'être en relation avec deux personnes qui m'honorent vivement de leur amitié, et que ces personnes que je rapproche dans mon cœur, sont éloignées l'une de l'autre.

« Il est temps sans doute de vous laisser respirer : j'ai beaucoup jasé; mais votre bonté me donne de la confiance et vous voyez que je prends la liberté de vous parler avec franchise. C'est parce que je ne voulais pas vous quitter si tôt et que j'étais charmé de m'entretenir avec vous, que j'ai attendu un instant qui y fût propre. Honorez-moi toujours de votre amitié et soyez persuadé que personne ne vous est plus dévoué et n'est avec plus d'estime et de considération que j'ai l'honneur d'être, Monsieur, votre très-humble et très-obéissant serviteur,

« COURT. »

Du Plan s'empressa de répondre :

« Kentish-Town, le août 1760.

« Monsieur, mon cher ami et frère en Christ,

« J'ai reçu votre lettre du 2 août qui contient plusieurs différents sujets et qui par conséquent a produit différents effets dans mon âme. Il faudrait être ingrat et même dénaturé pour n'être pas sensible à la perte que nous venons de faire, vous, d'un bon et tendre père, et moi d'un ancien et zélé ami, les Églises de France d'un fidèle et laborieux serviteur ; mais, quelque beaux qu'aient été ses talents et quelque utiles qu'aient été ses travaux, Dieu peut susciter d'autres ouvriers pour réparer cette perte, à laquelle vous deviez être préparé depuis un an par une vie languissante. Vous avez eu la consolation de le servir et de le consoler pendant tout ce temps d'épreuve de sa foi, de sa patience, de sa soumission, de sa résignation à la volonté de Dieu. Plusieurs autres personnes destinées à prêcher l'Évangile sous la croix vous ont aidé dans cette bonne œuvre ; enfin Dieu a terminé ses combats, ses misères, il se repose de ses travaux et ses œuvres l'ont suivi. Quels sujets de consolation pour tous ceux qui s'intéressent à son bonheur ! Car il ne faut pas douter que le serviteur de Dieu qui a combattu le bon combat, qui a été fidèle jusqu'à la mort, n'ait obtenu la couronne de vie que Jésus-Christ nous a acquise par sa mort. Le fidèle ne meurt donc point par la séparation de son âme d'avec son corps; au contraire, il vit plus que jamais, parce que son corps, qui est sujet à une infinité de fautes et de misères, arrête les opérations de son esprit, et que l'esprit, lorsqu'il est libre de son corps de mort et de tous les attachements du monde, voit Dieu sans nuages, contemple Jésus-Christ à face découverte; il est transformé à son image, il est rassasié de sa ressemblance. Si nous avons aimé et si nous aimons véritablement Monsieur votre père qui est présentement dans le ciel, réjouissons-nous de son bonheur, plutôt que de nous affliger de notre perte. D'ailleurs, nous ne l'avons pas perdu entièrement puisque sa mémoire ne doit point s'effacer de notre esprit, qu'elle nous doit être chère, que ses travaux, ses ouvrages ont été, sont et seront toujours très-utiles à nos Églises. Je puis ajouter encore pour notre consolation, que Monsieur votre cher père vit, non seulement dans le ciel et dans ses ouvrages, mais qu'il vit encore en vous; que vous êtes animé de son esprit, que vous avez ses talents, son zèle pour la gloire de Dieu, sa charité pour nos frères de France, son affection pour ses amis dont je me fais gloire d'avoir été du nombre; c'est pourquoi, je me ferai un devoir et un plaisir de vous témoigner, en toute occasion, la même estime et la même amitié qui régnaient entre Monsieur votre père et moi dans le temps que nous étions en France et en Suisse et que nous travaillions de concert pour la gloire de Dieu et pour l'édification de son Église.

« Grâces à Dieu, les Églises de France sont aujourd'hui, malgré les persécutions qui se sont élevées de temps en temps, dans un état beaucoup plus heureux et plus florissant que lorsque nous avons commencé, Monsieur votre père et moi, de nous intéresser pour elles; il y a beaucoup plus de pasteurs et les Églises sont beaucoup plus nombreuses, et si Dieu exauce nos vœux et bénit nos soins et celui de nos collègues, la vérité fera bientôt plus de progrès en France qu'elle n'en a fait jusqu'ici depuis la révocation de l'Édit de Nantes; mes espérances ne sont pas seulement fondées sur la bonté, la puissance et la fidélité de Dieu qui se sont manifestées de tout temps en faveur de son Église universelle, mais encore sur ce que j'ai vu de mes propres yeux, sur ce que j'ai appris de mes correspondants, et sur cette pépinière d'ouvriers évangéliques qui se préparent et dont vous me faites mention; car la Providence ne dresse point des ouvriers pour rester inutiles; c'est sans doute pour cultiver sa vigne qui est en friche dans plusieurs endroits.

« Outre ces considérations qui sont très-justes et très-solides, nous devons encore fonder nos espérances sur les oracles du Vieux et du Nouveau-Testament qui nous promettent la destruction de Babylone et le triomphe de Jérusalem; je veux dire le triomphe de la vérité, de la justice, de la sainteté, sur les erreurs, les superstitions, les idolâtries et les vices qui règnent dans le monde; ce qui arrivera sans doute par l'effusion des dons du Saint-Esprit, car il n'y a que Dieu, par son Esprit, qui puisse convertir toutes les nations, les juifs, les païens, les mahométans et autres infidèles. Il n'y a que Dieu qui puisse créer les nouveaux cieux et la nouvelle terre où la justice doit régner et habiter. Alors, selon ses oracles, la terre sera remplie de la connaissance de Dieu, comme le fond de la mer est couvert de ses eaux; alors, il n'y aura qu'un seul pasteur et un seul troupeau; alors tous les hommes seront enseignés de Dieu, animés de son esprit pour n'être qu'un cœur et qu'une âme ainsi que les fidèles du temps des apôtres après avoir reçu le Saint-Esprit. En attendant ce bienheureux temps, c'est à nous de nous préparer pour nous rendre dignes des dons du Saint-Esprit, comme les apôtres s'y disposèrent à Jérusalem en l'absence de leur Maitre, par de saintes assemblées, par des prières ferventes et par toutes sortes de bonnes œuvres. Nous surtout, qui jouissons par la grâce de Dieu de la paix et liberté de conscience pendant que nos frères sont persécutés, devons imiter Moïse sur la montagne, qui élevait son cœur et ses mains vers le ciel pendant que Josué et son armée combattaient dans la plaine contre les Amalécites.

« Je vous remercie, Monsieur et cher frère, des nouvelles que vous me donnez de tout ce qui regarde nos frères de France et hors de France; je vous prie de continuer. De mon côté, j'aurai soin de vous informer de tout ce qui pourra vous faire plaisir sur ce sujet, quoique je sois vieux et infirme, retiré à la campagne à cause d'un asthme qui me met souvent non seulement hors d'état de marcher, mais encore d'écrire. Je ne laisserai pas toutefois d'agir dès que j'aurai quelque répit pour avancer le règne de Jésus-Christ et l'édification de son Église; je tâcherai, en particulier, de recruter le nombre de nos amis qui a beaucoup diminué depuis quelque temps.

« Quant à la mort de M. Boyer, à qui vous avez donné le nom de *célèbre*, je ne crois pas qu'il y ait beaucoup de sujet d'affliction, vu les désordres et les chagrins qu'il avait causés. Toutes sortes d'instruments servent aux desseins de la Providence, soit pour édifier, soit pour éprouver; le Seigneur l'avait donné, le Seigneur l'a retiré, son saint nom soit béni. Dieu veuille susciter à son Église des pasteurs remplis de lumières et de vertus qui n'aient que la gloire de Dieu à cœur et le salut des âmes qu'il a rachetées par le sang de son Fils unique.

« La perte de M. le professeur Polier, de M. Redonnel et de plusieurs autres me paraît beaucoup plus considérable; mais, Dieu soit loué, ils ont fourni leur carrière et Dieu en peut susciter d'autres qui seront autant ou plus utiles à l'Église. Il ne faut jamais désespérer de la Providence qui a des ressources infinies pour faire du bien à son Église.

« Quant à M. Serces dont vous me parlez, nous nous sommes écrit, il y a quelque temps, des lettres de réconciliation, mais, comme nous sommes tous deux vieux, infirmes, éloignés,

et que nous avons été souvent malades, nous nous sommes vus
rarement et contentés de nous faire, faire des compliments ;
nous n'avons plus rien à démêler ensemble et je serais ravi de
trouver l'occasion de lui rendre service.

« J'aurais bien souhaité que Monsieur votre père eût pu
nous donner l'histoire des Églises de France depuis la Révocation, mais il faut se contenter de ce qu'il a fait, qui pourra
servir à quelqu'autre qui remplira son dessein, quand il sera
temps. Quoique l'histoire des Camisards ait été écrite par
plusieurs auteurs catholiques romains et protestants, elle est
néanmoins si curieuse, que plusieurs seront bien aises de
l'avoir en France sous une nouvelle face. J'ai déjà parlé à deux
ministres de mes amis pour vous en faire débiter en Angleterre. Comme le Refuge est fort diminué, que presque tous
parlent anglais et que le pays est inondé d'ouvrages anglais,
il ne se débite presque plus de français ; de sorte qu'il n'y a
que quelques curieux qui en achètent. M. Vaillant n'a pas
voulu prendre sur son compte aucun exemplaire de l'*Histoire
des Camisards* et je ne connais aucun autre qui veuille rien
risquer sur cet ouvrage, de sorte qu'il faudra se borner à
quelque peu d'amis qui en prendront argent comptant et
remettre le reste à des libraires qui en vendront pour votre
compte, moyennant un petit profit.

Sentant ses forces diminuer et sa fin approcher,
Benjamin du Plan songea à l'avenir de sa famille. Il
allait laisser une veuve et deux jeunes enfants sans
fortune. Il ramassa toutes ses ressources et pria son
ami, Le Maréchal, d'Alais, et son cousin de Fabre, de
lui envoyer ce qui lui revenait encore de son père.

Voici la dernière lettre que nous trouvons écrite de
la main de du Plan dans ses papiers de famille. Elle
est encore adressée à son cousin Fabre ; elle trahit les
pressentiments d'une mort prochaine, et nous fait

connaître la constante piété, la fidélité et la résignation de ce grand serviteur de Dieu.


« Mon cher cousin,

« Quoique ma vie depuis quelque temps ne soit presque
qu'une continuelle chaîne de souffrances, je regarde comme
une grande grâce de Dieu de ce que je vis encore, parce que
je suis persuadé que tout sert en bien à ceux qui aiment Dieu.
Si nous croyons la Parole de Dieu, nous ne pouvons pas
douter que Dieu nous ait aimés d'un amour infini, puisqu'il
nous a donné et même sacrifié son Fils unique pour notre
salut. Si nous sommes persuadés que Dieu nous a aimés d'un
amour infini, nous ne devons pas douter non plus que sa
sagesse infinie ne connaisse mieux et nous envoie ce qui
convient mieux à sa gloire et à notre salut.

« Nous devons supposer que notre âme est immortelle, que
notre corps ressuscitera, et qu'il y aura un jugement dernier
auquel Dieu rendra à chacun selon ses œuvres. Nous devons
supposer que les impies, les méchants qui ne se seront pas
convertis, souffriront des peines éternelles avec les démons,
mais que les fidèles qui auront fait tous leurs efforts pour
plaire à Dieu jouiront d'un bonheur infini dans le ciel avec
Dieu et ses anges. Si tout cela est vrai, nous devons considérer
que toutes les souffrances de ce monde ne sont rien au prix
des souffrances de l'éternité; nous devons considérer que les
maux que nous souffrons avec patience et soumission à la
volonté de Dieu, produisent un poids éternel d'une gloire
infiniment excellente. Nous devons considérer que Dieu ne
nous a pas seulement prédestinés à être conformes à son Fils
unique dans sa gloire et félicité éternelle dans le ciel, mais
encore à ses souffrances sur la terre, qui ne sont que comme
quelques moments en comparaison de l'éternité. Nous devons
considérer encore que Dieu nous a promis sa grâce, son esprit,
pour nous soutenir, nous consoler dans nos afflictions, de

sorte qu'il ne permettra pas que nous succombions dans nos épreuves. Jésus-Christ a passé par toutes sortes de souffrances : il est sensible à tous nos maux ; il est fidèle et tout-puissant pour nous secourir, et pour nous donner même, s'il est convenable, des avant-goûts de la félicité éternelle.

« Voilà, mon cher cousin, ma principale consolation dans les maux que je souffre. J'espère de la miséricorde infinie de Dieu le Père, du mérite infini de Jésus-Christ et des opérations du Saint-Esprit, que je persévérerai dans cette foi et que je remettrai bientôt en paix et avec joie mon âme entre les mains de mon Créateur et adorable Sauveur. Je ne suis pas assuré de vivre un quart d'heure et sans une espèce de miracle, je ne vivrai pas longtemps. Quoi qu'il arrive, Dieu soit béni. J'espère que le Seigneur me fera la grâce d'être du nombre des vierges sages qui attendent l'époux et qui ont leurs lampes allumées pour n'être pas surprises, que je vive ou que je meure bientôt.... »


Du Plan s'éteignit dans les premiers jours de juillet 1763. L'Église réformée perdit avec lui un de ses plus fidèles enfants. Pendant sa longue carrière, que nous avons pour ainsi dire suivie jour après jour, nous n'avons jamais vu défaillir sa foi. La flamme sainte qui brûlait dans le cœur du jeune homme, brûlait encore avec la même ardeur dans le cœur du vieillard. Que de fois, au terme de sa vie, ne dut-il pas jeter un regard en arrière et tressaillir de joie en comparant le présent au passé ! Ce n'est pas sans émotion qu'il se rappelait ces jours d'enthousiasme où, quittant le service militaire, il disait pour toujours adieu au monde et à ses vanités pour se consacrer tout entier au service de son divin Maître. Les temps étaient graves alors ! Le vent de la persécution avait courbé les têtes les plus fières, dispersé les pasteurs, anéanti l'Église. A peine quelque vieux prédicant et quelque pauvre prophétesse osaient affronter encore les rigueurs des Édits et représenter la religion expirante. Inspiré par leur courage, il se voyait courant les réunions au Désert, bravant les dangers; lui, gentilhomme, habitué aux raffinements d'une existence facile, vécut de la vie des paysans, ayant pour compagnon de rudes montagnards et devenant à la fois leur ami et leur pasteur. Il se rappelait ce jour béni, où, au milieu de son activité dévorante, il rencontrait pour la première fois Antoine Court et se liait avec lui d'une amitié fraternelle. Unis comme David et Jonathan, ils avaient lutté ensemble et ensemble avaient restauré à force de zèle, d'abnégation et de sacrifices le protestantisme expirant; c'étaient eux qui, au mépris des Édits, avaient rassemblé les membres épars de la famille protestante; par leur exemple et leurs exhortations, ils avaient affermi les croyants, réchauffé les tièdes, encouragé les timides. Pourchassé à son tour, il se voyait fuyant le château de ses pères, exilé et errant à l'étranger. Temps béni! L'exil devenait pour lui une source féconde d'activité nouvelle au service de l'Église. Par ses courses missionnaires en Suisse, en Angleterre, en Allemagne, en Suède, en Danemarck, en Hollande; par ses requêtes persévérantes auprès des grands et des petits, il avait trouvé les ressources nécessaires pour fonder un Séminaire à Lausanne, pour entretenir les pasteurs de sa patrie, pour procurer des livres de piété à ses frères persécutés. Il avait su intéresser les Puissances protestantes au sort des plus infortunés d'entre eux. Grâce à lui, des galériens avaient recouvré la liberté, d'autres avaient reçu dans leurs prisons des secours pour alléger leurs souffrances......Hélas ! que de cruelles déceptions au milieu de si douces joies ! Où étaient ses premiers compagnons et ses premiers amis? Arnaud, Huc, Vesson, Durand, Roger et tant d'autres, avaient expiré sur le gibet ; Antoine Court venait de mourir à Lausanne ; Bonbonnoux et Corteiz, les seuls survivants, brisés par la fatigue et accablés par les infirmités de l'âge, s'étaient retirés de la lutte et attendaient la mort dans l'exil. Lui-même avait vu sa vieillesse assombrie par la calomnie et les plus cruels déboires.

Mais à travers tous ces deuils, tous ces martyres et toutes ces amertumes, son cœur tressaillait en voyant luire l'aurore d'un avenir nouveau. La Providence de Dieu avait fait son œuvre ; comme autrefois, le sang des martyrs avait été la semence de l'Église. Le grain de sénevé était devenu un grand arbre ; les vents et les orages en avait secoué et abattu bien des rameaux, mais ses racines n'en avaient plongé que plus profondément dans le sol ; maintenant une génération nombreuse et fervente pouvait s'abriter à son ombre : Bâville, Bernage, Le Nain, Saint-Priest, tous les persécuteurs y avaient vainement usé leur cognée ; il avait défié leurs violences et leurs colères. Encore un peu de temps et un souffle nouveau allait balayer tous les orages ; la Révolution s'avançait d'un pas rapide, apportant dans ses flancs la plus précieuse de toutes les libertés, la liberté de conscience ; encore un peu de temps et les chaînes des captifs allaient être brisées, toutes les poitrines dilatées, libres et fières, sous le soleil de Dieu ; encore un peu de temps et le protestantisme triomphant allait substituer à la devise de ses mauvais jours : « Seigneur, sauve-nous, nous périssons ! » la devise de sa victoire : « Sous la croix, le triomphe ! »

Il ne fut pas donné à du Plan de voir ces temps heureux ; mais il caressa toujours dans sa belle âme, avec une foi inébranlable, l'espérance de ce brillant avenir ; comme Moïse, il salua de loin la Terre-Promise. Dieu nous réservait d'y pénétrer. Nous lui en rendons grâces ; mais en comparant le présent au passé, l'indifférence d'aujourd'hui avec la ferveur d'autrefois, nous sommes tentés de nous appliquer le reproche du Prophète : « Vos pères où sont-ils ? »

Quoiqu'il en soit, nous sommes sans crainte sur l'avenir d'une Église que Dieu a tant aimée ; et malgré les misères du présent et les appréhensions de l'avenir, nous répétons avec Jésus-Christ : « Les portes de l'enfer ne prévaudront point contre elle. »

# APPENDICE

---

## I



### GÉNÉALOGIE DE BENJAMIN DU PLAN (1)

Au commencement du XVI<sup>e</sup> siècle, la famille Ribot (2), qui habitait le mas du Plan de la Favède, dans la paroisse de Laval, au diocèse d'Uzès, était représentée par deux parents rapprochés, peut-être deux frères, nommés Anthoine et Jacques.

ANTHOINE RIBOT mourut avant 1577, ayant eu un fils nommé *Jean*, qui était capitaine et gouverneur du château de Sommières en 1577, époque où il donna quittance à Bringuier Ribot, d'une somme de cinquante livres, pour tous ses droits paternels « qui lui pouvaient compéter et appartenir du côté dudit Bringuier. »

JACQUES RIBOT fut l'auteur de la famille des seigneurs du Plan, dont la filiation est établie comme suit :

I. — JACQUES RIBOT, mort avant 1577, fut père de

II. — Noble BRINGUIER ou BÉRENGER RIBOT, *seigneur du*

---

(1) Cette généalogie a été dressée au moyen de papiers de famille et de testaments découverts par hasard dans les greniers du château de La Favède, où ils étaient enfouis depuis plus d'un siècle : nous les devons à l'obligeance du propriétaire actuel, M. Arbousset.

(2) Il existait autrefois dans la paroisse de Saint-Florent, une localité qui portait le nom *des Ribots*, et une fontaine près de là, dans la dépendance du mas des Silhols, qui était appelée *Fontaine des Ribots*.

Pierre Ribot, du lieu des Silhols, dans la paroisse de Saint-Florent, reconnut le 24 novembre 1493, au seigneur de Saint-Florent, des possessions qui avaient été de Jacques Ribot, dudit lieu des Silhols. Bernard Ribot vendit en 1548 les possessions qu'il avait au mas des Silhols, à Claude Pomier. Peut-être pourrait-on trouver ici l'origine de cette famille?

*Plan de la Favède,* testa le 15 janvier 1585 (1). Il reçut le 13 février 1577 de Jean Ribot, capitaine et gouverneur du château de Sommières, son parent, fils de feu Anthoine, quittance de ce qui revenait à celui-ci pour ses biens paternels (2), et mourut avant 1586. Il fut père de

III. — Noble ANDRÉ RIBOT, *seigneur du Plan*, qui épousa le 13 novembre 1586 (3), M^lle Marie de Montméjean, et testa le 8 août 1621 (4). Il avait eu de son mariage :

1° *Jean*, fils aîné et héritier,

2° *Garcine* ou *Gavernie?* (peut-être Garnier)?

3° *François;*

4° *Marc-Antoine.*

Mentionnés dans le testament de leur père, et substitués successivement à leur frère aîné.

IV. — Noble JEAN RIBOT, *seigneur du Plan*, épousa le 20 janvier 1649 (5), M^lle Suzanne de Plantier de Graverol, et testa le 25 novembre 1657 (6). Il eut de ce mariage :

1° *Louis*, fils aîné ;

2° *Estienne de Ribot*, seigneur du Plan de la Favède, épousa le 19 février 1680 (7), M^lle Louisse de Baudan, fille de noble

(1) Devant M^e Privat, notaire de Saint-Germain-de-Valfrancesque.

(2) M^e Guilliot, notaire de Sommières.

(3) Contrat reçu par Vareilles, notaire à Saint-Germain.

(4) Devant le même notaire.

(5) Contrat reçu par M^e Privat, notaire de Saint-Germain.

(6) Devant Jacques Favède, notaire de Brenoux.

(7) Par pactes passés devant M^es Jacques Guiraudet et Pierre Bastide, notaires d'Alais. Furent présents à ce contrat : Jean de Plantier, seigneur de Ruffières ; Pierre de Plantier, seigneur de la Baume ; nobles Guillaume et Daniel de Baudan, seigneur de Montaud ; M^e Louis de Saunier, juge en la Cour de la comté d'Alais ; Claude et Estienne d'Audibert, seigneurs des Tamaris, père et fils ; M^e Pierre Paulet, notaire d'Anduze ; noble Jacques de Vergèzes, seigneur d'Aubussargues.

Charles de Baudan, seigneur de Montaud, et de Madeleine de Paillier, de la ville d'Alais;

3° *Jacques* qui suit. :

V. — Noble JACQUES RIBOT, *seigneur de Rouveret et du Plan de la Favède,* fut nommé lieutenant en la compagnie de Polastre, au régiment de Piémont, charge vacante par l'abandonnement de Maisonville son frère (4), par commission du roi donnée à Saint-Germain-en-Laye, le 20 décembre 1679. Il se maria avec demoiselle Marie de Fabre, de la ville d'Alais. Il fut maintenu dans sa noblesse par jugement souverain de M. de Lamoignon, intendant en Languedoc, du 15 août 1698. Suivant son testament, ouvert et publié devant les officiers du Plan et souscrit par Mᵉ Louis Durand, notaire, noble François Deleuze, seigneur de Lancizole, fut héritier d'une partie de sa fortune. Celui-ci habitait vers le milieu du xviiiᵉ siècle le château du Plan, et se qualifiait de seigneur de Lencizole et du Plan (2).

Une autre partie de ses biens fut saisie en 1752 par la Régie des biens des réfugiés. Ainsi fut privé de l'héritage paternel son fils unique.

VI. — BENJAMIN DE RIBOT, *seigneur du Caila et du Plan,* connu sous le nom de *du Caila* jusqu'à la mort de son père, et ensuite sous celui de *du Plan,* naquit en 1688. Il servit d'abord dans les armées de Louis XIV, qu'il quitta en 1710 pour se dévouer entièrement à la cause de la religion. Sa tête ayant été mise à prix, il se vit obligé de quitter la France en 1724 et fut nommé en 1725, par le Synode national, député

(1) Ce frère, qui portait le titre de seigneur de Maisonville, et qui avait été avant Jacques Ribot lieutenant au régiment de Piémont, était sans doute Louis, l'aîné de la famille.

(2) Noble François Deleuze, seigneur de Lencizole et du Plan, habitant à *son* château du Plan, fils de celui-ci, se présente en 1751 avec la qualité d'héritier, comme succédant à son père, de noble Jacques de Ribot, seigneur du Plan, dans un acte relatif à des biens provenant de la famille de Plantier.

des Églises réformées de France auprès des cours et des puissances protestantes. De 1725 à 1751, il parcourut plusieurs fois en cette qualité l'Allemagne, la Hollande, la Suisse, l'Angleterre, le Danemarck et la Suède. Il obtint ainsi des secours qui servirent à former un Séminaire, à multiplier les ministres qui allaient prêcher en France secrètement et à soulager ceux qui souffraient pour la religion. C'est en 1731 qu'il vint pour la première fois en Angleterre, où il s'établit définitivement à l'expiration de sa mission. Il fixa alors sa résidence à Londres, où il fit la connaissance d'une veuve nommée M<sup>me</sup> Denman, qu'il épousa quelque temps après. Elle était fille de M. du Passage de Voutron, d'une famille de refugiés, originaire de la Rochelle et de M<sup>lle</sup> Noual (1). Il mourut en 1763 et sa veuve le 30 septembre 1790. De ce mariage étaient nés :

1° M<sup>lle</sup> *Marie-Marguerite-Françoise,* née le 14 mai 1753, épousa en 1793 M. John Lloyd ;

2° *André-Bousquet-Jacques-Benjamin-Pellet,* né le 2 mai 1756, mort à l'âge de 25 ans, sans avoir été marié.

## II

M. du Plan, outre sa riche et édifiante correspondance, ses requêtes aux diverses Puissances, a écrit plusieurs *Traités apologétiques* et des *Sermons.* On y trouve la même intelligence élevée et les mêmes sentiments de profonde piété qui caractérisent toutes les productions de sa plume.

(1) M<sup>lle</sup> Noual était fille de M. Noual, un des chapelains de l'évêque d'Ely et de M<sup>lle</sup> du Tang. Celle-ci, qui épousa en secondes noces un gentilhomme français, nommé de Pellat, attaché à la cour du roi Georges, était fille de M. du Tang, pasteur de l'Église de Rouen, qui avait quitté la France à l'époque de la Révocation.

FIN

# TABLE DES MATIÈRES

## CHAPITRE V

### LA FIN D'UN RÈGNE ET LE COMMENCEMENT D'UN AUTRE
### 1715-1716



## CHAPITRE VI

### LE CARDINAL ALBÉRONI ET SCIPION SOULAN
### 1719



## CHAPITRE VII

### LA PESTE D'ALAIS
### 1720-1721



## CHAPITRE VIII

### BENJAMIN DU PLAN ET LES VESSONNIENS
### 1721-1724



## CHAPITRE IX

### LES MULTIPLIANTS
### 1723

## CHAPITRE X

### DÉCLARATION DE 1724

### 1723-1725



## CHAPITRE XI

### NOMINATION DE BENJAMIN DU PLAN COMME DÉPUTÉ GÉNÉRAL AUPRÈS DES PUISSANCES PROTESTANTES

### 1er mai 1724

## CHAPITRE XV

### LE SYNODE DE 1727 CONFIRME DU PLAN DANS SA CHARGE

### 1727



## CHAPITRE XVI

### PERSÉCUTION DU CARDINAL FLEURY — COURT QUITTE LA FRANCE MALGRÉ DU PLAN

### 1726-1729

## CHAPITRE XIX

### AFFAIRE DU PLAN

### 1744-1751



## CHAPITRE XX

### DU PLAN ET LA GRANDE PERSÉCUTION

### 1745-1752

## CHAPITRE XXI

### LES DERNIÈRES ANNÉES DE BENJAMIN DU PLAN

#### 1751-1763



## APPENDICE



**FIN DE LA TABLE**

Alais, imp. A. Brugueirolle et Cⁱᵉ